차(茶) 치유 활동 길라잡이

전미경 · 이은권 · 송문주
박봉선 · 김종분 · 김수연
우승자 · 이국희 · 연정삼
이계자 · 강화숙 · 조성훈

KSCE · 한국지속가능문화교육개발원

우리의 미래
Our Common Future

한국지속가능문화교육개발원 www.ksce.asia

한국지속가능문화교육개발원(Korea Sustainable Culture Education Center)은 환경보전과 경제발전 그리고 사회 발전을 조화시켜 현세대 삶의 질을 향상시킴으로써 우리 사회(social)가 자연과 조화를 이룬 건강하고 생산적인 삶을 영위할 수 있도록 노력합니다. 또한 우리가 이룬 것들이 미래 세대에게 잘 전달될 수 있도록 최선을 다합니다.

자격증과정

차문화지도사, 다예무(茶藝舞)지도사, 티소믈리에, 힐링푸드스타일리스트, 티블렌딩컨설턴트, 티코디네이터, 커피바리스타, DIY커피바리스타, 플라워티소믈리에, 한방차소믈리에, 와인소믈리에, 보이차 소믈리에, 홍차 소믈리에, 티심리사담사, 차인문학지도사, 아로마허브 컨설턴트지도사, 향도아트지도사, 티칵테일 믹솔로지 지스트, 퓨전 떡 아트지도사 · NCS활용커뮤니케이션코칭지도사 · NCS활용진로코칭지도사 · NCS활용대인관계리더십지도사

한국지속가능문화교육개발원 SNS
(수업관련 동영상은 QR코드 확인하세요)

머리말

마음 소통의 '차 치유(Tea Therapy) 활동'

전미경

　차(茶)는 아주 오래전부터 그 함유 성분의 신경안정 작용으로 음료 이상의 특별한 대접을 받아왔고, 그 과학적 임상 효과로 주목받고 있다. 차에서 추출한 테아닌 성분은 항우울증이나 신경안정을 위한 건강보조식품으로 활용되고 있기도 하다. 차는 자연이 만들어 낸 인류 최고의 건강 기호 음료인 셈이다.

　차는 오랜 역사 동안 질병을 치료하거나 예방하는 약으로, 조상의 제례나 신에 대한 의식용으로 사용되다가 점차 기호 음료로 정착해 왔다. 지금은 대부분 오감의 즐거움으로 차를 마시고 있지만, 차는 질병의 치료에서 출발한 약이었기에, 차 치유의 실천은 손쉽게 티백을 우려먹는 차 한 잔에서부터 아름다운 다구를 갖추고 예술적 흥취를 즐기는 차, 혼자 즐기는 명상의 차, 여럿이 함께하는 사교의 차까지 다양한 방법으로 가능하다고 할 수 있다. 이러한 차 치유의 실천을 진행하고 지도하는 일이 바로 '차 치유 활동'이다.

　'차를 마시는 일' 자체가 인간에게 있어 힐링(healing), 더 나아가 테라피(therapy)의 좋은 매개체로 이해되어 왔다. 힐링(healing)이라는 말이 마음의 치유에 중점을 둔 단어라면 테라피(therapy)는 몸의 병이나 상처 따위를 잘 다스려 낫게 한다는 뜻이 강하다. '차 치유(티 테라피 Tea Therapy) 활동'이란 차를 이용해 치유 기능을 활성화함으로써 치유의 목적을 달성하는 행위이다. 기호 음료로 차를 마시고 심미적 즐거움을 찾던 차 문화 행위에서 '인간의 몸과 마음을 치유하는 차'로의 적극적 재해석이 바로 '차 치유 활동'인 셈이다.

　본 프로그램은 건강한 차 마시기와 함께 소통과 관계 형성 활동을 통해 대인관계에서의 소외감, 상실감을 극복하고 우울증을 감소시킴으로써 건강한 삶을 열어갈 수 있는 토대를 만들고자 기획되었다. 우리는 수년간 차를 매개로 하는 다양한 의사소통과 관계 형성 활동 프로그램을 통해 차 마시기가 인간을 치유하는 훌륭한 기능을 수행할 수 있음을 현장에서 확인할 수 있었다. 이에 그 활동 기록을 한데 묶어 '차 치유 활동 길라잡이'란 이름으로 정리했다. 이 묶음이 차 활동가의 지침이 되고, 우리 미래의 건강한 삶에 기여할 수 있기를 희망한다.

한남대학교 사회문화행정복지대학원
청소년지도학과 음료문화경영학과 교수 전미경

머리말

의사소통이란 무엇인가?

이은권

'차 마시기'의 가장 큰 치유 기능은 원활한 의사소통에의 기여이다. 의사소통이란 인간관계에서 각각의 사람이 자신의 뜻과 생각을 언어적, 비언어적 부호로 바꾸어 주고받는 일련의 연속적 과정을 말한다. 여기서 사람들의 의사소통 방식은 개인이 속한 가족, 지역, 사회, 문화, 민족적 특징 및 개인의 취향에 따라 차이가 있을 수밖에 없다.

우리의 소통 문화

한국의 문화는 인간관계에서 정(情)을 중요시하는 문화였다. 즉 이심전심(以心傳心)이나 '눈치껏' 알아서 행동하는 관계가 선호되었다. 인간관계에서 정서적 유대감이나 공동체 의식은 매우 중요하다. 하지만 한국 사회에서는 정에 치우치거나 개인이 없는 집단주의 문화로 경도되는 부정적인 기능을 한 바 있다.

우선 한국의 소통 문화에 부정적으로 미치는 영향은 한국어로만 존재하는 '눈치'라는 말이 대표적이다. 즉 가정이나 일터에서 오해와 갈등을 일으키는 소통 문화 가운데 하나가 개인의 생각과 감정을 구체적으로 표현하기보다는 이심전심 알아주기를 바라는 경향이다. '눈치'가 없다는 이유로 인간관계에 어려움을 겪거나 혹은 반대로 너무 '눈치'를 봐서 상사나 동료의 눈 밖에 나는 경우도 있다. '눈치'의 사전적인 의미는 '남의 마음이나 일의 낌새를 알아챌 수 있는 힘'인데 사회에 속한 한 인간이 숱하게 만나는 사람들의 마음과 벌어지는 일의 낌새를 알아채는 일은 쉽지 않다.

말하지 않고도 서로의 생각과 마음을 속속들이 알아챈다면 갈등과 오해가 빚어지는 일들이 발생하지 않겠으나 아쉽게도 우리가 살고 있는 현 사회는 예전과 같이 '이심전심'으로 통하기에는 개인과 사회의 차이와 다양성이 존재한다. 그러므로 오해를 불러일으키는 애매한 이심전심보다는 상호이해를 위한 명료한 의사소통의 필요성이 더욱 커졌다고 볼 수 있다. 그리고 명료한 의사소통을 통해 상호이해와 신뢰가 구축된 상태에서 진정한 '이심전심'이 가능한 것이다.

다음으로는 소통 문화에 나타나는 '이중잣대'이다. 의사소통은 인간관계에서 각 개인이 자신의 감정과 생각을 주고받는 과정임에도 우리는 권력과 지위, 연령과 학력, 성별 등의 이유로 쌍방향 소통의 문화가 아니라 한편으로는 권위적이며 강압적, 폭력적이면서 다른 한편으로는 복종하고 침묵할 수밖에 없는 일방적인 소통 문화의 역사를 가져왔다. 예컨대 '감정'을 살펴보면 남성의 경우 감정을 표현하면 남자답지 못하다는 식으로 가정, 학교, 사회에서 학습되어 감정 표현에서 자유롭지 못하다.

한편 상대적으로 감정 표현이 자유로운 여성이나 아동의 경우 역시 '분노', '슬픔', '서러움' 등 일련의 '부정적 감정 상태'로 분류된 감정 표현에 대해서는 '억눌러야 한다'는 강박관념이 있다. 그러나 이들 감정을 적대시하기보다 잘 표현하면 그 강한 감정 상태에서 벗어날 수 있으나 억눌린 감정은 왜곡되기 쉬우며 무의식 속에 잠복했다가 한꺼번에 폭발할 소지가 많다. 나아가 개인의 억압된 감성이 사회 문제(무자별 대중을 공격 대상으로 하는 범죄나 폭력의 증가와 연관됨)가 되는 사례는 비일비재하게 접할 수 있다. 갈등과 스트레스가 심화되는 현대 사회에서 '감정'을 어떻게 다룰 것인가에 대한 문제는 이미 중요한 사회 문제로 대두되고 있다.

'생각'과 관련된 이중잣대도 흔한 예도 주변에서 볼 수 있다. 대개 자신의 생각과 주장을 잘 표현하는 사람에 대해서 '똑똑하다', '자기주장이 강하다', '잘난 체한다' 등의 평가가 수반된다. 즉 우리 사회는 어른이 이야기하면 '복종'하는 것을 미덕으로 여기는 권위주의 사회의 구태를 벗어나지 못함으로써 어떠한 문제, 사건, 일과 관련한 각 개인의 사고와 생각을 자유롭게 펼치는 행동에 일종의 심리적 거부감을 가지고 있다. 이러한 권위주의 문화는 수직적 인간관계를 형성함으로써 민주적인 의사소통과는 거리가 멀어지게 하고 결과적으로 가정, 일터, 조직(기관 등), 사회의 발전에 걸림돌로 작용하는 것이다. 여성의 경우도 여전히 자신의 '생각'을 사회는 물론이고 가정(시댁)에서 주장하면 곱지 않은 시선을 받는 게 현실이다. 이처럼 '내가 하면 로맨스이고 남이 하면 불륜', '나는 정상이고 남은 비정상'이라는 식의 이중잣대는 사회적 편견이나 고정관념 그리고 자기중심적인 사고방식이 소통 문화에 투영된 결과인 것이다.

그럼에도 이제 한국 사회는 그간 민주화운동에서부터 노동운동, 시민운동, 여성운동뿐 아니라 외국인 노동자 및 소수의 목소리까지 존중하기 위한 사회적 차원의 민주적인 소통문화를 건설해왔다. 그리고 그러한 운동의 성과를 기반으로 일상의 영역에 이르기까지 쌍방향 소통문화를 건설하는 것이 참여 민주주의 시대의 필요한 과제가 된 것이다.

차에는 이야기가 있고 소통이 있다.

차는 마음과 시간을 붙든다. 차는 오랜 친구처럼 마시는 사람의 마음과 시간을 붙든다. 정성껏 만들어진 찻잎에 정성을 다해 우려낸 차 한 잔은 백 마디의 말보다 정겹다. 우리는 이야기를 나누고 싶은 상대에게 차를 나누자고 제안한다. 차는 음료의 한계를 넘어 즐기는 형식과 만남과 대화의 기회를 제공하는 매개체로서 사람과 사람을 이어준다. 또 좋은 차는 좋은 친구처럼 오래도록 곁에 두고 음미해도 물리지 않는다.

차는 알코올과는 다른 사교 수단이다. 16세기 영국 가정에서는 하루 3리터의 알코올을 마셨다는 기록이 있다. 술에 만취한 사람들이 날로 급증하면서 음주 관행에 대한 비판이 일어났다. 청교도적인 이데올로기와 힘께 알코올음료를 대체할 만한 새로운 음료의 출현이 필요했고 그 자리를 차가 차지하였다.

차는 우리를 깨어 있도록 해준다. 우리에게 익숙한 달마대사에서 차가 시작되었다는 설도 있다. 달마가 수행을 하다 졸음을 이기지 못해 천근만근의 눈꺼풀을 잘라 마당에 던졌는데 거기서 차나무가 자랐다는 이야기다. 그래서 그 뒤로 지금까지 달마상을 자세히 들여다보면 눈꺼풀이 보이지 않게 되었고, 차나무 잎은 사람의 눈꺼풀 모양을 하고 있다고 하는 것이다. 수행을 할 때 차는 정신을 맑게 하며 졸음을 쫓아준다. 불가나 도가에서 수행자들이 차를 가까이 둔 이유이기도 하다.

왜 우리는 차를 마시는 것일까? 그 이유에 대해서는 여러 가지 분석이 가능하겠지만 무엇보다 차의 기능적 측면을 첫째로 꼽을 수 있을 것이다. 역사적으로 허준(許浚, 1539~1615)은 《동의보감(東醫寶鑑)》에서 차를 "영약(靈藥)"이라 하여 그 약효를 극찬하였고, 최근 미국 저널 타임스지에서는 녹차를 10대 푸드로 선정하여 녹차의 음용을 권장하고 있다. 지금처럼 과학이 발달하기 전에는 경험에 의해 차를 약용으로 사용하였지만, 과학이 발달하면서부터 많은 과학자들에 의해 차의 생리활성물질이 발견되고 전문적인 연구가 진행되고 있다.

차에 함유된 폴리페놀, 카페인, 차색소, 당류(糖類), 비타민, 아미노산, 방향물질 등은 유기물 형태로 존재하며 인체에 직접적 영향을 미친다. 이러한 성분들은 항산화, 암ㆍ당뇨ㆍ심혈관질환과 같은 질병의 예방, 콜레스테롤 수치 저하, 혈액 순환 촉진, 피부 개선, 체중조절에 매우 효과가 있다. 특히 차의 5대 물질로 불리는 폴리페놀(카테킨), 아미노산(테아닌), 카페인, 당류, 비타민은 그 효능이 뛰어나 가장 활발히 응용되고 있는 성분이다.

이 중 카테킨(Catechin)은 폴리페놀의 일종으로 쓴맛을 가지고 있으며 가장 대표적인 차의 유효성분이다. 폴리페놀은 2개 이상의 페놀성 수산기를 가지는 고분자 화합물로 우리 몸에 유해한 활성산소를 낮춰주는 항산화 물질이기도 하다. 항암효과가 있으며, 신진대사와 심장질환을 예방하는 효과도 있다. 폴리페놀의 일종인 카테킨은 최근 인체에 유리한 약리작용들이 많이 밝혀져 약이나 건강 보조 식품 등에 가장 활발히 이용되고 있다.

카테킨의 가장 두드러지는 효과는 항산화 작용이다. 우리 몸 안에는 활성산소라는 것이 있다. 활성산소는 세포 산화의 주범으로 암, 심장병, 뇌졸중, 심근경색, 알레르기와 같은 질병을 일으킨다. 그러므로 활성산소를 없애면 이러한 질병에 걸릴 확률이 감소하게 된다. 바로 이와 같은 활성산소를 없애는 작용을 우리는 항산화라 한다. 20대의 나이에는 많은 항산화 물질을 체내에서 스스로 만들어내지만, 그 후부터는 항산화 물질보다 활성산소가 더 많이 만들어진다. 그 결과 우리의 몸은 생리적으로 균형을 잃게 된다.

차에 들어있는 카테킨의 항산화력은 대표적 항산화제인 비타민E의 200배, 비타민C의 100배에 달할 정도로 매우 강력할 뿐만 아니라 차에 함유된 유기산이나 비타민C가 카테킨과 함께 상승효과를 나타내어 보다 뛰어난 항산화력을 가지게 된다고 한다. 또한 활성산소를 통한 세포의 산화는 노화를 촉진해 빨리 늙게 하는데, 평상시 차를 마시면 암을 비롯한 수많은 질병을 예방할 수 있을 뿐만 아니라 젊음을 유지할 수 있다.

차의 유효성분 가운데 카페인(Caffeine)은 알칼로이드의 일종으로, 식물이 해충으로부터 스스로 보호하기 위해 생성하는 일종의 방어제이며 독성물질이다. 대표적인 사례가 커피이다. 이른 아침 아직 정신이 들기 전에 커피 한 잔을 마시면 정신이 맑아진다. 누구나 한 번쯤 경험해 봤을 것이다. 피곤한 오후에 마시는 한 잔의 커피는 기분을 좋게 하고, 피로를 해소하며 집중력을 향상시켜 작업능률을 높여준다. 카페인을 적당히 복용하면 중추신경계를 흥분시켜 정신이 맑아지고 졸음이 없어지며 사고력이 향상된다.

차 안의 카페인과 커피의 카페인이 다른 것일까? 물론 아니다. 둘은 화학구조가 완전히 일치하는 똑같은 화학물질이다. 하지만 이처럼 반응의 차이를 보이는 이유는 무엇일까? 그 답은 간단하다. 바로 테아닌과 같은 차의 다른 성분이 카페인의 작용을 억제하여 중추신경의 자극을 약화시키고 체내흡수가 서서히 일어나도록 하기 때문이다. 즉 차는 카페인이 부정적 효과는 최소화하면서 긍정적 효과를 나타낼 수 있게 한다.

테아닌(Theanine)은 차 특유의 아미노산이다. 우리는 차를 마시면 긴장이 완화되고 기분이 느긋해지며 침착해지는 것을 느낄 수 있는데, 이는 테아닌이 뇌신경 전달물질을 조절하고 신경계를 안정시켜 긴장을 이완시키기 때문이다. 그래서 "천연진정제"라고도 불린다. 실제로 테아닌 200mg을 복용한 후 뇌파를 측정해 본 결과 알파파가 현저히 증가하였는데, 알파파는 사람이 가장 안정되었을 때 나오는 뇌파이다. 신경계가 안정되면 집중력이 강화되고 스트레스가 해소되며 우울증, 불면증과 같은 정신질환에 도움을 줄 수 있기 때문에 현재 테아닌은 신경안정제나 우울증치료제, 치매예방제, 수면보조제 등에 활용되고 있다.

차는 건강과 함께 우리를 맑은 정신으로 소통할 수 있도록 해주는 가장 훌륭한 음료이기에 신의 선물이라고 하는 것이다.

차(茶)란 무엇인가?

우리가 마시는 차는 기본적으로 카멜리아 시넨시스라는 식물의 찻잎이지만 만드는 방법에 따라 색(色), 향(香), 미(味)가 달라지고 또 이름도 다르게 부른다. 찻잎을 발효시키는 정도에 따라 다르며, 또 찌거나 덖는 방식에 따라, 제조방법 및 품질에 따라서도 분류할 수 있다.

산화란 적당한 온도와 습도에서 찻잎 속에 들어있는 탄닌(폴리페놀) 성분이 산화효소인 폴리페놀 옥시디아제에 의해 산화되어 녹색이 누런색(데아플라빈)이나 붉은 색(데아루비킨)으로 변하면서 복잡한 화학반응을 일으켜 독특한 향기와 맛이 만들어지는 과정이다. 산화가 많이 된 것일수록 마른 차는 검붉은 색이 되며 차 탕은 홍색이 진하다. 산화가 적게 된 것은 수색이 녹황색이나 황금색이다.

① 비(非)산화차
찻잎을 전혀 산화시키지 않고 엽록소를 그대로 보존시켜서 만든 차로 녹차 계열(엽차, 말차)이 이에 속한다. 녹차는 가마에서 볶아내는 부초차(釜炒茶)와 시루에서 쪄내는 증제차(蒸製茶)가 있는데, 부초차는 맛과 향이 좋고 증제차는 색이 곱다.

② 부분(반)산화
찻잎을 햇빛이나 실내에서 시들리기와 교반을 하여 찻잎의 폴리페놀 성분을 10~70% 정도 산화시켜서 만든 차로 중국의 푸지엔성과 광동성, 그리고 대만에서 주로 생산되고 있으며 독특한 꽃향기와 체중 감소 효과 등으로 많은 사람이 즐겨 마신다. 자스민차는 15~20%, 포종차는 30~40%, 오룡차는 60~70%, 황차는 85% 발효시킨 부분 산화차이다.

③ 완전(강)산화차
찻잎을 완전히 산화시켜서 만든 홍차 계열이 이에 속한다. 각국에서 생산되는 홍차(black

tea)는 95%까지 산화시킨 차이다. 홍차의 제조과정은 시들리기, 비비기, 산화, 건조의 순서이며 홍차의 특유한 향기는 시들리기와 산화에 의한 것이고 씁쌀한 맛은 탄닌 성분에 의한 것이다.

④ 발효차

녹차의 제조방법과 같이 효소를 파괴한 뒤 찻잎을 퇴적하여 공기 중에 있는 미생물의 번식을 유도해 발효가 일어나게 만든 차로 보이숙차, 육보차 등이 이에 속한다.

기본 다류	비산화차		녹차		10% 이하
	산화·발효차	산화차	약산화	백차	5-15%
			반산화	청차	15-70%
			완전(강)산화	홍차	70-95%
		발효차	황차		15-25%
			흑차		80-98%

* 그동안 사용하던 모호한 개념의 발효는 모두 산화로 바꾸었다. 차의 발효란 미생물이 간여하는 황차와 흑차를 세외하고는 사실상 '산화'이기 때문이다.

여섯 가지 차의 분류 '6대 다류'

① 백차

백차는 솜털이 덮힌 차의 어린싹을 살청이나 유념을 하지 않고 그대로 건조해 만들기 때문에 찻잎은 은색의 광택을 띠며 향기가 맑고 맛이 산뜻하다. 탕색은 연한 살구색으로 우아하고 담백하다. 백호은침은 백차의 진품이다. 수면에 찻잎이 꼿꼿이 서는 모습이 아름답기 때문에 유리잔으로 감상하며 마시면 좋다. 향기가 맑고 맛이 산뜻하며 여름철에 열을 내려주는 작용이 강하여 한약재로도 많이 사용되고 있다.

② 녹차

일반적으로 역사기 가장 길고, 생산량이 사상 많으며, 품종이 다양한 것이 녹차이다. 4월 20일 곡우 때부터 차의 어린잎을 따서 바로 증기로 찌거나 솥에서 살짝 볶아 산화를 중지시킨 차이다. 녹차는 찻잎을 바로 따서 제조하기 때문에 성분의 변화가 거의 없다. 녹차는 우롱차와 홍차에 비해 비타민C의 함량이 훨씬 높다. 비타민C가 레몬의 5배~8배나 함유되어 있고, 노화 억제나 암 예방, 식중독 방지 등 여러 가지 질병의 예방과 억제 효과를 나타내는 카테킨 성분이 다량 함유된 기능성이 큰 차이다.

③ 황차

황차는 민황(悶黃)이라는 제다 과정을 거친다. 찻잎을 쌓아두고 방치하는 과정을 민황이라고 하는데 살청이나 유념 과정을 거친 후 찻잎을 쌓아두고 방치하면 찻잎의 내부 온도에 의해 색깔은 누렇게 변하고 차는 자연스럽게 발효된다. 살청 후의 발효이기 때문에 (약)후발효차로 분류한다. 이 과정에서 황차의 찻잎과 탕색, 우리고 난 후의 찻잎은 모두 황색을 띠게 된다. 차엽 중의 엽록소가 파괴되어 황색을 띠고, 쓰고 떫은맛을 내는 카테킨 성분이 약 50~60% 감소하므로 차의 맛이 순하고 부드럽다.

④ 청차: 오룡차(우롱차)

청차는 녹차 제다법과 홍차 제다법의 장점을 두루 이용한 것이라 할 수 있다. 산화 정도를 중간 정도로 하여 녹차에서 느낄 수 있는 산뜻한 향과 홍차에서의 독특한 흥미를 함께 즐길 수 있다. 오룡 품종의 찻잎으로 만든 청차가 바로 오룡차이다. 오룡차는 녹차와 홍차의 중간으로 산화 정도가 20%~65% 사이의 차를 말하며 중간 산화차로 분류된다.

⑤ 홍차

홍차는 산화 정도가 85% 이상의 차로 떫은맛이 강하고 등홍색의 수색을 나타내는 차이다. 홍차는 살청을 하지 않고 위조와 유념을 한 뒤 방치하면서 찻잎 내부의 수분과 온도로 산화시키는 것이 특징이다. 홍차 중 인도의 다즐링(dazzeling), 중국의 기문(祁門), 스리랑카의 우바(Uva) 홍차가 세계 3대 홍차로 꼽으며, 차엽 그대로 우려 마시는 스트레이트티와 밀크를 첨가해 마시는 밀크티 형태가 있다. 홍차는 세계에서 소비되는 차의 75%를 차지한다. 동아시아 지역에서도 소비되지만 유럽과 아메리카 등지에서 더 많이 소비된다.

⑥ 흑차

찻잎이 흑갈색을 나타내고 수색은 홍차보다 짙은 갈황색이나 갈홍색을 띤다. 처음 마실 때는 곰팡이 냄새로 인해 약간 역겨움을 느끼기도 하지만 몇 번 마시다 보면 독특한 풍미와 부드러운 차 맛을 느낄 수 있다. 중국에서는 잎차류보다 차를 압착하여 덩어리로 만든 고형차가 주로 생산되며, 저장 기간이 오래될수록 고급 차로 간주된다. 후발효차로 보이 숙차가 대표적이다. 쇄청녹차를 두텁게 쌓아두고 이를 악퇴하여 미생물에 의해 발효가 일어나도록 만든 차이다. 찻잎은 흑갈색으로 지푸라기 냄새 같은 독특한 향을 낸다. 악퇴를 거치지 않은 차를 생차, 청병(靑餠)이라 하며, 저장 기간이 오래될수록 가격이 비싸진다.

- 보이차 pu-er cha

운남의 대엽종으로 만든 차. 숙차는 주로 80% 이상 발효시키는 후발효차이다. 운남성 보이 및 서쌍판납, 사모 등지에서 생산된다. 당대에 이미 변방 민족들과 보이차 무역을 시작했었다. 찻잎은 주로 운남의 대엽종 잎만을 원료로 만든다. 가공과정 중에 찻잎에 물을 뿌려 쌓아둔 후 악퇴 발효시켜 찻잎에 오랜 향이 묻어나게 한다.

⑦ 재가공차(대용차)

차의 원액을 추출하여 음료로 만든 췌취차, 과일 향이나 즙을 넣어 만든 과미차, 우리 몸에 이로운 약초를 넣어 만든 약용 보건차나 증기로 쪄서 긴압하여 만든 긴압차 등이 있으나 꽃을 첨가하거나 꽃 자체를 차로 마시는 화차가 대표적이다. 자스민 꽃 향이 첨가된 차를 샹피엔차라고도 하며 생화를 가지고 찻잎에 향을 입힌 것이 화차다. 중국의 독특한 차로서 6대 다류에 속하지는 않지만 보편적으로 많이 애음되다 보니 이를 포함해 7대 다류로 분류하기도 한다.

한국지속가능문화교육개발원 | Korea Sustainable Culture Education Center

책 소개

송문주

1장 / 차(茶)와 함께하는 스트레스 관리

우리는 평소에 소통의 도구로 차를 함께하기도 하고, 때론 차 한 잔을 마시며 하루의 피로를 풀고 생각을 정리하기도 한다. 차(茶)로 수업을 한다고 하면 다도(茶道-차를 달여 손님에게 대접하거나 마실 때의 예법)를 생각하지만, 이 책에서는 차를 마시는 형식의 틀을 벗어버리고, 차와 함께하는 편안하고 즐거운 활동을 통해 스트레스를 관리하는 새로운 수업 모델을 제시한다. 차 마시기는 '엄숙하기'보다는 '즐거운 활동'이어야 한다.

박봉선

2장 / 차(茶)와 함께하는 행복나눔

차는 행복이고 나눔이다. 차를 마시는 순간만큼은 행복감을 느끼며 내가 깨어있음을 느낄 수 있기 때문이다. 우리는 흔히 상대방과 친해지고 싶을 때 '차 한 잔 하실래요?' 라는 질문을 하게 된다. 이는 아주 작은, 소소한 행복이지만 이를 함께 나누고 싶다는 제안이다. 이 작은 행복이 바로 '소확행'이다. 차를 마시며 뇌를 깨우고, 심신의 안정을 찾고, 우리가 마시는 차에 대해 이야기 나누며 간단한 활동을 함께 하고 소통하다 보면, 우리는 스스로에게 '행복하다.'고 되뇌이게 된다.

김종분

3장 / 차(茶)와 함께하는 공감소통

차(茶)는 '자기조절 능력과 의사소통의 역량을 강화'하는 최상의 음료이다. 오랜 시간 차(茶)는 인류에게 차의 물질적인 개념을 바탕으로, 정신적인 가치와 함께 인간관계를 형성하고 소통역량을 강화함으로써 대면의 장을 넓히는 용도로 활용되어 왔다.

이러한 차(茶)를 팬데믹 시대를 지나며 소원해진 대면 활동을 넓혀 마음과 마음을 이어가고 소통하는 매체로 소개하게 되어 설렘이 가득하다. 홀로 마시는 차(茶)는 자신과 소통하며 조절하기에 유용하다. 또한 사람과 사람이 대면하여 차(茶)를 공부하고 우림과 나눔을 체험하고 다양한 활동을 통해 소통과 공감 능력이 향상되어 행복이 차(茶)향처럼 널리 풍기는 사회를 만들어 가자.

김수연

4장 / 차(茶)와 함께하는 리더십 키우기

차는 육체적으로 도움을 주지만 또 정신적으로 정신을 맑게 하고 마음을 편안하게 해 준다. 이와 같은 차의 육체적 정신적 기능의 측면과 인간 내면의 세계를 중시하는 리더십과의 관계에 주의하였다. 긍정의 리더십은 안정감, 집중력, 지혜, 역량에 의하여 이루어지며, 자기혁신과 가치관 변화에 중점을 둔다. 그러므로 긍정의의 리더십은 차가 주는 정신적 효능과 관통한다. 차의 테아닌(Theanine) 성분은 신경전달시스템을 활성화하여 알파파를 증가시킨다. '집중력 강화'는 긍정적인 생각과 함께 나의 삶과 세상을 바꾸는 힘의 원천이다. 차가 전하는 맑은 정신, 긍정적인 생각은 나를 미소 짓게 하고, 나의 미소는 내 주위를 빛나게 할 것이다. 내 인생의 리더는 나다. 차와 함께 내가 먼저 실천하는 긍정의 리더가 되자.

우승자

5장 / 차(茶)와 함께하는 슬기로운 대인관계

우리는 다양한 사람들과의 다양한 '관계' 속에서 살아가며, 관계가 조화롭고 긍정적일 때 심리적 행복감을 느끼게 된다. 행복한 삶의 중요한 요소는 긍정적인 대인관계의 핵심인 나 자신을 이해하고 더불어 타인을 이해하는 것이다. 따뜻함과 평안함을 전하는 차는 대인관계 프로그램을 촉진하여 심리적인 안정과 만족을 제공함과 동시에 자신감과 성취감을 향상시켜, 우리의 삶을 더욱 풍요롭게 만들어 줄 것이다.

이국희

6장 / 차(茶)와 함께하는 티 페어링

인간의 '음식'이란 단어는 마실 음(飮)에 먹을 식(食)으로 구성되어있다. 마실거리와 먹을거리가 짝을 이루었을 때 우리는 비로소 '음식'이라고 말한다. 차는 마실거리이니 당연히 짝꿍인 먹거리를 벗하지 않을 수 없다. 신이 내린 선물, 차(茶)는 좋은 먹거리(티푸드)를 만나 더욱 완전해진다. 좋은 사람과 함께, 좋은 차와 궁합이 잘 맞는 좋은 먹거리를 만난다면, 그것이 몸과 마음을 치유해주는 힐링푸드 아닐까?

≪동의보감≫에는 '식약동원(食藥同源)'이란 말이 있다. '먹거리와 약의 뿌리는 같다.'는 말이다. 차의 색·향·미를 해치지 않으면서 차의 풍미를 더 좋게 느껴지도록 하는 티푸드 페어링을 찾아가는 여정은 그야말로 흥미진진하다. 누구나 쉽고 재미있게 차와 함께 힐링푸드를 즐길 수 있도록 구성해 보았다. 몸과 마음의 치유를 기원한다.

연정삼

7장 / 차(茶)와 함께하는 컬러치유

일상에서 몸과 마음이 지치고 힘겨울 때, 색·향·미가 아름다운 차를 정성스럽게 우려 마시다 보면 저절로 평온을 느낄 수 있었다. 바로 우리가 마시는 차(茶)는 차크라 힐링과 같이 부정적 자아를 긍정적 자아로 변화시키는 힘을 가진 신비로운 음료다. 차크라(Chakra)는 산스크리트 용어로 원 또는 바퀴를 의미한다. 척추를 관통하는 에너지 통로에 가장 핵심이 되는 7개의 무지개빛 에너지 창구를 바로 "차크라"라고 한다. 정신적인 힘과 육체적인 기능이 합쳐져 상호작용을 하는 차크라 명상기법을 활용하여 차명상에 접합해 보았다. 차와 함께 호흡과 간단한 동작을 통해 몸을 이완시키고, 자연이 주는 여러 빛깔의 차크라 에너지를 통해로 몸과 마음을 행복하고 튼튼하고 평화롭게 만들어 보자. 차크라 차명상은 7개의 차크라를 중심으로 생명 에너지가 바퀴처럼 소용돌이치면서 원형으로 모여드는 경험은 실로 감동이고 행복이다. 차크라 차명상을 함께 나눌 수 있어 정말 행복하다.

이계자

8장 / 차(茶)와 함께하는 시(詩)와 노래

시(詩)와 차(茶)는 궤를 같이 한다. 마치 정규과정으로 공부해야 하는 어려운 숙제라고 생각하지만, 실상은 그렇지 않기 때문이다. 차가 일상다반사(日常茶飯事)의 일상이듯, 詩도 일상이다. 우리는 늘 詩를 말하고 詩를 듣는다. 우리가 일상을 살아가는 동안 겪는 수많은 경험들을 말로 혹은 글로써 표현하는 것이 바로 詩다. 이렇듯 우리의 삶은 詩로 가득 차 있다. 우리는 詩로써 타인과 소통하고 자신을 성찰하며, 서로의 다름에 끊임없이 질문을 던진다. 詩는 서로의 마음을 알아가는 과정이며 이는 행복한 일상이 된다. '차와 함께하는 시와 노래'를 통해 바쁜 일상에서 벗어나 서로의 일상을 공유하고 자신의 삶을 성찰하는 여행을 떠나 보자.

강화숙

9장 / 차(茶)와 함께하는 아로마 테라피

　　　　　　가장 좋아하는 말 중에 "차 한잔 하실래요?"라는 말이 있다. 급격히 변하는 시대 속에 살아가는 한 사람으로서 차는 나에게 여유와 느림의 가치를 일깨워주는 도구이다. 가치를 넘어서 이제는 건강, 여가, 삶의 중심까지 들어오게 된 차문화는 한층 발전되어 차를 접목한 아이디어 프로그램이 많이 개발되고 있다. 그 중 하나가 '아로마를 활용한 티 테라피'이다.

　현대의 차는 어렵지 않고 많은 격식이 필요하지도 않지만, 그 어떤 문화보다도 품격이 있기에 차를 마시는 즐거움을 혼자 알아가기보다는 더욱 많은 이들이 차를 통해 차의 정신과 가치, 차가 주는 즐거움을 알아가길 바라며, 차와 함께하는 아로마 테라피 프로그램을 통하여 건강을 찾고 힐링을 하는 시간이 되길 바란다.

조성훈

10장 / 차(茶)와 함께하는 힐링원예

　　　　　　인간은 식물 없이 살아갈 수 없다. 인류는 일찍부터 약초를 발견하고 병을 고쳤으며, 술과 차 등의 기호식품을 개발하였다. 식물은 인간에게 생명의 근원인 동시에 눈을 즐겁게 하는 볼거리가 되고, 함께하는 것만으로 인간에게 심리적 안정과 평화, 행복감을 준다.

　원예를 통해 식물을 키우는 과정은 우리에게 책임감을 부여하고, 일상에서 벗어나 자연과의 조화로운 시간을 제공한다. 식물들을 돌보며 자연의 속도에 맞추어 행동하다 보면 스트레스와 고민을 잠시 잊게 되고, 마음이 편안해진다. 이는 원예가 우리의 심리적 안정을 증진시키는 한 가지 방법이기 때문이다. 이러한 힐링원예 프로그램을 통해 식물이 주는 정신적 평화와 가치 그리고 차가 주는 행복을 알리고자 한다.

CONTENTS

머리말 4

책 소개 18

1장
차(茶)와 함께하는 스트레스 관리

1) 나만의 웃음명찰 만들기 30
2) 운동을 하면 몸 튼튼 맘 튼튼 33
3) 너도나도 집중력 UP! 36
4) 숫자야 놀자! 39
5) BINGO! PLAY! 42
6) 감정세포들 모두 모여라! 45
7) 다 함께 이구동성 48
8) 상상 속 이야기 51
9) 어휘력 쑥쑥! 54
10) 웃으면 복이 와요! 57

2장
차(茶)와 함께하는 행복나눔

1) 행복을 찾아서 62
2) 들쑥날쑥 내 마음 알아보기 65
3) 내 모습이 멋져요 68
4) 옛날 옛적에 71
5) 으라차차 줄 맞추기 74
6) 기억력이 쑥쑥 77
7) 우리는 하나 80
8) 상상의 날개를 펴라 83
9) 와! 신난다 스피드게임 86
10) 행복은 가까운 곳에 있어요 89

3장

차(茶)와 함께하는 공감소통

1) 함께 그리는 자화상	94
2) 추억을 말해봐	97
3) 공기를 활용한 손 건강	100
4) 도형아~놀자!	103
5) 소통단어 빙고	106
6) 고민 인터뷰	109
7) 소통 가위바위보	112
8) 나에게 이런 일이 생긴다면?	115
9) 긍정 언어를 찾아라!	118
10) 나는 어디에 있는가?	121

4장

차(茶)와 함께하는 긍정리더십

1) 마음의 힘을 키워요	126
2) 괜찮아요 토닥토닥	129
3) 장점을 찾아서 팽이 놀이	132
4) 알록달록 색깔놀이	135
5) 빙고를 외쳐라! 리더 빙고 게임	138
6) 사랑한다 말해요	141
7) 어디까지 왔니? 스무고개	144
8) 만약에 말이야	147
9) 알쏭달쏭 초성 게임	150
10) 쉿! 비밀이야 암호 게임	153

5장

차(茶)와 함께하는 슬기로운 대인관계

1) 칭찬하는 마음 열기	158
2) 소중한 마음 열기	161
3) 긍정적인 마음 나누기	164
4) 배려하는 마음 나누기	167
5) 만족하는 마음 나누기	170
6) 자신감 있는 마음 다지기	173
7) 공감하는 마음 다지기	176
8) 용기 있는 마음 다지기	179
9) 존중하는 마음 다지기	182
10) 확신하는 마음 다지기	185

6장

차(茶)와 함께하는
티 페어링

1) 달콤 한 스푼 파베 초콜릿 ············· 190
2) 한겨울에 먹어야 제맛~! 말차 모나카 ··· 194
3) 오이향 가득 싱그러운 미니 오이샌드위치 198
4) 케이크~? 롤리팝~? 케이크 팝~! ······ 201
5) 발렌타인데이에 연인과 함께 초코건과타르트
  ·································· 204
6) 유자와 견과류의 쁘띠만남 유자타르트 ··· 207
7) 촉촉 폭신 달콤 레밍턴 케이크 ········· 210
8) 황금비율 소스 치즈 샌드위치 ··········· 213
9) 단짠단짠 앙! 한입 쏙! 미니 토스트앙버터 216
10) 리얼 생과일파르페 컵과일 케이크 ······ 219

7장

차(茶)와 함께하는
컬러치유

1) 일상에서 차와 함께 컬러명상 즐기기 ··· 224
2) 빨간색 꽃잎으로 모자이크하기 ········· 228
3) 주황색으로 내 마음 표현하기 ········· 231
4) 노란색으로 집 꾸미기 ················ 234
5) 초록색으로 꽃반지 만들기 ············ 237
6) 파란색으로 좋아하는 사물 표현하기 ··· 240
7) 남색으로 차(茶) 그림 그리기 ············ 243
8) 보라색으로 종이비행기 만들기 ········· 246
9) 풍선에 내마음 담아보기 ·············· 249
10) 조화로움으로 달라진 나 발견하기 ······ 252

8장

차(茶)와 함께하는
시(詩)와 노래

1) 꽃을 만나는 시간 ···················· 258
2) 보고 싶은 사랑 ······················ 262
3) 시(詩)로 표현하는 마음놀이 ············ 265
4) 동심의 세계로 ······················· 268
5) 별 헤는 밤 ·························· 272
6) 추억을 그리다 ······················· 275

	7) 두근두근 설레임 ········· 279
	8) 다섯 글자 예쁜 말 ········ 282
	9) 즐거운 나의 집 ·········· 285
	10) 차(茶)를 노래하다 ········ 288

9장
차(茶)와 함께하는 아로마 테라피

1) 몸과 맘 치얼업 베르가모트 아로마 ······ 294
2) 상쾌하고 유쾌하게 페퍼민트 아로마 ··· 297
3) 스트레스 물러가라!! 뿔 향 솔솔 ········ 300
4) 허브의 여왕 라벤더 목걸이 ············ 303
5) 피부에 수분 팍팍! 미스트 ············· 306
6) 추억으로 가는 향 놀이 ················ 309
7) 건강지킴이 침향환 ··················· 312
8) 기분UP 향기UP 나만의 향 ············ 315
9) 몸도 정화 마음도 정화 대나무 선향 ····· 318
10) 아기자기 허브 향낭 ················· 321

10장
차(茶)와 함께하는 힐링원예

1) 투명하게 마음 보기 꽃 한 송이 물주머니 326
2) 결의 아름다움 나만의 차탁 ············ 329
3) 매너 있는 손길 다건 만들기 ··········· 332
4) 다른 만남이 만들어낸 조화 비누꽃 종이 화분
   ·································· 335
5) 함께 하는 행복! 나만의 반려 식물 ······ 338
6) 눈으로만 봐주세요 스칸디아모스 액자 341
7) 향에 취해보자! 드라이플라워 방향제 ··· 344
8) 자연을 몸에 담다 메타세콰이어 팔찌 ··· 347
9) 변하지 않는 아름다움 미니센터피스 ···· 350
10) 가장 아름다운 순간 유칼립투스 화관 ··· 353

부록　······································· 356

1장

차(茶)와 함께하는 스트레스 관리

 *Tea Therapy*

1) 나만의 웃음명찰 만들기
2) 차(茶)를 마시면 몸 튼튼 맘 튼튼
3) 너도나도 집중력 UP!
4) 숫자야 놀자!
5) BINGO! PLAY!
6) 감정세포들 모두 모여라!
7) 다 함께 이구동성
8) 상상 속 이야기
9) 어휘력 쑥쑥!
10) 웃으면 복이 와요!

1장 차(茶)와 함께하는 스트레스 관리

1-01 차(茶)와 함께하는 스트레스 관리

1차시 나만의 웃음명찰 만들기

학습목표
1. 백차의 특징과 베르가모트 오일을 블렌딩하여 본다.
2. 별칭을 정하고 명찰을 만들어 본다.

차(茶)
1. 백호은침
2. 베르가모트 오일 블렌딩

활동
1. 별칭 정하기
2. 명찰 만들기

단계	내용	시간
도입	■ 인사 나누기 "우리 모두 다 함께 인사해! 하하" 1단계는 크게 웃어라! 입니다. 크게 웃는 웃음은 최고의 운동법이며 매일 1분 동안 웃으면 8일 더 오래 산다고 합니다. 크게 웃을수록 우리 몸의 근육을 발달시켜 자연스럽게 운동 효과를 만들어 줍니다. "우리 모두 다 함께 웃어요! 하하" ■ 차 소개 – 첫 번째 차: 백호은침 – 두 번째 차: 베르가모트 오일 블렌딩	20′
전개	■ 첫 번째 차 – 백호은침 – 백호은침을 우리며 차의 특징을 설명한다. – 차를 나누고 차 8단계 실천으로 다 함께 음미한다. ① 눈에 담는다 ② 코를 간지럽힌다 ③ 입술을 적신다 ④ 입안 가득 머금는다 ⑤ 목에 길을 내준다 ⑥ 배를 따뜻하게 해준다 ⑦ 뇌를 깨운다 ⑧ 마음을 열어준다 ■ 이야기 나누기 마음을 열고 미소 띤 얼굴로 차의 색·향·미 이야기를 나눈다. ■ 첫 번째 차 2포 우려 마시기 – 오늘의 활동을 소개한다.	20′

전개	■ 활동하기 　① 웃음소리나 의미가 연상되는 나만의 별칭을 정한다. 　　　예) 하하 님, 스마일 님, 싱글벙글 님 　② 나의 웃음 별칭 명찰을 꾸미고 별칭을 소개한다. 　③ 진행자가 명찰을 걷어 섞는다. 　④ 학습자가 한 명씩 돌아가면서 명찰을 뽑아 별칭의 주인을 찾아주고 다 같이 큰소리로 별칭을 불러준다. ■ 두 번째 차 – 백호은침+베르가모트 오일 블렌딩 　– 두 번째 차 준비와 찻잔을 헹군다. 　– 베르가모트 오일을 블렌딩하여 차의 특징을 설명한다. 　– 차를 나누고 차 8단계 실천으로 다 함께 음미한다. 　– 차의 색·향·미를 표현해본다. ■ 두 번째 차 2포 우려 마시기 　– 차와 함께 웃고 살자(1박/2박/4박/8박자 박수)	30′
마무리	■ 활동 소감 나누기 ■ 마음체조 ■ 마무리 인사 후 정리	20′
준비물	차, 다구, 명찰, 사인펜	

첫 번째 차: 백호은침

백호은침은 중국 푸젠성 북동부의 푸딩시, 정허현에서 생산되는 백차의 대표적인 차이다. 철관음과 함께 푸젠성의 대표적인 차이다. 생김새가 그 이름처럼 하얀 솜털이 송송하여, 은빛 바늘과 같이 뾰족하다고 해서 붙은 이름이다. 펴지기 전 어린잎을 딴 것이어서 잎의 모양이 길쭉길쭉한 모습이 바늘과 같다 하여 백호은침이라 한다. 따뜻한 물에 우렸을 때 꼿꼿이 일렬종대로 일어서는 특이한 모습을 보여주는 것이 이 백호은침만의 특징 중 하나이기도 하다.

● 백호은침 우림법(10명 기준)

1. 2L의 우림 포트에 백호은침 10g을 넣는다.
2. 85~90℃의 물 1.2L로 2~3분간 우린다.
3. 250~300ml 나눔 포트 4개에 농도를 맞추어 담아낸다.

두 번째 차: 백호은침 + 베르가모트 오일 블렌딩

베르가모트는 가향차를 만들 때 많이 사용되는 인기 있는 재료로, 기존의 많은 가향차, 특히 얼그레이 차에 활용되고 있으며 불안증과 스트레스 완화에도 도움이 된다고 한다. 백호은침에 약간의 베르가모트 오일을 가미하면 매력적이고 고급스러운 가향백차의 풍미를 즐길 수 있다.

● 백호은침 + 베르가모트 오일 차 우림법(10명 기준)

1. 2L의 우림 포트에 백호은침 10g을 넣는다.
2. 85~90℃의 물 1.2L를 넣고 2~3분간 우린다.
3. 우려낸 찻물에 베르가모트 오일 4~5방울을 넣는다.
4. 250~300㎖ 나눔 포트 4개에 농도를 맞추어 담아낸다.

1-02 차(茶)와 함께하는 스트레스 관리

2차시 차(茶)를 마시면 몸 튼튼 맘 튼튼

학습 목표
1. 녹차의 특징을 알고 음미하여 본다.
2. 운동카드를 활용하여 운동의 장점을 이야기한다.

차(茶)
1. 제주녹차
2. 가향홍차

활동
1. 운동경험 이야기하기
2. 운동을 하면~♪

단계	내용	시간
도입	■ 인사 나누기 "우리 모두 다 함께 인사해! 하하" 2단계는 일어나자마자 웃어라! 입니다. 아침에 첫 번째 웃는 웃음은 보약 중의 보약이라고 합니다. 3대가 건강하게 되며 보약 10첩보다 낫다. 일어났다고 생각하시고 웃어볼까요? "우리 모두 다 함께 웃어요! 하하" ■ 차 소개 – 첫 번째 차: 제주녹차 – 두 번째 차: Sweet LOVE ■ 차우림 준비 및 찻잔 데우기	20′
전개	■ 첫 번째 차 – 제주녹차 – 제주녹차를 우리며 차의 특징을 설명한다. – 차를 나누고 차 8단계 실천으로 다 함께 음미한다. ■ 이야기 나누기 – 마음을 열고 미소 띤 얼굴로 차의 색·향·미 이야기를 나눈다. ■ 첫 번째 차 2포 우려 마시기 – 오늘의 활동을 소개한다.	20′

	■ 활동하기 – 카드 활동(운동카드)
	① 운동카드(탁구, 레슬링, 복싱, 씨름 등)를 보며 이야기 나눈다.
	  예) 경험해본 적이 있는지, 선수 이름 등
	② 한 장씩 카드를 나누어준다.
	③ 각자의 운동카드를 리듬에 맞춰 순서대로 이야기한다.
	  예) 운동에는 탁구도 있고 축구도 있고 게이트볼도 있고~
	④ 진행자가 카드 속의 운동을 몸으로 설명하면 학습자가 맞춘다.
		30′

전개	■ 두 번째 차 – 쿠스미 스위트러브 – 두 번째 차 준비와 찻잔을 헹군다. – Sweet LOVE를 우리며 차의 특징을 설명한다. – 차를 나누고 차 8단계 실천으로 다 함께 음미한다. – 차의 색·향·미를 표현해본다. ■ 두 번째 차 2포 우려 마시기 – 차와 함께 웃고 살자(1박/2박/4박/8박자 박수)	30′
마무리	■ 활동 소감 나누기 ■ 마음 체조 ■ 마무리 인사 후 정리	20′
준비물	차, 다구, 운동카드	

☕ 첫 번째 차: 제주녹차

제주(한라산)는 녹차 재배에 좋은 곳이다. 따스한 기온, 높은 강수량, 유기질 토양 등 조건이 뛰어나다. 중국의 저장성(황산), 일본의 시즈오카현(후지산)과 함께 세계 3대 녹차 재배지로 꼽힌다. 한라산의 잔설을 품은 산바람과 제주 바다의 수분을 머금은 바닷바람이 밤낮으로 불어오는 제주 차밭에서는 향이 좋은 녹차가 자란다. 제주의 어린 찻잎으로 만들어 부드럽고 떫은맛이 적으며 풍부한 감칠맛이 일품이다.

● **제주녹차 우림법(10명 기준)**

1. 2L의 우림 포트에 제주녹차 8g을 넣는다.
2. 95℃의 물을 4~5회 교반해서 온도를 내린다.
3. 75℃의 물 1.2L에 2분간 우린다.
4. 250~300ml 나눔 포트 4개에 농도를 맞추어 담아낸다.

두 번째 차: Sweet LOVE

쿠스미 티의 Sweet LOVE 제품은 블랙티 시리즈 중의 하나이다. 향이 매우 강해서 아침에 잠을 깨워줄 수 있는 차이다. 시나몬 향과 감초 향, 중국 블랙티와 구아라나 열매의 씨앗 등이 들어간 진한 향이 특징이며 아이스로 마셔도 달달하면서도 스파이시한 느낌의 홍차이다.

● Sweet LOVE 우림법(10명 기준)

1. 2L의 우림 포트에 Sweet LOVE 6g을 넣는다.
2. 95℃의 물 1.2L에 3분간 우린다.
3. 250~300ml 나눔 포트 4개에 농도를 맞추어 담아낸다.

활동 사진

1-03 차(茶)와 함께하는 스트레스 관리

3차시 너도나도 집중력 UP!

학습 목표
1. 청차의 특징을 알고 음미하여 본다.
2. 숫자 찾기를 통하여 수리 집중력을 향상한다.

차(茶)
1. 대홍포
2. 자스민 녹차

활동
1. 숫자 찾기
2. 구구단을 외자

단계	내용	시간
도입	■ 인사 나누기 "우리 모두 다 함께 인사해! 하하" 3단계는 시간을 정해놓고 웃어라! 입니다. 일어나자마자 웃기, 점심 먹고 웃기와 같이 시간을 정해 보세요. 웃음약은 부작용이 없고 공짜이며 자신뿐만 아니라 내 주변 사람도 함께 건강을 지킬 수 있습니다. 웃음약 처방 잊지 말고 복용하세요. 아침 웃음약 드셔 볼까요? "우리 모두 다 함께 웃어요! 하하" ■ 차 소개 – 첫 번째 차: 대홍포 – 두 번째 차: 자스민 녹차 ■ 차우림 준비 및 찻잔 데우기	20′
전개	■ 첫 번째 차 – 대홍포 – 대홍포를 우리며 차의 특징과 문향배 사용법을 설명한다. – 차를 나누고 차 8단계 실천으로 다 함께 음미한다. ■ 이야기 나누기 – 마음을 열고 미소 띤 얼굴로 차의 색 · 향 · 미 이야기를 나눈다. ■ 첫 번째 차 2포 우려 마시기 – 오늘의 활동을 소개한다.	20′
	■ 활동하기 ① 숫자판을 보고 1부터 10까지 손가락으로 짚어가며 찾아본다. ② 1부터 순서대로 찾아야 하며 점점 숫자를 늘려가면서 찾아본다. ③ 숫자판의 숫자 하나를 부른 후 숫자를 빨리 찾아본다. 　예) 돌아가며 부르는 숫자를 빨리 찾는다 ④ 구구단 노래를 부르며 숫자 찾기를 한다. 　예) 구구단을 외자! 구구단을 외자! 이오 십!!	30′

전개	⑤ 진행자가 문제를 내면 학습자가 숫자판에서 빨리 답을 찾는다. 　　예) 12+15=27, 32-21=11 ■ 두 번째 차 – 자스민 녹차 　– 두 번째 차 준비와 찻잔을 헹군다. 　– 자스민 녹차를 우리며 차의 특징을 설명한다. 　– 차를 나누고 차 8단계 실천으로 다 함께 음미한다. 　– 차의 색·향·미를 표현해본다. ■ 두 번째 차 2포 우려 마시기 　– 차와 함께 웃고 살자	30′
마무리	■ 활동 소감 나누기 ■ 마음 체조 ■ 마무리 인사 후 정리	20′
준비물	차, 다구, 숫자판(부록 활동지 참조)	

 첫 번째 차: 대홍포

청 시대의 초기에 발견되어 무이산군의 북구 심암 가까이 있는 암장구룡과(岩場九龍菓)에 있는 차나무, 또는 이 차나무에서 만든 차를 말한다. 차나무에 관련한 전설이나 고사 내력이 많고 병의 치료에도 효과가 있다고 하여 한층 유명하게 되었다. 대홍포는 중국 중에서도 명차들의 산지로 알려진 무이산에서 나오는 찻잎으로 만들어진다. 병풍처럼 드리워진 비위산 시이시이에서 영양분을 받아들여 몇백 년 동안 살아온 차나무는 암골학향(바위 속의 꽃 향)을 품고 있다고 한다. 여러 번 우려 마셔도 이 맛과 향이 오래 지속되는 점도 무이암차의 특징이다.

● 대홍포 우림법(10명 기준)

1. 2L의 우림 포트에 대홍포 8g을 넣는다.
2. 95℃의 물 1.2L에 3분간 우린다.
3. 250~300ml 나눔 포트 4개에 농도를 맞추어 담아 낸다.

두 번째 차: 자스민 녹차

중국의 전통 방식으로 만들어진 자스민 녹차는 찻잎과 자스민꽃을 한 겹씩 번갈아 쌓아 꽃향기가 찻잎에 배도록 하는 과정을 6번 정도 반복하여 만들어진 화차(花茶)이다. 베이스 차로는 녹차를 사용하여 차 맛의 깊이와 부드러움을 더한다. 화차는 차에 향을 입힌 것이므로 차가 가지고 있는 효능을 거의 다 가지고 있다. 중국의 전통 방식으로 만들어진 자스민 녹차는 인공 또는 천연향을 찻잎에 뿌리는 향 첨가 방식보다 차를 우렸을 때 자스민 향이 더 깊고 오래 유지된다. 차의 쓴맛이 적기 때문에 차에 익숙하지 않은 사람들도 쉽게 마실 수 있는 차이다.

● **자스민 녹차 우림법(10명 기준)**

1. 2L의 우림 포트에 자스민 8g을 넣는다.
2. 차는 95℃의 물을 4~5회 교반하여 온도를 내린다.
3. 75℃의 물 1.2L에 2분간 우린다.
4. 250~300ml 나눔 포트 4개에 농도를 맞추어 담아낸다.

활동 사진

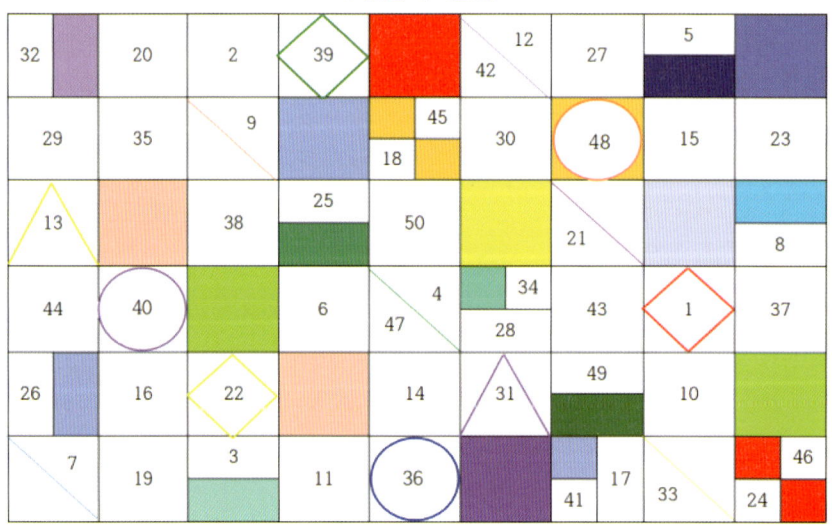

1-04 차(茶)와 함께하는 스트레스 관리

4차시 숫자야 놀자!

학습 목표
1. 꽃차의 특징을 알고 음미하여 본다.
2. 숫자 카드를 활용하여 다양한 숫자 활동을 한다.

차(茶)
1. 메리골드
2. 공예화차(금용토주)

활동
1. 숫자 송 부르기
2. 숫자 만들기

단계	내용	시간
도입	■ 인사 나누기 "우리 모두 다 함께 인사해! 하하" 4단계는 마음까지 웃어라! 입니다. 얼굴 표정보다 마음 표정이 더 중요합니다. 진정으로 마음까지 웃는다면 더 행복하고 건강한 삶이 될 것입니다. 마음에서 우러나오는 표정으로 웃어보세요. 마음으로 웃어볼까요? "우리 모두 다 함께 웃어요! 하하" ■ 차 소개 – 첫 번째 차: 메리골드 – 두 번째 차: 공예화차(금용토주 金龍吐珠) ■ 차우림 준비 및 찻잔 데우기	20′
전개	■ 첫 번째 차 – 메리골드 – 메리골드를 우리며 차의 특징을 설명한다. – 차를 나누고 차 8단계 실천으로 다 함께 음미한다. ■ 이야기 나누기 – 마음을 열고 미소 띤 얼굴로 차의 색·향·미 이야기를 나눈다. ■ 첫 번째 차 2포 우려 마시기 – 오늘의 활동을 소개한다.	20′
	■ 활동하기 – 숫자 카드 ① 숫자 송 부르기~ ♬ – 숫자 송을 부르며 수와 양을 구분한다. ② 양으로 대답하기 – 진행자가 부르는 숫자를 빨리 양으로 대답하며 카드를 잡는다. – "일 더하기 삼"을 부르면 "넷"이라고 대답하며 카드를 잡는다.	30′

전개	③ 숫자 만들기 　- 1부터 10까지의 숫자 카드를 나누어 준다. 　- 진행자가 숫자 "10"을 부르면 두 장의 카드를 빨리 잡는다. 　　예) 2+8, 3+7, 5+5 등 ■ 두 번째 차 – 공예화차(금용토주 金龍吐珠) 　- 두 번째 차 준비와 찻잔을 헹군다. 　- 공예화차를 우리며 차의 특징을 설명한다. 　- 우림 시 공예화차가 유리 포트에 피는 모습을 볼 수 있도록 한다. 　- 차를 나누고 차 8단계 실천으로 다 함께 음미한다. 　- 차의 색·향·미를 표현해본다. ■ 두 번째 차 2포 우려 마시기 　- 차와 함께 웃고 살자	30′
마무리	■ 활동 소감 나누기 ■ 마음 체조 ■ 마무리 인사 후 정리	20′
준비물	차, 다구, 숫자카드	

 첫 번째 차: 메리골드

　메리골드는 우리나라 말로 금잔화라고도 부르는데 그 역사가 아주 오래된 덕분에 몇백 년 전부터 약재로 사용됐다. 메리골드는 옛날부터 위경련이나 위궤양을 치료하는 용도로 사용해왔고 생리통을 완화하는 용도로 사용하기도 했다. 실제로 금잔화에 함유된 플라보노이드는 우리 몸에서 항산화 작용을 하여 세포가 손상되는 것을 막아 염증과 바이러스 질환을 예방하는 효과를 나타낸다고 한다. 루테인 지아잔틴 효능이 있어 시력 개선이나 눈 건강에 도움이 된다.

● 메리골드 우림법(10명 기준)
1. 2L의 우림 포트에 메리골드 8g(3~4송이)을 넣는다.
2. 95℃의 물 1.2L에 3분간 우린다.
3. 250~300ml 나눔 포트 4개에 농도를 맞추어 담아낸다.

두 번째 차: 공예화차 – 금용토주(金龍吐珠)

'공예차'란 꽃과 차의 만남이다. 꽃의 바깥쪽에 찻잎을 한 잎 한 잎 수작업으로 감싸 둥근 구슬 모양으로 건조하여 보고 즐기는 '차의 예술품'이다. 처음엔 녹찻잎을 많이 사용하였으나 요즘은 백차를 많이 쓴다. 유념, 가열이나 발효과정이 없는 백차는 맛이 부드럽고 꽃이 피어나기를 기다리다 추출시간이 길어져도 쉽게 쓰거나 떫어지지 않는 강점을 가지기 때문이다. 작품의 모양에 따라 아름다운 이름을 붙인다. 금용토주(金龍吐珠)는 황금색용이 구슬을 통하는 모양을 표현하였다.

● 공예화차 –금용토주(金龍吐珠) 우림법(10명 기준)
1. 2L의 우림 포트에 금용토주 1개를 넣는다.
2. 95℃의 물 1.2L에 3분간 우린다.
3. 우릴 때 물 1/3을 먼저 붓고 중투법으로 우린다.
4. 250~300ml 나눔 포트 4개에 농도를 맞추어 담아낸다.

활동 사진

1-05 차(茶)와 함께하는 스트레스 관리

5차시 BINGO! PLAY!

학습 목표
1. 보이차의 특징을 알고 음미하여 본다.
2. 다양한 빙고 활동을 통해 스트레스를 해소한다.

차(茶)
1. 대익7572
2. 계화차

활동
1. ㄱ, ㄴ 빙고
2. X 빙고, Z 빙고

단계	내용	시간
도입	■ 인사 나누기 "우리 모두 다 함께 인사해! 하하" 5단계는 즐거운 생각을 하며 웃어라! 입니다. 즐거운 생각은 자연스럽게 웃음을 짓게 합니다. 웃으면 복이 오고 웃으면 웃을 일이 자꾸자꾸 생깁니다. 오늘도 즐거운 생각을 상상하며 웃어보아요! 다시 한번 인사해 볼까요? "우리 모두 다 함께 인사해! 하하" ■ 차 소개 – 첫 번째 차: 대익7572 – 두 번째 차: 계화차 ■ 차우림 준비 및 찻잔 데우기	20′
전개	■ 첫 번째 차 – 대익7572 – 대익7572를 우리며 차의 특징을 설명한다. – 차를 나누고 차 8단계 실천으로 다 함께 음미한다. ■ 이야기 나누기 – 마음을 열고 미소 띤 얼굴로 차의 색 · 향 · 미 이야기를 나눈다. ■ 첫 번째 차 2포 우려 마시기 – 오늘의 활동을 소개한다.	20′
	■ 활동하기 ① 빙고 판과 필기구를 나누어 준다. ② 5×5 또는 4×4 빈칸에 30 또는 20까지의 숫자를 자유롭게 적는다. 　(응용: 이름, 꽃, 동물 등 주제를 다양하게 응용할 수 있다) ③ 돌아가면서 자신의 가지고 있는 숫자를 불러서 가로, 새로 또는 대각선으로 빙고가 나오면 "빙고"를 외친다. 　(응용: 다 같이 가위바위보를 해서 이긴 사람이 숫자를 부른다. 　두 번째부터는 부른 숫자가 있는 사람만 손들어 가위바위보를 한다.)	30′

전개	④ ②와 같은 방식으로 참석자의 이름을 적은 후 다시 한번 시작한다. ⑤ 진행자가 X 빙고 또는 Z 빙고 등 미리 빙고의 유형을 이야기한다. ■ 두 번째 차 – 대익7572 + 계화차 – 두 번째 차 준비와 찻잔을 헹군다. – 계화차를 블렌딩하여 우리며 차의 특징을 설명한다. – 차를 나누고 차 8단계 실천으로 다 함께 음미한다. – 차의 색·향·미를 표현해본다. ■ 두 번째 차 2포 우려 마시기 – 차와 함께 웃고 살자	30′
마무리	■ 활동 소감 나누기 ■ 마음 체조 ■ 마무리 인사 후 정리	20′
준비물	차, 다구, 빙고판(부록 활동지 참조), 필기구	

 첫 번째 차: 대익7572

75년도에 블렌딩한 비율로 7등급의 찻잎을 사용해 맹해차창(勐海茶廠)에서 만든 차가 대익7572로, 꾸준히 인기가 있는 스테디셀러 숙차이다. 보이숙차는 악퇴를 통한 인공 발효과정을 거쳐 만들어진 차로 갈홍색의 수색을 띠며 부드럽고 단맛이 있으며 내포성이 좋으며 차맛이 생차보다 부드럽고 달콤해서 처음 보이차를 접하시는 분들이 좋아한다. 보이차의 카테킨 성분은 장의 운동을 도와주어 노폐물 배출과 변비 예방, 지방합성의 억제를 도와주어서 다이어트 효과가 있으며 심장질환 예방, 암 예방 등 항산화 성분이 풍부하여 우리 몸에 이로운 작용을 도와준다.

● 대익7572 우림법(10명 기준)

1. 2L의 우림 포트에 대익7572 8g을 넣는다.
2. 95℃의 물 1.2L에 3분간 우린다.
3. 250~300ml 나눔 포트 4개에 농도를 맞추어 담아낸다.

두 번째 차: 계화차

계화는 중국을 대표하는 10대 명화(名花) 중 하나로 꼽힌다. 라일락처럼 한 줄기에 꽃이 주렁주렁 달려있는데 그 향이 라일락보다 훨씬 짙고 달콤하다. 계화차는 계수나무꽃으로, 향과 맛이 진하고 오래가서 차 한 모금만으로도 마음속 깊이 아늑함을 느낄 수 있다. 녹차나 우롱차와 섞어서 마시기도 하고 그냥 마시기도 한다. 중국 전통의학에서 계화차는 신경보호 작용, 항산화 작용 효과가 있다고 한다.

● 계화차 우림법(10명 기준)

1. 2L의 우림 포트에 계화차 2g을 넣는다.
2. 95℃의 물 1.2L에 3분간 우린다.
3. 250~300ml 나눔 포트 4개에 농도를 맞추어 담아낸다.

활동 사진

ㄱ 빙고

X 빙고

1-06 차(茶)와 함께하는 스트레스 관리

6차시   감정세포들 모두 모여라!

학습 목표
1. 가향차의 특징을 알고 음미하여 본다.
2. 다양한 감정을 표현해 보고 감정의 변화를 알아본다.

차(茶)
1. T2 짜이
2. 히비스커스

활동
1. 오늘의 감정날씨 말하기
2. 감정 표현하기

단계	내용	시간
도입	■ 인사 나누기 "우리 모두 다 함께 인사해! 하하" 6단계는 함께 웃어라! 입니다. 웃음은 혼자 웃는 것도 좋으나 여럿이 함께 웃는 웃음은 혼자 웃는 것보다 33배의 효과가 있다고 합니다. 우리 가족과 함께 내 주변 친구들과 함께 웃어보세요. 우리 함께 웃어볼까요? "우리 모두 다 함께 웃어요! 하하" ■ 차 소개 – 첫 번째 차: T2 짜이 – 두 번째 차: 히비스커스 ■ 차우림 준비 및 찻잔 데우기	20′
전개	■ 첫 번째 차 – T2 짜이 – T2 짜이를 우리며 차의 특징을 설명한다. – 차를 나누고 차 8단계 실천으로 다 함께 음미한다. ■ 이야기 나누기 – 마음을 열고 미소 띤 얼굴로 차의 색·향·미 이야기를 나눈다. ■ 첫 번째 차 2포 우려 마시기 – 오늘의 활동을 소개한다.	20′

	■ 활동하기
	① 오늘 나의 감정날씨를 이야기한다.
	   예) 오늘 저의 감정날씨는 오전에는 우울하다가 오랜만의 친구와 통화를 하고 맑아졌습니다.
	② 감정 카드를 뒤집어 펼쳐놓는다.
	③ 한 사람씩 감정 카드를 골라서 단어를 보고 경험을 떠올려 이야기한다.
	   예) 제가 고른 카드는 '짜증스럽다'입니다. 올해 다이어트 계획이 잘되지 않아서 많이 짜증이 납니다.
		30′

전개	④ 부정적인 감정을 긍정적 감정으로 바꾸어 표현해본다. 　　부정의 카드 한 장과 긍정의 카드 한 장을 고른다. 　　예) [슬프다-기쁘다] 통장의 돈이 점점 빠져나가 너무 슬펐는데 어제 돈이 들어와서 너무 기쁩니다. ■ 두 번째 차 - 히비스커스 　- 두 번째 차 준비와 찻잔을 헹군다. 　- 히비스커스를 우리며 차의 특징을 설명한다. 　- 차를 나누고 차 8단계 실천으로 다 함께 음미한다. 　- 차의 색·향·미를 표현해본다. ■ 두 번째 차 2포 우려 마시기 　- 차와 함께 웃고 살자	30′
마무리	■ 활동 소감 나누기 ■ 마음 체조 ■ 마무리 인사 후 정리	20′
준비물	차, 다구, 감정 카드	

 ## 첫 번째 차: Chiang Mai Chai

차이(짜이)는 인도, 스리랑카, 방글라데시 등의 차 또는 차 음료를 말한다. 가볍지만 분명한 매운 향, 계피 향, 입안을 감도는 은은한 단맛, 마지막에는 상쾌하고 깔끔한 맛이 난다. 향신료를 사랑하는 인도인들이 즐겨 마시는 마살라 차이(짜이)는 강렬한 맛을 내는 아삼차를 중심으로, 달콤한 향을 내는 계피와 매콤달콤한 향과 맛을 지닌 카르다몸(Carudamon)과 생강, 후추, 팔각, 정향을 중심으로 여러 가지 향신료를 섞는다. 지역에 따라 장미 잎이나 감초, 박하 잎을 쓰기도 한다.

● Chiang Mai Chai 우림법(10명 기준)

1. 2L의 우림 포트에 Chiang Mai Chai 12g을 넣는다.
2. 95℃의 물 400ml로 3분간 우린다.
3. 120ml 개인 잔에 차 30ml, 따뜻한 우유 70ml, 설탕 2스푼을 넣고 저어 마신다.

두 번째 차: 히비스커스

히비스커스는 성경에서 가장 예쁜 꽃으로 묘사된 '샤론의 장미'이고, 꽃의 이름도 이집트 신화의 아름다운 달의 여신 '히비스'에서 유래되었다. 다양한 효능을 가지고 있지만, 특히, 피부미용에 효과가 있으며 혈압과 콜레스테롤의 수치를 낮추고 면역력을 높임으로써 건강에 좋은 차이다. 임신 초기의 산모나 당뇨병 환자 또는 혈압이 낮은 분은 주의해야 한다.

히비스커스에는 항산화 물질인 안토시아닌이 풍부하게 함유되어 있는데 이 물질은 혈관 속에 들어 있는 노폐물을 제거하고 몸의 부기를 없애는 데 도움이 된다. 이 밖에도 지방의 흡수를 막기 때문에 체지방을 감소시키고 비타민이 풍부해 피로 해소에도 좋고 카페인이 없다.

● 히비스커스 우림법(10명 기준)

1. 2L의 우림 포트에 히비스커스 6g을 넣는다.
2. 95℃의 물 1.2L에 3분간 우린다.
3. 250~300ml 나눔 포트 4개에 농도를 맞추어 담아낸다.
4. 히비스커스는 붉은 수색과 산미가 있어서 각설탕이나 꿀을 살짝 넣어 산미를 중화시켜도 좋다.

활동 사진

1-07 차(茶)와 함께하는 스트레스 관리

7차시 다 함께 이구동성

학습목표
1. 홍차의 특징을 알고 음미하여 본다.
2. 사자성어의 의미를 알고 이구동성 활동을 한다.

차(茶)
1. 다즐링 홍차
2. 화산암차

활동
1. 네 명이 이구동성
2. 사자성어 맞추기

단계	내용	시간
도입	■ 인사 나누기 "우리 모두 다 함께 인사해! 하하" 7단계는 힘들 때 더 웃어라! 입니다. 즐거울 때, 행복할 때, 기분 좋을 때 웃는 웃음은 누구나 웃을 수 있습니다. 진정한 웃음은 바로 힘들 때 웃는 것입니다. 힘들 때 웃음으로 스트레스 날려 버리세요. 스트레스 날리기 웃음 웃어볼까요? "우리 모두 다 함께 웃어요! 하하" ■ 차 소개 – 첫 번째 차: 다즐링 홍차 – 두 번째 차: 제주 화산암차 ■ 차우림 준비 및 찻잔 데우기	20′
전개	■ 첫 번째 차 – 우바 홍차 – 우바 홍차를 우리며 차의 특징을 설명한다. – 차를 나누고 차 8단계 실천으로 다 함께 음미한다. ■ 이야기 나누기 – 마음을 열고 미소 띤 얼굴로 차의 색·향·미 이야기를 나눈다. ■ 첫 번째 차 2포 우려 마시기 – 오늘의 활동을 소개한다.	20′
	■ 활동하기 ① 4명씩 한 팀을 만든다. ② 4개의 글자로 이루어진 단어를 보고 4명이 동시에 외치면 잘 듣고 어떤 단어인지 알아맞힌다. 　예) 동서남북, 대한민국, 미인박명, 사와힘께 등 ③ 두 팀으로 나눈 후 가위바위보로 이긴 팀이 먼저 시작한다. ④ 사자성어 네 글자 중 빠진 글자를 맞춘다. ⑤ 많이 맞춘 팀에게 박수를 보내준다.	30′

전개	■ 두 번째 차 – 제주 화산암차 – 두 번째 차 준비와 찻잔을 헹군다. – 잉글리시 브랙퍼스트를 우리며 차의 특징을 설명한다. – 차를 나누고 차 8단계 실천으로 다 함께 음미한다. – 차의 색·향·미를 표현해본다. ■ 두 번째 차 2포 우려 마시기 – 차와 함께 웃고 살자	30′
마무리	■ 활동 소감 나누기 ■ 마음 체조 ■ 마무리 인사 후 정리	20′
준비물	차, 다구, 사자성어	

첫 번째 차: 다즐링 홍차

중국의 기문(祁門), 스리랑카의 우바(UVA) 홍차와 함께 세계적으로 유명한 차가 생산되는 지역으로 인도의 다즐링 지역에서 생산되는 홍차를 말한다. 다즐링은 인도 히말라야의 1,200m에 있는 다즐링 산맥의 북동부에서 생산되는 홍차로, 홍차의 샴페인이라는 별명을 가진 차다. 다즐링은 티베트어로 '번개와 천둥이 치는 곳'이라는 의미를 지녔다. 습도가 높고 기온 차가 커서 다즐링 홍차의 독특한 맛에 영향을 미친다. 가볍고 섬세한 맛과 머스캣(muscat, 맛과 향이 뛰어난 유럽산 포도) 향이 특징이며, 밝고 옅은 오렌지색으로 우러나온다. 우바 및 기문과 더불어 세계 3대 홍차 가운데 하나로 꼽힌다.

● 다즐링 홍차 우림법(10명 기준)

1. 2L의 우림 포트에 다즐링 6g을 넣는다.
2. 95℃의 물 1.2L에 3분간 우린다.
3. 250~300ml 나눔 포트 4개에 농도를 맞추어 담아낸다.

두 번째 차: 화산암차

오설록의 화산암차는 반발효차이며 맛의 특징은 쓴맛이 거의 없으며 부드럽고 구수한 맛이 특징이다. 제주 화산암석층에서 자라 풍부한 향미를 가진 찻잎을 따뜻한 바람으로 발효시켜 깊이를 더한 반발효차이다. 한층 더 진한 제주 화산암차 고유의 부드럽고 구수한 풍미를 느껴볼 수 있으며 곡물의 구수한 맛을 좋아하는 우리나라 사람들 입맛에 잘 맞는 차가 아닐까 생각한다.

- **화산암차 우림법(10명 기준)**
  1. 2L의 우림 포트에 화산암차 8g을 넣는다.
  2. 95℃의 물을 1.2L에 3분간 우린다.
  3. 250~300ml 나눔 포트 4개에 농도를 맞추어 담아낸다.

1-08 차(茶)와 함께하는 스트레스 관리

8차시 상상 속 이야기

학습목표
1. 가향차의 특징을 알고 음미하여 본다.
2. '만약에' 상상 속 내 생각을 이야기해 본다.

차(茶)
1. 웨딩 임페리얼
2. 스트로베리&키위

활동
1. 나에게 만약에 질문하기
2. 짝꿍에게 만약에 질문하기

단계	내용	시간
도입	■ 인사 나누기 "우리 모두 다 함께 인사해! 하하" 8단계는 억지로라도 웃어라! 입니다. 안 웃기더라도 억지로라도 웃어보세요. 기분이 나쁘거나 안 좋을 때 억지로라도 웃는다면 스트레스도 해소되고 마음이 안정되실 거예요. 억지웃음, 가짜웃음도 웃음의 효과가 있다고 합니다. 억지웃음 가짜웃음 웃어볼까요? "우리 모두 다 함께 웃어요! 하하" ■ 차 소개 – 첫 번째 차: 마리아쥬 프레르 웨딩 임페리얼 – 두 번째 차: 베질루르 스트로베리&키위 ■ 차우림 준비 및 찻잔 데우기	20′
전개	■ 첫 번째 차 – 웨딩 임페리얼 – 웨딩 임페리얼을 우리며 차의 특징을 설명한다. – 차를 나누고 차 8단계 실천으로 다 함께 음미한다. ■ 이야기 나누기 – 마음을 열고 미소 띤 얼굴로 차의 색·향·미 이야기를 나눈다. ■ 첫 번째 차 2포 우려 마시기 – 오늘의 활동을 소개한다.	20′
	■ 활동하기 ① 만약에 카드 중 하나를 뽑아 질문에 답한다. ② 돌아가면서 각자 뽑은 만약에 카드의 질문에 답한다. 예) 나를 대신할 로봇이 있다면 시키고 싶은 일 한 가지? ③ 짝꿍에게 카드 중 하나를 골라 만약에 질문을 한다. 예) 만약에 동물로 태어난다면 어떤 동물로 태어나고 싶은지요?	30′

전개	■ 두 번째 차 – 베질루르 스트로베리&키위 – 두 번째 차 준비와 찻잔을 헹군다. – 시나몬 헤이즈를 우리며 차의 특징을 설명한다. – 차를 나누고 차 8단계 실천으로 다 함께 음미한다. – 차의 색·향·미를 표현해본다. ■ 두 번째 차 2포 우려 마시기 – 차와 함께 웃고 살자	30′
마무리	■ 활동 소감 나누기 ■ 마음 체조 ■ 마무리 인사 후 정리	20′
준비물	차, 다구, 만약에 카드	

첫 번째 차: 웨딩 임페리얼

프랑스 브랜드인 마리아쥬 프레르의 기원은 200년 정도 된다. 마리아쥬 프레르의 TOP-CLASS라고 불릴만한 아쌈 특유의 진하고 쌉싸름한 맛이 입안 가득 퍼지는 캐러멜 향과 달콤한 초콜릿 향에 어우러져 완벽한 향과 맛을 내며 우아하고도 고혹한 신부의 모습을 맛과 향으로 재현한 듯한 제품이다. 골든 아쌈의 몰트 향이 어우러져 완벽한 결혼을 표현하는 달콤함을 지닌 제품으로 국내에서도 인기가 많으며 밀크티로 마시면 진한 홍차의 부드러움과 고소함의 균형이 잘 어우러지는 홍차이다.

● 웨딩 임페리얼 우림법(10명 기준)

1. 2L의 우림 포트에 웨딩 임페리얼 8g을 넣는다.
2. 95℃의 물 1.2L에 3분간 우린다.
3. 250~300ml 나눔 포트 4개에 농도를 맞추어 담아 낸다.

두 번째 차: 스트로베리&키위

최상급의 실론티와 스리랑카의 신선한 재료로 만든 베질루르의 이색적인 과일의 향이 어우러진 스트로베리&키위 과일 홍차이다. 여름에 특히 인기 있는 과일 가향 홍차로 국내 수입되는 가향차이며 단일 과일 향으로 블렌딩한 것이 대부분인데 궁합이 잘 어울리는 두 가지 과일 향을 적절하게 혼합하여 새로운 느낌의 과일 홍차이다. 차를 마시며 딸기와 키위의 상큼한 과일 향을 느낄 수 있는 제품이다.

- **스트로베리&키위 우림법(10명 기준)**
  1. 2L의 우림 포트에 스트로베리&키위 티백 4개를 넣는다.
  2. 95℃의 물 1.2L에 3분간 우린다.
  3. 250~300ml 나눔 포트 4개에 농도를 맞추어 담아낸다.

활동 사진

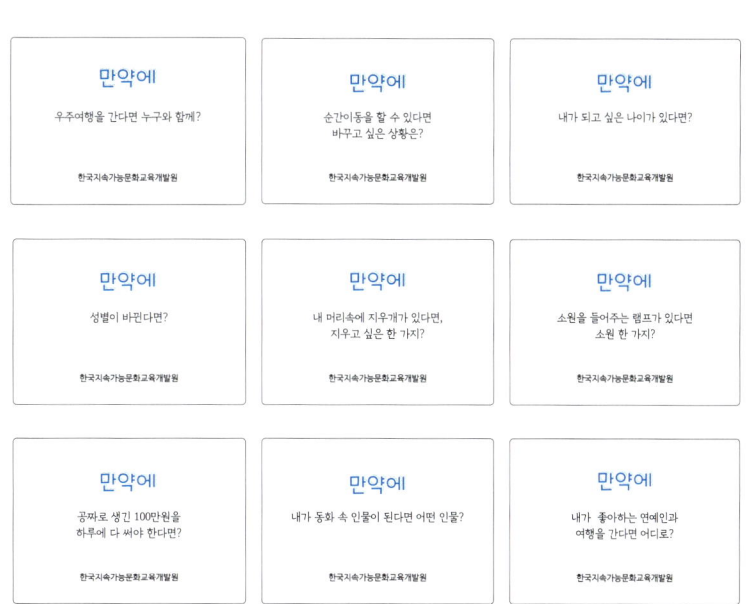

1-09 차(茶)와 함께하는 스트레스 관리

9차시 어휘력 쑥쑥!

학습 목표
1. 지역 차의 특징을 알고 음미하여 본다.
2. 다양한 주제로 끝말잇기 활동을 통해 어휘력을 향상한다.

차(茶)
1. 대전 기국차
2. 작두콩차

활동
1. 끝말잇기
2. '차'로 끝나는 말 잇기

단계	내용	시간
도입	■ 인사 나누기 "우리 모두 다 함께 인사해! 하하" 9단계는 한 번 웃고 또 웃어라! 입니다. 웃음은 많을수록 좋습니다. 웃지 않고 보낸 하루는 하루를 낭비하는 것과 같습니다. 수시로 웃고 사세요. 금방 웃고 또 웃고 자꾸자꾸 웃어볼까요? "우리 모두 다 함께 웃어요 하하!! ■ 차 소개 – 첫 번째 차: 대전 기국차(녹차, 국화, 구기자) – 두 번째 차: 작두콩차 ■ 차우림 준비 및 찻잔 데우기	20′
전개	■ 첫 번째 차 – 대전 기국차(녹차, 국화, 구기자) – 대전 기국차를 우리며 차의 특징을 설명한다. – 차를 나누고 차 8단계 실천으로 다 함께 음미한다. ■ 이야기 나누기 – 마음을 열고 미소 띤 얼굴로 차의 색·향·미 이야기를 나눈다. ■ 첫 번째 차 2포 우려 마시기 – 오늘의 활동을 소개한다.	20′
	■ 활동하기 ① 끝말잇기 활동을 한다. ② 여러 사람이 둘러앉아, 한 사람씩 돌아가며 끝말잇기를 한다. 　예) 사과 – 과수원 – 원수 – 수박 – 박자 – 자신감 – 감초 – …… ③ 진행자가 주제어를 말하면 학습자는 주제어에 해당하는 낱말을 말한다. 　예) 나물/ 시금치, 고사리, 콩나물, 도라지, 명이나물 …… ④ '차'로 끝나는 낱말을 불러 이어간다. 　예) 감잎차 – 보이차 – 제주녹차 – 목련 꽃차 – 노백차 ……	30′

전개	■ 두 번째 차 – 작두콩 차 – 두 번째 차 준비와 찻잔을 헹군다. – 작두콩 차를 우리며 차의 특징을 설명한다. – 차를 나누고 차 8단계 실천으로 다 함께 음미한다. – 차의 색·향·미를 표현해본다. ■ 두 번째 차 2포 우려 마시기 – 차와 함께 웃고 살자	30′
마무리	■ 활동 소감 나누기 ■ 마음 체조 ■ 마무리 인사 후 정리	20′
준비물	차, 다구	

 첫 번째 차: 대전 기국차(杞菊茶)

　대전의 동구 소제동 소재 방죽 옆에 세워진 '귀국정'은 송시열 선생이 평소 기국차(杞菊茶)를 즐겨 마시던 곳이라고 한다. 선생은 소제에 연꽃을 심고 건물 주변에는 국화와 구기자를 심었는데 연꽃은 군자를, 국화는 세상을 피하여 사는 것을, 구기자는 가족의 단란함을 각각 의미한다. 선생은 이곳을 찾는 손님과 학문을 논하며 지냈는데 선비들이 구기자와 국화의 무성함을 보고 건물 이름을 '귀국정'이라 지었다고 한다.

● 대전 기국차(杞菊茶) 우림법(10명 기준)

1. 2L의 우림 포트에 기국차 10g(녹차 4g, 구기자 4g, 국화 2g)을 넣는다.
2. 85℃의 물 1.2L에 3분간 구기자와 국화가 잘 우러날 수 있도록 스월링을 한다.
3. 250~300ml 나눔 포트 4개에 농도를 맞추어 담아낸다.

두 번째 차: 작두콩차

비타민, 단백질, 아미노산이 풍부한 작두콩은 강력한 항산화 작용을 하는 플라보노이드 성분 또한 다른 콩에 비해 많이 함유되어 있다. 독소의 증식과 생성을 억제하고 면역력을 높여주는 기능도 챙길 수 있다. 또한, 작두콩 속에는 세포의 재생을 촉진해 위나 장의 점막을 보호하고 세포의 산화를 막아주는 비타민A와 함께 활성산소로부터 세포의 노화를 막아주는 비타민C 역시 풍부하다. 작두콩을 2~3일 말린 후 기름을 두르지 않고 보통 불에서 5~10분 정도 볶아서 작두콩차로 만들어 면역력을 강화한다.

● **작두콩차 우림법(10명 기준)**

1. 2L의 우림 포트에 작두콩 차 8g(티백 4개)을 넣는다.
2. 95℃의 물 1.2L에 3분간 우린다.
3. 250~300ml 나눔 포트 4개에 농도를 맞추어 담아 낸다.

1-10 차(茶)와 함께하는 스트레스 관리

10차시 웃으면 복이 와요!

학습 목표
1. 팔보차의 특징을 알고 음미하여 본다.
2. 웃음 십계명의 의미를 알고 실천을 한다.

차(茶)
1. 팔보차
2. 자몽청

활동
1. 웃음 십계명 실천하기
2. 웃음 십계명 기억하기

단계	내용	시간
도입	■ 인사 나누기 "우리 모두 다 함께 인사해! 하하" 10단계는 꿈을 이루었을 때를 상상하며 웃어라! 입니다. 100세까지 건강하게 사는 꿈을 꾸어볼까요? 행복한 꿈은 저절로 웃음 짓게 합니다. 꿈과 웃음은 함께 꿈꾸며 함께 자라납니다. 건강 100세를 꿈꾸며 웃어볼까요? "우리 모두 다 함께 웃어요! 하하" ■ 차 소개 – 첫 번째 차: 팔보차 – 두 번째 차: 자몽청 ■ 차우림 준비 및 찻잔 데우기	20′
전개	■ 첫 번째 차 – 팔보차 – 팔보차를 우리며 차의 특징과 개완 사용법을 설명한다. – 차를 나누고 차 8단계 실천으로 다 함께 음미한다. ■ 이야기 나누기 – 마음을 열고 미소 띤 얼굴로 차의 색·향·미 이야기를 나눈다. ■ 첫 번째 차 2포 우려 마시기 – 오늘의 활동을 소개한다.	20′
	■ 활동하기 ① 웃음 십계명을 알아본다. 하나, 크게 웃어라. 둘, 억지로라도 웃어라. 셋, 일어나자마자 웃어라. 넷, 시간을 정해놓고 웃어라. 다섯, 마음마저 웃어라. 여섯, 즐거운 생각을 하며 웃어라. 일곱, 함께 웃어라. 여덟, 힘들 때 더 웃어라. 아홉, 한 번 웃고 또 웃어라. 열, 꿈을 이루었을 때를 상상하며 웃어라 ② 웃음 십계명 중에서 앞으로 내가 실천할 수 있는 십계명을 이야기해 본다.	30′

전개	③ 웃음 십계명을 다시 한번 생각을 하고 실천 약속을 정한다. 　　예) 월 – 월(원)래 웃고 　　　　화 – 화가 나도 웃고 　　　　수 – 수시로 웃고 　　　　목 – 목청껏 웃고 　　　　금 – 금방 웃고 또 웃고 　　　　토 – 토실토실 웃고 　　　　일 – 일어나자마자 웃고 사세요 ■ **두 번째 차 – 자몽청** 　– 두 번째 차 준비와 찻잔을 헹군다. 　– 자몽청을 우리며 차의 특징을 설명한다. 　– 차를 나누고 차 8단계 실천으로 다 함께 음미한다. 　– 차의 색·향·미를 표현해본다. ■ **두 번째 차 2포 우려 마시기** 　– 차와 함께 웃고 살자	30′
마무리	■ **활동 소감 나누기** ■ **마음 체조** ■ **마무리 인사 후 정리**	20′
준비물	차, 다구	

첫 번째 차: 팔보차

팔보차는 여덟 가지 재료가 배합된 차이다. 각 재료의 효능이 합해져 일반 차보다 약성(藥性)이 강화된 차이다. 즉 차처럼 편하게 마실 수 있지만, 약의 기능을 갖춘 것이다.

여덟 가지 재료는 항상 고정적이진 않고 한두 가지의 재료는 다른 재료로 바뀌기도 하는데 대체로 황산 국화, 청차, 금은화, 구기자, 산자, 대추, 귤껍질, 얼음 사탕 등 여덟 가지의 재료가 혼합된다.

● 팔보차 우림법(10명 기준)

1. 1인 개완에 팔보차 재료를 넣는다.
2. 95℃의 물을 가득 담고 2분 정도 우린다.
3. 팔보차는 3번 정도 우려 마실 수 있다.

두 번째 차: 자몽청

감귤속(Citrus)에 속하는 Grapefruit의 열매이다. 원산지는 서인도제도의 자메이카로 여겨진다. 즙이 풍부하며 맛은 신맛, 단맛이 있으며 쓴맛도 조금 섞여 있다. 반 개만 먹어도 하루에 필요한 비타민C를 섭취할 수 있으며, 감기 예방, 피로 해소, 숙취에 좋다.

자몽청을 만들어 여름에는 시원하게 탄산수와 자몽에이드로, 감기 기운이 있을 땐 뜨거운 물과 자몽차로 마시길 추천한다.

● 자몽청 우림법(10명 기준)

1. 2L의 우림 포트에 자몽청을 10T를 넣는다.
2. 95℃의 물 1.2L에 3분간 우린다.
3. 250~300ml 나눔 포트 4개에 농도를 맞추어 담아낸다.
4. 잔에 자몽 칩을 넣어 차의 맛과 시각적 효과를 더한다.

2장

차(茶)와 함께하는 행복나눔

한국지속가능문화교육개발원 | Korea Sustainable Culture Education Center

 *Tea Therapy*

1) 행복을 찾아서
2) 들쑥날쑥 내 마음 알아보기
3) 내 모습이 멋져요
4) 옛날 옛적에
5) 으라차차 줄 맞추기
6) 기억력이 쑥쑥
7) 우리는 하나
8) 상상의 날개를 펴라
9) 와! 신난다 스피드게임
10) 행복은 가까운 곳에 있어요

2장 차(茶)와 함께하는 행복나눔

2-01 차(茶)와 함께하는 행복나눔

1차시	행복을 찾아서
학습 목표	1. 복정용주백차에 대해 이해하고 차를 음미한다. 2. 행복에 대해 이야기 나누고 네임텐트를 만든다.
차(茶)	1. 복정용주백차 2. 베르가모트 오일 블렌딩
활동	행복 별칭 정하기

단계	내용	시간
도입	■ 인사 나누기 – 영국의 슬라우 마을의 이야기와 함께 행복 십계명 실천의 중요성에 대하여 설명한다. (자살률이 높았던 영국의 슬라우 마을이 행복 마을로 거듭나기 위한 프로젝트입니다. 행복 십계명을 실천함으로써, '행복도 배우는 것이다'라는 것을 깨우칩니다. 그러므로 우리도 앞으로 만날 때마다 건강한 행복을 배워 봐요.) – 행복 십계명 1번째 '운동하라'입니다. 일주일에 3회, 30분씩이면 충분하다. ■ 차 소개 – 첫 번째 차: 복정용주백차 – 두 번째 차: 복정용주백차 + 베르가모트 오일 블렌딩 ■ 차우림 준비 및 찻잔 데우기	20′
전개	■ 첫 번째 차 – 복정용주백차 – 복정용주백차를 우리며, 차의 특징을 설명한다. – 차를 나누고, 8단계 실천으로 다 함께 음미한다. ① 눈에 담는다 ② 코를 간지럽힌다 ③ 입술을 적신다 ④ 입안 가득 머금는다 ⑤ 목에 길을 낸다 ⑥ 배를 따뜻하게 해준다 ⑦ 뇌를 깨운다 ⑧ 마음을 열어 준다 ■ 이야기를 나누기 – 마음을 열고 미소 띤 얼굴로 차의 색·향·미 이야기를 나눈다. (예: 차의 달달함이 설탕을 타 놓은 듯합니다)	20′

전개	■ 첫 번째 차 2포 우려 마시기 – 오늘의 활동을 소개한다. (행복 별칭 정하기)	30′
	■ 활동하기 ① '행복'하면 떠오르는 단어로 별칭을 정한다. ② 별칭을 명패(네임텐트)로 꾸민다. ③ 각자의 별칭에 대해 이야기 나누며 자기소개를 한다. ■ 두 번째 차 – 베르가모트 오일 블렌딩 – 두 번째 차 준비와 찻잔을 헹군다. – 복정용주백차 + 베르가모트 오일 블렌딩차를 우리며, 차의 특징을 설명한다. – 차를 나누고, 8단계 실천으로 다 함께 음미해 본다. – 차의 색·향·미를 표현해본다. ■ 두 번째 차 2포 우려 마시기 – 차와 함께 깨어 있기(1박/2박/4박/8박자 박수)	30′
마무리	■ 활동 소감 나누기 ■ 마음 체조 ■ 마무리 인사 후 정리	20′
준비물	차, 다구, A4용지, 싸인펜	

첫 번째 차: 복정용주백차

중국의 복건성의 정화현에서 생산되는 어린 찻잎을 따서 덖거나 비비기를 하지 않고 자연 그대로 건조해 둥근 공 모양으로 만든 차이다.

백차는 잎에 고운 흰털로 덮여 있어 백차라고 하며, 향이 맑고 맛이 산뜻하다.

일반 차보다 성질이 차가워서 열을 내려주는 성질이 있으므로 더운철에 잘 어울린다.

● **복정용주백차 우림법(10명 기준)**

1. 2L의 우림 포트에 복정용주백차 1개(5g)를 넣는다.
2. 95℃의 물 1.2L를 넣고 3분간 우린다.
3. 200~300ml 나눔 포트 4개에 농도를 맞추어 나누어 담아낸다.

두 번째 차: 복정용주백차 + 베르가모트 오일 블렌딩

　베르가모트 오일은 거의 다 익은 베르가모트 나무의 과일을 냉압착 방식으로 추출한 오일이다.

　베르가모트는 이탈리아의 롬바르디에 있는 베르가모시에서 유래되었으며 이탈리아 남부의 칼리브리아 지역에서 많이 재배되고 4월에 꽃이 피며 11월과 3월 사이에 열매를 수확한다.

　베르가모트 오일의 효능은 스트레스와 불안감 해소 및 진정 효과, 통증 감소, 수면 개선, 소화 촉진, 항균 · 항염의 효과가 있다.

● **복정용주백차 + 베르가모트 오일 블렌딩차 우림법 (10명 기준)**

1. 2L의 우림 포트에 복용주백차 1개(5g)를 넣는다.
2. 95℃의 물 1.2L를 넣고 3분간 우린다.
3. 다 우려낸 찻물에 베르가모트 오일 4~5방울을 넣는다.
4. 200~300ml 나눔 포트 4개에 농도를 맞추어 나누어 담아낸다.

활동 사진

2-02 차(茶)와 함께하는 행복나눔

2차시 들쑥날쑥 내 마음 알아보기

학습 목표
1. 자순차와 뉴욕블랙퍼스트차를 이해하고 차를 음미한다.
2. 현재 자신의 감정을 이해하고 서로의 감정에 대해 이야기를 나눈다.

차(茶)
1. 자순차
2. 뉴욕블랙퍼스트 홍차

활동 감정 카드로 이야기 나누기

단계	내용	시간
도입	■ 인사 나누기 – 행복 십계명 2번째 '잠들기 전 좋았던 일들을 떠올려라'입니다. 오늘 당신이 감사해야 할 일 5가지를 생각해 보세요 돌아가며 1가지씩 감사한 것 말해 볼까요? (예: 오늘 여러분을 만나 행복한 시간이 되어서 감사합니다!!) ■ 차 소개 – 첫 번째 차: 자순차 – 두 번째 차: 뉴욕블랙퍼스트(T2 뉴욕블랙퍼스트) ■ 차우림 준비 및 찻잔 데우기	20′
전개	■ 첫 번째 차 – 자순차 – 자순차를 우리며, 차의 특징을 설명한다. – 차를 나누고, 8단계 실천으로 다 함께 음미한다. ■ 이야기를 나누기 – 마음을 열고 미소 띤 얼굴로 차의 색·향·미 이야기를 나눈다. ■ 첫 번째 차 2포 우려 마시기 – 오늘의 활동을 소개한다. (감정 카드로 이야기 나누기)	20′
	■ 활동하기 ① 진행자가 감정 카드를 보여 준다. ② 학습자는 최근 1주일 동안 느낀 자신의 감정을 생각하고 카드를 1장 뽑는다. ③ 각자 뽑은 감정 카드에 대해 언제, 무엇 때문에 그런 감정이 느껴졌는지 이야기한다. ④ 현재의 감정은 어떤지 이야기한다. ⑤ 긍정적인 감정에 대해 이야기 나누고 옆 사람을 보며 이야기한다.	30′

전개	■ 두 번째 차 – 뉴욕블랙퍼스트(T2 뉴욕블랙퍼스트) – 두 번째 차 준비와 찻잔을 헹군다. – 뉴욕블랙퍼스트차를 우리며, 차의 특징을 설명한다. – 차를 나누고, 8단계 실천으로 다 함께 음미한다. – 차의 색·향·미를 표현해본다. ■ 두 번째 차 2포 우려 마시기 – 차와 함께 깨어 있기(1박/2박/4박/8박자 박수)	30′
마무리	■ 활동 소감 나누기 – 차와 관련된 명언을 얘기한다. "차는 모든 계절에 어울리는 식사다. 그리고 차는 어떤 경우에나 어울린다." –안젤라 하인즈– ■ 마음 체조 ■ 마무리 인사 후 정리	20′
준비물	차, 다구, 감정카드	

☕ 첫 번째 차: 자순차

자순차는 당나라 때 황제에게 진상한 차로 천하 제2의 명차이며 차의 극품으로 칭송받아 황제의 사랑을 받았다.

육우는 고저산에서 생산하는 차를 자순차로 명명하였다.

자순차는 순이 죽순처럼 생겼다고 붙여진 이름이며 찻잎은 여리고 곧으며 길다.

일반적인 녹차에 비해 유념이 적어 뜨거운 물을 부어서 마시거나 우리는 시간을 길게 해도 쓰고 떫은 맛이 덜하고 부드러운 맛을 느낄 수 있다.

● 자순차 우림법(10명 기준)

1. 2L의 우림 포트에 자순차 8g을 넣는다.
2. 90℃의 물 1.2L를 넣고 2분간 우린다.
3. 200~300ml 나눔 포트 4개에 농도를 맞추어 나누어 담아낸다.

두 번째 차: 뉴욕블랙퍼스트차(T2 뉴욕블랙퍼스트차 사용)

T2의 뉴욕블랙퍼스트차는 홍차 베이스에 시나몬, 천연 및 인공 바닐라 향을 첨가한 잠들지 않는 도시 뉴욕의 아침을 담은 차이다.

시나몬과 바닐라가 홍차의 달콤한 풍미를 더해 주어 부드럽고 달콤한 느낌을 맛볼 수 있다.

● **T2 뉴욕블랙퍼스트차 우림법(10명 기준)**

1. 2L의 우림 포트에 T2 뉴욕블랙퍼스트차 8g을 넣는다.
2. 95℃의 물 1.2L를 넣고 3분간 우린다.
3. 200~300ml 나눔 포트 4개에 농도를 맞추어 나누어 담아낸다.

활동 사진

2-03 차(茶)와 함께하는 행복나눔

3차시 내 모습이 멋져요

학습 목표
1. 동정우롱차와 자스민 녹차의 특징을 알아보고 차를 음미한다.
2. 손 놀이와 가위바위보 놀이를 통해 즐거움과 행복감을 갖는다.

차(茶)
1. 동정우롱차
2. 자스민 녹차

활동 가위바위보 스티커 붙이기

단계	내용	시간
도입	■ 인사 나누기 – 행복 십계명 3번째 '대화를 나누어라'입니다. 　가족이나 친한 친구와 자주 대화를 나누어라 　(예: 짝꿍과 공통점 4가지씩 찾고 발표해 보기) 　(좋아하는 음식, 색깔, 과일, 노래, 가수 등) ■ 차 소개 – 첫 번째 차: 동정우롱차 – 두 번째 차: 자스민 녹차 ■ 차우림 준비 및 찻잔 데우기	20′
전개	■ 첫 번째 차 – 동정우롱차 – 동정우롱차를 우리며, 차의 특징과 문향배 사용법을 설명한다. – 차를 나누고, 8단계 실천으로 다 함께 음미한다. ■ 이야기 나누기 – 마음을 열고 미소 띤 얼굴로 차의 색·향·미 이야기를 나눈다. ■ 첫 번째 차 2포 우려 마시기 – 오늘의 활동을 소개한다. (가위바위보 스티커 붙이기)	20′
전개	■ 활동하기 ① 스티커를 각자 나눠준다. ② 둘씩 짝을 이룬다. ③ 짝꿍과 빵 먹고 노래에 맞춰 손 놀이와 가위바위보를 한다. ④ 가위바위보에서 진 사람은 이긴 사람 얼굴에 스티커를 붙인다. ⑤ 가장 스티커를 많이 받은 사람에게 선물을 준다. ■ 두 번째 차 – 자스민 녹차 – 두 번째 차 준비와 찻잔을 헹군다. – 자스민 녹차를 우리며, 차의 특징을 설명한다.	30′

전개	– 차를 나누고, 8단계 실천으로 다 함께 음미한다. – 차의 색·향·미를 표현해본다. ■ **두 번째 차 2포 우려 마시기** –차와 함께 행복하자(1박/2박/4박/8박자 박수)	30′
마무리	■ **활동 소감 나누기** – 차와 관련된 명언을 얘기한다. 　그대여, 어지러운 머릿속을 정리해 줄 차 한 잔을 내게 준다면, 내가 당신의 사정을 더 잘 이해할 텐데. –찰스 디킨스– ■ **마음체조** ■ **마무리 인사 후 정리**	20′
준비물	차, 다구, 스티커	

☕ 첫 번째 차: 동정우롱차

타이완 동정산에서 생산되는 차다. 동정산은 봉황산의 지맥 중의 하나로 해발 700m 이상이며 월평균 기온이 20℃ 이상이다. 날씨가 따뜻함에도 불구하고 안개가 많고 비가 자주 내리고 산세가 가파르기 때문에 동정이라는 이름이 붙여졌다.

동정은 청심우롱 품종으로 만드는데 홍배로 인하여 청향 계열의 다른 우롱차에 비해 향이 진하고 강렬하며 구수하고 중후한 맛이 특징이다.

● **동정우롱차 우림법(10명 기준)**
1. 2L의 우림 포트에 동정우롱차 8g을 넣는다.
2. 95℃의 물 1.2L를 넣고 2분간 우린다.
3. 200~300ml 나눔 포트 4개에 농도를 맞추어 나누어 담아낸다.

☕ 두 번째 차: 자스민 녹차

자스민 녹차는 찻잎에 자스민의 꽃 향이 배어들도록 녹찻잎 사이에 꽃을 켜켜이 넣어두어 자스민꽃 향기를 흡착시켜 제조한 차이다.

자스민꽃 향이 배어들어 그윽한 향기로 입안을 깔끔하게 정리해 주는 것이 특징이다.

심신안정과 긴장해소에 효과적이며 기름진 음식을 먹은 후에도 좋다. 자스민 녹차는 따뜻하게 마시거나 차갑게 마셔도 좋다.

● **자스민녹차 우림법(10명 기준)**
1. 2L의 우림 포트에 자스민 녹차 8g을 넣는다.
2. 95℃의 물을 4~5회 교반하여 물을 식힌다.
3. 70℃의 물 1.2L를 넣고 1분간 우린다.
4. 200~300ml 나눔 포트 4개에 농도를 맞추어 나누어 담아낸다.

2-04 차(茶)와 함께하는 행복나눔

4차시 옛날 옛적에

학습 목표
1. 차꽃차와 공예화차(호접연화)의 특징을 알고 차를 음미한다.
2. 회상카드를 활용하여 과거의 행복했던 것을 회상하고 이야기 나눈다.

차(茶)
1. 차꽃차
2. 공예화차(호접연화)

활동 회상카드로 이야기 나누기

단계	내용	시간
도입	■ 인사 나누기 – 행복 십계명 4번째 '애완동물이나 식물을 가꾸어라'입니다. 요즘 주변에 반려동물이나 반려식물 많이 키우지요. 반려동물을 돌보는 게 힘들다면 식물을 키우는 것도 좋습니다. 우리 함께 큰 소리로 짝꿍에게 인사할까요? – 키우는 애완동물이나 식물 발표를 한다. ■ 차 소개 – 첫 번째 차: 차꽃차 – 두 번째 차: 공예화차(호접연화) ■ 차우림 준비 및 찻잔 데우기	20′
전개	■ 첫 번째 차 – 차꽃차 – 차꽃차를 우리며, 차의 특징을 설명한다. – 차를 나누고, 8단계 실천으로 다 함께 음미한다. ■ 이야기 나누기 – 마음을 열고 미소 띤 얼굴로 차의 색·향·미 이야기를 나눈다. ■ 첫 번째 차 2포 우려 마시기 – 오늘의 활동을 소개한다. (회상카드로 이야기 나누기)	20′
	■ 활동하기 ① 회상카드를 학습자에게 한 장씩 나누어 준다. ② 각자 받은 카드를 보고 과거를 회상하여 이야기한다. ③ 회상카드를 펼쳐놓고 가장 소중하다고 생각하는 카드를 고른다. ④ 다른 학습자들에게 고른 카드를 보여 주고 이야기한다. ■ 두 번째 차 – 공예화차(호접연화) – 두 번째 차 준비와 찻잔을 헹군다. – 공예화차를 우리며, 차의 특징을 설명한다.	30′

전개	– 차를 나누고, 8단계 실천으로 다 함께 음미한다. – 차의 색·향·미를 표현해본다. ■ **두 번째 차 2포 우려 마시기** –차와 함께 행복하자(1박/2박/4박/8박자 박수)	30′
마무리	■ **활동 소감 나누기** – 차와 관련된 명언을 얘기한다. "영국 사람들에게 차는 집에서 즐기는 소풍과 같다." –앨리스 워커– ■ **마음체조** ■ **마무리 인사 후 정리**	20′
준비물	차, 다구, 회상카드	

☕ 첫 번째 차: 차꽃차

차나무의 꽃으로 12월에서 1월에 피며 다섯 장의 꽃잎을 피우는 흰색 꽃이다.
다섯 장의 꽃잎은 녹차가 지닌 쓴맛, 단맛, 신맛, 짠맛, 떫은맛을 뜻한다.
초의선사의 동다송에는 백화보다 더 흰 소화로 차꽃이 표현되어 있다.
차꽃차는 맑은 향과 입안에 감도는 그윽하고 은은한 맛이 매력적이다. 이뇨 작용, 두통, 피부미용, 콜레스테롤 수치 하락, 피로 해소와 감기 예방에 좋은 차이다.

● **차꽃차 우림법(10명 기준)**

1. 2L의 우림 포트에 차꽃차 10송이를 넣는다.
2. 80℃의 물 1.2L를 넣고 2분간 우린다.
3. 200~300ml 나눔 포트 4개에 농도를 맞추어 나누어 담아낸다.

두 번째 차: 공예화차(호접연화)

호접연화차는 중국의 공예차로 찻잎을 한땀 한땀 실로 엮어서 만든 차이다. 동그란 찻잎 안에 꽃이 들어있어 물을 부어 차를 우리면 꽃이 피어나는 아름다움을 볼 수 있다.
호접연화는 연꽃 위에 나비가 앉은 모양으로 꽃이 피어난다고 붙여진 이름이다.

● 공예화차(호접연화) 우림법(10명 기준)

1. 2L의 우림 포트에 끓인 물 200ml를 붓는다.
2. 공예화차(호접연화)를 차 집게로 살포시 1개를 넣는다.
3. 꽃이 중간 정도 피었을 때 1L 물을 우림 포트 벽면을 타고 흐르게 붓고 3분간 우린다.
4. 꽃이 다 피어나면 250~300ml 나눔 포트 4개에 농도를 맞추어 담아낸다.

활동 사진

2-05 차(茶)와 함께하는 행복나눔

5차시 으라차차 줄 맞추기

학습 목표
1. 소타차와 말린 귤편 + 소타차의 특징을 이해하고 차를 음미한다.
2. 빙고 게임을 통해 자연의 아름다움을 떠올리며 행복감을 갖는다.

차(茶)
1. 소타차
2. 말린 귤편 + 소타차

활동 자연물 빙고 게임

단계	내용	시간
도입	■ 인사 나누기 – 행복 십계명 5번째 'TV 시청 시간을 반으로 줄여라'입니다. 　나만의 취미활동을 준비해서 즐거운 활동이 될 수 있도록 합니다. 　(예: 그림 그리기, 노래 부르기, 책 읽기, 요리하기 등) 　행복도 배우고 실천하는 것이 중요합니다. ■ 차 소개 – 첫 번째 차: 소타차 – 두 번째 차: 말린 귤편 + 소타차 ■ 차우림 준비 및 찻잔 데우기	20′
전개	■ 첫 번째 차 – 소타차 – 소타차를 우리며, 차의 특징을 설명한다. – 차를 나누고, 8단계 실천으로 다 함께 음미한다. ■ 이야기 나누기 – 마음을 열고 미소 띤 얼굴로 차의 색·향·미 이야기를 나눈다. ■ 첫 번째 차 2포 우려 마시기 – 오늘의 활동을 소개한다. (자연물 빙고 게임)	20′
전개	■ 활동하기 ① 빙고판을 나눠준다. ② 진행자가 제시해 준 자연물 단어를 자유롭게 빙고판에 채운다. ③ 빙고 게임을 설명해 준다. ④ 진행자가 먼저 자연물 단어를 부른다. ⑤ 진행자가 부른 자연물과 같은 자연물이 있는 사람끼리 가위바위보를 해 승자가 원하는 자연물을 부른다. ⑥ 이렇게 계속 진행하다가 1줄이 완성되면 '빙고'라고 외친다. ⑦ '빙고'를 외친 사람에게 선물 등을 준다.	30′

전개	■ 두 번째 차 – 말린 귤편 + 소타차 블렌딩 　– 두 번째 차 준비와 찻잔을 헹군다. 　– 말린 귤편 + 소타차를 우리며, 차의 특징을 설명한다. 　– 차를 나누고, 8단계 실천으로 다 함께 음미한다. 　– 차의 색·향·미를 표현해본다. ■ 두 번째 차 2포 우려 마시기 　– 차와 함께 행복하자(1박/2박/4박/8박자 박수)	30′
마무리	■ 활동 소감 나누기 　– 차와 관련된 명언을 이야기한다. 　　"마음속에서 시계를 지워내고 맛있는 차와 약간의 음식과 사려 깊은 대화를 즐길 때, 함께 마시는 차 덕분에 친밀한 분위기가 더욱 무르익는다." 　　-게일 그레코- ■ 마음체조 ■ 마무리 인사 후 정리	20′
준비물	차, 다구, 빙고판(부록 활동지 참조), 필기도구	

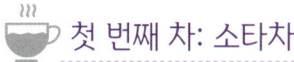 첫 번째 차: 소타차

　소타차는 보이차의 한 종류로 한 개씩 우리기 편하도록 작게 포장한 것이다.

　깊은 향과 구수한 맛이 특징이며 찻잎이 원형으로 작게 뭉쳐져 있어 진하게 우러 나오며 여러 번 우려 마셔도 깔끔한 맛을 느낄 수 있다.

　갈산 성분을 함유하고 있어 몸을 가볍게 하고 지방분해력이 뛰어나 혈중 콜레스테롤을 개신해 주며 활성산소를 관리해서 피부 건강에 좋다.

● 소타차 우림법(10명 기준)

1. 2L의 우림 포트에 소타차 1개를 넣는다.
2. 95℃의 물에 소타차를 세차한다.
3. 95℃의 물 1.2L를 넣고 3분간 스월링을 하며 우린다.
4. 200~300ml 나눔 포트 4개에 농도를 맞추어 나누어 담아낸다.

두 번째 차: 말린 귤편 + 소타차

말린 귤편+소타차는 소타차에 말린 귤편을 블렌딩한 차이다. 보이차 특유의 맛을 싫어하시는 분들은 말린 귤의 상큼한 향과 맛을 느낄 수 있다.

귤은 비타민C가 듬뿍 들어있어 스트레스에 대한 저항력을 증진시켜 주며 감기 예방, 피부미용, 신진대사를 원활하게 하고 피로 해소에도 좋다.

말린 귤편+소타차는 보이차와 귤차의 효과를 동시에 볼 수 있다.

● 말린 귤편 + 소타차 우림법(10명 기준)

1. 2L의 우림 포트에 말린 귤편 3개 + 소타차 1개를 넣는다.
2. 95℃의 물에 세차를 한다.
3. 95℃의 물 1.2L를 넣고 3분간 스월링을 하며 우린다.
4. 200~300ml 나눔 포트 4개에 농도를 맞추어 나누어 담아낸다.

2-06 차(茶)와 함께하는 행복나눔

6차시 기억력이 쑥쑥

학습 목표
1. 과일 가향 홍차와 레몬밤차의 특징을 이해하고 차를 음미한다.
2. 도형카드를 보며 도형을 이해하고 기억력을 향상시키고 행복감을 갖는다.

차(茶)
1. 과일 가향 홍차
2. 레몬밤

활동 도형카드로 도형 모으기

단계	내용	시간
도입	■ 인사 나누기 – 행복 십계명 6번째 '미소를 지어라'입니다. 아침에 일어나 거울을 보고 나를 위해 미소짓고, 이웃을 만나 반갑게 미소 지으며 아름다운 얼굴을 만들어 봅니다. 얼굴(얼:영혼, 굴:통로)은 영혼이 머무는 통로입니다. (예: 손 흔들며 인사하기, 하이파이브 인사하기) (오잘–오늘도 잘해보자/오즐–오늘도 즐겁게/오행–오늘도 행복하다) ■ 차 소개 – 첫 번째 차: 과일 가향 홍차(베질루르 1001 매직라이트) – 두 번째 차: 레몬밤 ■ 차우림 준비 및 찻잔 데우기	20′
전개	■ 첫 번째 차 – 과일 가향 홍차(베질루르 1001 매직라이트) – 과일 가향 홍차를 우리며, 차의 특징을 설명한다. – 차를 나누고, 8단계 실천으로 다 함께 음미한다. ■ 이야기 나누기 – 마음을 열고 미소 띤 얼굴로 차의 색 · 향 · 미 이야기를 나눈다. ■ 첫 번째 차 2포 우려 마시기 – 오늘의 활동을 소개한다. (도형카드로 도형 모으기)	20′
	■ 활동하기 – 도형카드로 도형 모으기 ① 학습자에게 다섯 가지의 도형을 나누어 준다. ② 도형에 대해 이야기 나누기를 한다. ③ 진행자가 보여 주는 도형의 순서를 보고 따라 놓기를 한다. 　예) 진행자가 ☆○를 제시하면 기억하고 학습자는 ☆○를 순서대로 놓은 후 만세를 외친다. ④ 도형의 수를 3, 4, 5개씩 늘리면서 한다.	30′

전개	■ 두 번째 차 – 레몬밤차 – 두 번째 차 준비와 찻잔을 헹군다. – 레몬밤차를 우리며, 차의 특징을 설명한다. – 차를 나누고, 8단계 실천으로 다 함께 음미한다. – 차의 색·향·미를 표현해본다. ■ 두 번째 차 2포 우려 마시기 – 차와 함께 깨어 있기(1박/2박/4박/8박자 박수)	30′
마무리	■ 활동 소감 나누기 – 차와 관련된 명언을 이야기한다. "티파티는 영혼의 온천 같은 역할을 해준다. 차를 마시는 동안 우리는 근심과 일을 잠시 잊는다. 바쁜 사람들도 업무를 잊는다. 스트레스는 어느새 사라지며 감각은 깨어난다." –알렉산드라 스토다드– ■ 마음체조 ■ 마무리 인사 후 정리	20′
준비물	차, 다구, 도형카드	

☕ 첫 번째 차: 과일 가향 홍차(베질루르 1001 매직라이트차 사용)

베질루르 1001 매직라이트는 세계 3대 홍차 생산국 중 하나인 스리랑카에서 생산된 양질의 홍차로 만든 차이며 '1001 야화'를 모티브로 한 블렌딩 홍차이다.

홍차에 천연향인 딸기와 살구, 파인애플, 바닐라가 가향되어 베리 향과 꽃향기가 진하게 나는 것이 특징이며 묵직한 실론과 함께 달콤한 과일 향이 어우러져 묵직한 바디감이 색다른 맛으로 다가온다.

● 베질루르 1001 매직라이트차 우림법(10명 기준)

1. 2L의 우림 포트에 베질루르 1001 매직라이트 티백 5개를 넣는다.
2. 95℃의 물 1.2L를 넣고 2분 30초간 우린다.
3. 200~300ml 나눔 포트 4개에 농도를 맞추어 나누어 담아낸다.

두 번째 차: 레몬밤차

　레몬밤은 지중해 연안이 원산지이며 꿀풀과의 다년초 식물로 슈퍼푸드로 각광받고 있다. 레몬밤을 심으면 꿀벌이 모인다고 하여 '멜리사'라는 속명을 가진 산뜻한 레몬의 향과 상쾌한 박하의 향을 가진 허브이다.
　레몬밤차는 로즈마린산이 풍부하여 다이어트, 신경안정과 통증 완화, 혈관 건강, 감기 예방, 두뇌 건강에 효과적이다.

● **레몬밤차 우림법(10명 기준)**

1. 2L의 우림 포트에 레몬밤차 5개를 넣는다.
2. 90℃의 물 1.2L를 넣고 2분간 우린다.
3. 200~300ml 나눔 포트 4개에 농도를 맞추어 나누어 담아낸다.

활동 사진

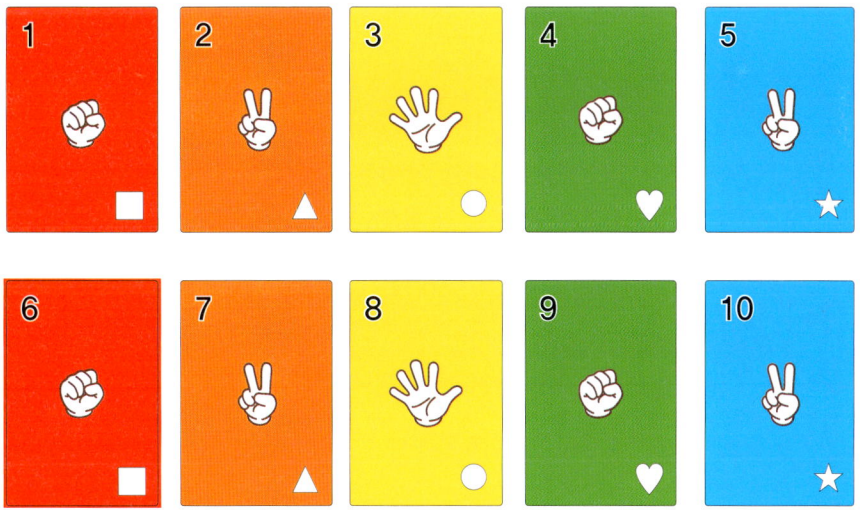

2-07 차(茶)와 함께하는 행복나눔

7차시 우리는 하나

학습 목표
1. 금라홍차와 곡물 블렌딩차의 특징을 알고 차를 음미한다.
2. 릴레이게임을 통해 팀워크를 높이고 행복한 시간을 가진다.

차(茶)
1. 금라홍차
2. 곡물 블렌딩차

활동 연상단어 릴레이게임

단계	내용	시간
도입	■ **인사 나누기** – 행복 십계명 7번째 '소홀했던 사람들에게 전화하라'입니다. 오랫동안 소홀했던 친구나 가족 또는 보고 싶은 지인들에게 연락해서 안부를 물어봅니다. (예: 지금 옆에 있는 분께 안부를 물어보도록 하겠습니다.) 아침 식사는 하셨는지요?/아프신 데는 없는지요? 서로가 안부를 물어보는 것은 위로이자 관심입니다. 이제 서로 안부를 자주 물어보도록 합시다. ■ **차 소개** – 첫 번째 차: 금라홍차 – 두 번째 차: 곡물 블렌딩차(오설록 바람노래) ■ **차우림 준비 및 찻잔 데우기**	20′
전개	■ **첫 번째 차 – 금라홍차** – 금라홍차를 우리며, 차의 특징을 설명한다. – 차를 나누고, 8단계 실천으로 다 함께 음미한다. ■ **이야기 나누기** – 마음을 열고 미소 띤 얼굴로 차의 색·향·미 이야기를 나눈다. ■ **첫 번째 차 2포 우려 마시기** – 오늘의 활동을 소개한다. (연상단어 릴레이 게임)	20′
	■ **활동하기 – 연상단어 릴레이게임** ① 두 팀으로 나눈다. ② 진행자가 말하는 주제에 맞는 제시어를 말한다. 　(예: 남자가수 이름) ③ 각 팀이 한 사람씩 릴레이로 한 개씩 말한다. ④ 앞에 사람이 말한 후 바로 이어 말하지 못할 경우 다른 팀으로 넘어간다 ⑤ 성공하면 10점을 획득한다.	30′

전개	■ 두 번째 차 – 곡물 브렌딩차(오설록 바람노래) 　– 두 번째 차 준비와 찻잔을 헹군다. 　– 곡물 블렌딩차를 우리며, 차의 특징을 설명한다. 　– 차를 나누고, 8단계 실천으로 다 함께 음미한다. 　– 차의 색·향·미를 표현해본다. ■ 두 번째 차 2포 우려 마시기 　– 차와 함께 행복하자(1박/2박/4박/8박자 박수)	30′
마무리	■ 활동 소감 나누기 　– 차와 관련된 명언을 이야기한다. 　　"차 상자에는 언제나 풍부한 시와 섬세한 정서가 담겨 있다." 　　–다니엘 존스– ■ 마음체조 ■ 마무리 인사 후 정리	20′
준비물	차, 다구	

☕ 첫 번째 차: 금라홍차

금라홍차는 중국의 운남에서 생산된 대엽종의 어린잎으로 만든 홍차이다. 금라는 금색의 소라라는 뜻으로 금색의 잎이 돌돌 말려 있다.

금라홍차는 떫은맛과 쓴맛이 거의 없고 군고구마 향이 나며 감칠맛과 특유의 단맛을 느낄 수 있다.

대엽종으로 내포성이 좋아 여러 번 우려도 맛과 향이 꾸준하다.

● 금라홍차 우림법(10명 기준)

1. 2L의 우림 포트에 금라홍차 8g을 넣는다.
2. 95℃의 물 1.2L를 넣고 3분간 우린다.
3. 200~300ml 나눔 포트 4개에 농도를 맞추어 나누어 담아낸다.

☕ 두 번째 차: 곡물 블렌딩차(오설록 바람노래차를 사용)

오설록 바람노래차는 제주 들길에 부는 바람처럼 순하고 구수한 제주 청정 허브 블렌딩차다. 자연이 돌본 청정 곡식(보리, 청보리순, 옥수수)의 순수한 영양을 싱그러운 제주녹차에 블렌딩해 깔끔하고 구수한 맛과 향을 자랑하는 순수 영양 허브 블렌디드 차라고 한다.

● 오설록 바람노래차 우림법(10명 기준)

1. 2L의 우림 포트에 오설록 바람노래차 7개를 넣는다.
2. 95℃의 물을 4~5회 교반하여 물을 식힌다.
3. 70℃의 물 1.2L를 넣고 1분 30초간 우린다.
4. 200~300ml 나눔 포트 4개에 농도를 맞추어 나누어 담아낸다.

2-08 차(茶)와 함께하는 행복나눔

8차시 상상의 날개를 펴라

학습 목표
1. 딸기 블렌딩 홍차와 장미 블렌딩 홍차의 특징을 알고 차를 음미한다.
2. 만약에 카드를 보고 즐겁고 행복한 상상을 하며 이야기 나눈다.

차(茶)
1. 딸기 블렌딩 홍차
2. 장미 블렌딩 홍차

활동 만약에 카드로 이야기 나누기

단계	내용	시간
도입	■ 인사 나누기 – 행복 십계명 8번째는 '하루에 한 번씩 유쾌하게 웃어라'입니다. 웃음은 행복의 묘약이며, 주위의 기분을 좋게 하는 행복 바이러스입니다. 우리 다 같이 유쾌하게 웃어 볼까요? (예: 하늘 보고 하하하/ 애인 보고 호호호/ 친구 보고 히히히/ 강아지 보고 헤헤헤) ■ 차 소개 – 첫 번째 차: 딸기 블렌딩 홍차(아마드 스트로베리 홍차) – 두 번째 차: 장미 블렌딩 홍차(로즈포총) ■ 차우림 준비 및 찻잔 데우기	20′
전개	■ 첫 번째 차 – 딸기 블렌딩 홍차(아마드 스트로베리 홍차) – 딸기 블렌딩 홍차를 우리며, 차의 특징을 설명한다. – 차를 나누고, 8단계 실천으로 다 함께 음미한다. ■ 이야기 나누기 – 마음을 열고 미소 띤 얼굴로 차의 색·향·미 이야기를 나눈다. ■ 첫 번째 차 2포 우려 마시기 – 오늘의 활동을 소개한다. (만약에 카드로 이야기 나누기)	20′

전개	■ 활동하기
	① 만약에 카드를 준비한다.
	② 만약에 카드 5가지 내용을 진행자가 먼저 읽어 준다.
	  – 내가 좋아하는 연예인과 여행을 간다면 어디로?
	  – 천만 원이 생긴다면?
	  – 내가 원하는 것을 한 가지 할 수 있다면?
	  – 초능력이 있다면 어떤 능력을 원하는지?
	  – 일주일간의 자유시간이 주어진다면?
		30′

전개	③ 진행자가 만약에 카드 5장을 들고 있으면 학습자가 그중 하나를 뽑는다.
	④ 학습자는 뽑은 카드를 큰소리로 읽고 질문에 대한 답을 한다.
	  (예: 만약에 카드 – 초능력이 있다면 어떤 능력을 원하는지?
	  답: 사람의 마음을 읽고 싶어요)
	■ **두 번째 차 – 장미 블렌딩 홍차(로즈포총)**
	 – 두 번째 차 준비와 찻잔을 헹군다.
	 – 장미 블렌딩 홍차를 우리며, 차의 특징을 설명한다.
	 – 차를 나누고, 8단계 실천으로 다 함께 음미한다.
	 – 차의 색·향·미를 표현해본다.
	■ **두 번째 차 2포 우려 마시기**
	 – 차와 함께 깨어 있기(1박/2박/4박/8박자 박수)
		30′

마무리	■ **활동 소감 나누기** – 차와 관련된 명언을 이야기한다. "차 음료의 정신은 평화와 안정, 그리고 교양이다." –아서 그레이– ■ **마음체조** ■ **마무리 인사 후 정리**	20′
준비물	차, 다구, 만약에 카드	

 첫 번째 차: 딸기 블렌딩 홍차(아마드 스트로베리 홍차 사용)

아마드 스트로베리 홍차는 스리랑카산과 케냐산의 찻잎을 블렌딩하여 산뜻하면서도 부드럽고 깊은 풍미의 홍차 베이스에 딸기 과육을 첨가하여 크리미한 딸기 향이 기분 좋아지는 블렌딩 홍차이다.

홍차의 깊은 맛과 감칠맛과 떫은맛의 완벽한 조화를 이룬 홍차 베이스와 달콤한 딸기 향이 진하게 풍기는 환상적인 조화를 이룬 과일 홍차이다.

● **아마드 스트로베리 홍차 우림법(10명 기준)**

1. 2L의 우림팟에 아마드 스트로베리 홍차 5개를 넣는다.
2. 98℃의 물 1.2L를 넣고 3분간 우린다.
3. 200~300ml 나눔 포트 4개에 농도를 맞추어 나누어 담아낸다.

두 번째 차: 장미 블렌딩 홍차(포트넘 메이슨의 로즈포총을 사용)

로즈포총은 기문모봉에 신선한 장미 꽃잎을 켜켜이 쌓아서 찻잎에 꽃 향이 스미도록 하는 음화작업을 거쳐 만든 차이다.

장미의 은은하고 우아함을 그대로 느낄 수 있으며 꽃차보다 장미의 향이 강하다.

진한 갈색의 수색을 띠고 약간의 훈연향이 느껴진다.

● 로즈포총차 우림법(10명 기준)

1. 2L의 우림 포트에 로즈포총차 8g을 넣는다.
2. 95℃의 물 1.2L를 넣고 3분간 우린다.
3. 200~300ml 나눔 포트 4개에 농도를 맞추어 나누어 담아낸다.

활동 사진

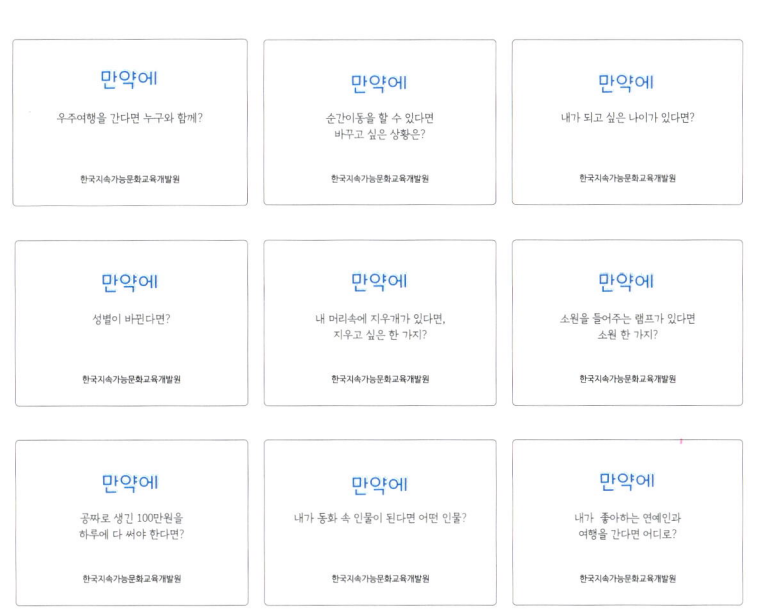

2-09 차(茶)와 함께하는 행복나눔

9차시 와! 신난다 스피드게임

학습목표
1. 겐마이차와 당귀꽃차의 특징을 알고 차를 음미한다.
2. 단어를 말이나 몸으로 표현하며 즐거움과 행복감을 가진다.

차(茶)
1. 겐마이차
2. 당귀꽃차

활동 스피드게임

단계	내용	시간
도입	■ 인사 나누기 – 행복 십계명 9번째 '매일 자신에게 작은 선물을 하라'입니다. 자신에게 선물함으로써 자신을 사랑하고 자존감을 올려 온전히 나를 즐길 수 있는 시간을 즐겨 봅시다. (예: 오늘 내가 잘한 일이나 행동 등을 칭찬해 보세요! 내가 좋아하는 음식을 준비한다.) ■ 차 소개 – 첫 번째 차: 겐마이차 – 두 번째 차: 당귀꽃차 ■ 차우림 준비 및 찻잔 데우기	20′
전개	■ 첫 번째 차 – 겐마이차 – 겐마이차를 우리며, 차의 특징을 설명한다. – 차를 나누고, 8단계 실천으로 다 함께 음미한다. ■ 이야기 나누기 – 마음을 열고 미소 띤 얼굴로 차의 색·향·미 이야기를 나눈다. ■ 첫 번째 차 2포 우려 마시기 – 오늘의 활동을 소개한다. (스피드 게임)	20′
	■ 활동하기 ① 단어카드나 그림카드를 준비한다. ② 두 팀으로 나눈다. ③ 설명할 사람을 정한다. ④ 제한시간을 주고 한 사람이 설명하고 단어를 맞춘다. ■ 두 번째 차 – 당귀꽃차 – 두 번째 차 준비와 찻잔을 헹군다. – 당귀꽃차를 우리며, 차의 특징을 설명한다.	30′

전개	– 차를 나누고, 8단계 실천으로 다 함께 음미한다. – 차의 색·향·미를 표현해본다. ■ **두 번째 차 2포 우려 마시기** – 차와 함께 행복하자(1박/2박/4박/8박자 박수)	30′
마무리	■ **활동 소감 나누기** – 차와 관련된 명언을 이야기한다. "한 상자의 차에는 많은 시와 섬세한 감성이 있다." –랄프 월드 에머슨– ■ **마음체조** ■ **마무리 인사 후 정리**	20′
준비물	차, 다구, 단어카드 or 그림카드	

첫 번째 차: 겐마이차

겐마이차는 녹차의 쌉싸름함과 볶은 현미의 구수함이 조화로운 차로 일본식 현미차이다. 일상적으로 마시는 반차라 불리는 녹차에 구운 현미, 튀긴 곡물을 혼합한 차로 구수한 맛과 향기가 나는 게 특징이다.

수 세기 동안 일본의 극빈층에서 비싼 티를 조금씩 나눠 마시기 위해 덜 비싼 쌀을 섞어 먹은 데서 유래했으며 카페인이 상대적으로 적어 어린이나 노인들도 편하게 마실 수 있다.

● 겐마이차 우림법(10명 기준)

1. 2L의 우림 포트에 겐마이차 8g을 넣는다.
2. 95℃의 물을 4~5회 교반하여 물을 식힌다.
3. 75℃의 물 1.2L를 넣고 1분 30초간 우린다.
4. 200~300ml 나눔 포트 4개에 농도를 맞추어 나누어 담아낸다.

두 번째 차: 당귀꽃차

당귀꽃은 미나리과에 속하는 다년생 풀로 꽃은 8월과 9월경에 원줄기와 가지 끝에 여러 가지가 뻗어 나와 다시 작은 가지로 뻗어 나와 하얗게 피는 것이 안개꽃 같기도 하다.

마땅히 돌아오기를 바란다는 뜻으로 '당귀'라는 이름이 붙었다고 한다.

당귀꽃을 덖음하여 만든 당귀꽃차는 은은한 한약 냄새가 나서 건강한 느낌이 들며 갱년기 여성, 불면증, 빈혈, 혈액 순환장애 등 여성에게 좋은 차이다.

● 당귀꽃차 우림법(10명 기준)

1. 2L의 우림 포트에 당귀꽃차 5g을 넣는다.
2. 90℃의 물 1.2L를 넣고 2분간 우린다.
3. 200~300ml 우림 포트 4개에 농도를 맞추어 나누어 담아낸다.

2-10 차(茶)와 함께하는 행복나눔

10차시 행복은 가까운 곳에 있어요

학습 목표
1. 팔보차와 도라지청차의 특징을 알고 차를 음미한다.
2. 행복 십계명을 이해하고 행복 십계명을 실천할 수 있도록 한다.

차(茶)
1. 팔보차
2. 도라지청차

활동 행복 십계명 기억하기

단계	내용	시간
도입	■ 인사 나누기 – 행복 십계명 10번째 '매일 누군가에게 친절을 베풀어라'입니다. 친절하게 말하기, 밝게 인사하기, 경로당에서 신발 정리하기 등 (예: 오른쪽으로 돌아앉아 앞사람 어깨 열 번 주물러 보겠습니다. 반대로 해보겠습니다.) ■ 차 소개 – 첫 번째 차: 팔보차 – 두 번째 차: 도라지청차 ■ 차우림 준비 및 찻잔 데우기	20′
전개	■ 첫 번째 차 – 팔보차 – 팔보차를 우리며, 차의 특징을 설명한다. – 차를 나누고, 8단계 실천으로 다 함께 음미한다. ■ 이야기 나누기 – 마음을 열고 미소 띤 얼굴로 차의 색·향·미 이야기를 나눈다. ■ 첫 번째 차 2포 우려 마시기 – 오늘의 활동을 소개한다. (행복 십계명 기억하기)	20′
	■ 활동하기 ① 행복 십계명 다시 한번 이야기를 나눠 본다. ② 행복 십계명 선서를 해 본다. – 진행자 선창 참가자 후창으로 행복 십계명 선서를 한다. 하나, 운동을 하자. 둘, 잠들기 전 좋았던 일들을 떠올리자. 셋, 대화를 나누자. 넷, 애완동물이나 식물을 가꾸자. 다섯, TV 시청 시간을 반으로 줄이자. 여섯, 미소를 짓자. 일곱, 소홀했던 사람들에게 전화하자. 여덟, 하루 한 번씩 유쾌하게 웃자.	30′

전개	아홉, 매일 자신에게 작은 선물을 하자. 열, 매일 누군가에게 친절을 베풀자. ■ **두 번째 차 – 도라지청차** – 두 번째 차 준비와 찻잔을 헹군다. – 도라지청차를 우리며, 차의 특징을 설명한다. – 차를 나누고, 8단계 실천으로 다 함께 음미한다. – 차의 색·향·미를 표현해본다. ■ **두 번째 차 2포 우려 마시기** – 차와 함께 행복하자(1박/2박/4박/8박자 박수)	30′
마무리	■ **활동 소감 나누기** – 차와 관련된 명언을 이야기한다. 　"한 잔의 차와 한 조각의 설탕은 황홀하다." –알렉산드르 푸시킨– ■ **마음체조** ■ **마무리 인사 후 정리**	20′
준비물	차, 다구	

첫 번째 차: 팔보차

팔보차는 몸을 따뜻하게 하고 소화에 좋은 대추, 젊음의 비약인 구기자, 비위를 좋게 하는 산사, 염증에 좋은 금은화, 막힌 혈을 뚫어주는 진피, 데아닌과 카테킨이 많아 뇌를 깨워주는 녹차, 몸에 흡수를 도와주는 빙당, 모든 것을 조화롭게 해주는 감초를 블렌딩하여 몸에 보배로운 차이다.

팔보차는 일반 차보다 재료들의 효능이 합쳐져 약 성분이 강화된 차이다.

● 팔보차 우림법(1명 기준)

1. 1인 개완에 팔보차 재료를 넣는다.
2. 95℃의 물을 가득 담고 2분간 우린다.
3. 팔보차는 3번 정도 우려 마실 수 있다.

 두 번째 차: 도라지청차

도라지청차는 섬유질이 많고 비타민, 무기질, 사포닌이 풍부한 도라지를 졸여서 청으로 만들어 마시는 차이다.

기침이 심하거나 가래 등으로 인해 목이 아플 때 도라지청을 마시면 목 부위의 염증과 열을 내려주며 기관지 질환 예방에 도움이 된다.

항암, 면역력 강화, 염증 완화, 변비 개선에 도움을 주는 차이다.

● 도라지청차 우림법(10명 기준)

1. 2L의 우림 포트에 도라지청차 5스푼을 넣는다.
2. 95℃의 물 1.2L를 넣고 섞어 준다.
3. 200~300ml 나눔 포트 4개에 농도를 맞추어 나누어 담아낸다.

3장

차(茶)와 함께하는 공감소통

한국지속가능문화교육개발원 | Korea Sustainable Culture Education Center

Tea Therapy

1) 함께 그리는 자화상
2) 추억을 말해봐
3) 공기를 활용한 손 건강
4) 도형아 놀자!
5) 소통단어 빙고
6) 고민 인터뷰
7) 소통 가위바위보
8) 나에게 이런 일이 생긴다면?
9) 긍정 언어를 찾아라!
10) 나는 어디에 있는가?

3장 차(茶)와 함께하는 공감소통

3-01 차(茶)와 함께하는 공감소통

1차시   함께 그리는 자화상

학습 목표
1. 화엄백차와 베르가모트 오일을 시향하고 블렌딩 방법을 안다.
2. 자화상 그리기를 하며 함께하는 사람들과 소통을 한다.

차(茶)
1. 화엄백차
2. 베르가모트 오일 블렌딩

활동   계란화(자화상) 그리기

단계	내용	시간
도입	■ **인사 나누기** "우리 모두 다 함께 인사해! 까꿍!" '까꿍'의 '각'은 '깨우치다'의 의미이고, '궁'은 '다하다'는 뜻으로, 집중하고, 정신 차려서 늘 깨어 있자는 뜻이다. ■ **차 소개** – 첫 번째 차: 화엄백차 – 두 번째 차: 베르가모트 오일 블렌딩 ■ **차 우림을 준비 및 찻잔 데우기**	20′
전개	■ **첫 번째 차– 화엄백차** – 화엄백차를 우리며 차의 특징을 설명한다. – 차를 나누고 8단계 실천으로 다 함께 음미한다. ① 눈에 담는다 ② 코를 간지럽힌다. ③ 입술을 적신다 ④ 입안 가득 머금는다 ⑤ 목에 길을 내준다 ⑥ 배를 따뜻하게 해준다 ⑦ 뇌를 깨운다 ⑧ 마음을 열어 준다 ■ **이야기 나누기** – 마음을 열어 미소 띤 얼굴로 옆 사람과 차의 색·향·미 이야기를 나눈다. ■ **첫 번째 차 2포 우려 마시기** – 오늘의 활동을 소개한다.	20′

전개	■ 활동하기 – 함께 그리는 자화상 ① 1차시 활동지를 나눠 준다. ② 받은 용지 상단에 자신의 이름을 쓰고 오른쪽 사람에게 전달 한다. ③ 이름의 주인공을 바라보고 눈썹을 그려준다. ④ 순차적으로 눈, 코, 입, 귀, 머리카락, 화장(색칠)해 주기를 한다. ⑤ 자신의 자화상을 찾아서 보충하고 싶은 부분을 완성한다. ⑥ 자신의 자화상을 보여 주며 소감 나누기를 한다. ■ 두 번째 차 – 화엄백차 + 베르가모트 블렌딩 – 차 우림 준비와 찻잔을 헹군다. – 화엄백차 + 베르가모트 오일 블렌딩 차를 우리며 특징을 설명한다. – 차의 색·향·미를 표현해본다. 　(예: 차에서 베르가모트 향이 납니다.) ■ 두 번째 차 2포 우려 마시기 – 차와 함께 소통하자(1박/2박/4박/8박자 박수)	30′
마무리	■ 활동 소감 나누기 ■ 마음체조 ■ 마무리 인사 후 정리	20′
준비물	차, 다구 세트, 1차시 활동지(부록 활동지 참조), 색연필	

첫 번째 차: 화엄백차

백차(白茶)는 중국 6대 다류 중 하나이다.

화엄백차는 하동에서 아주 어린 찻잎을 채취해서 자연의 빛과 바람으로 시들린 후에 온도와 습도를 세심히 맞춘 황토방에서 건조하여 만든 자연에 가장 가까운 우리나라 고유의 백차이다.

● 화엄백차 우림법(10명 기준)

1. 2L의 우림 포트에 화엄백차 8g을 넣는다.
2. 끓인 물로 빠르게 세차(洗茶)를 한다.
3. 95℃의 물 1.2L를 붓고 3분간 우린다.
3. 250~300ml 나눔 포트 4개에 농도를 맞춰 나누어 낸다.
4. 찻잔에 따라 차의 색 · 향 · 미를 음미하며 마신다.

두 번째 차: 화엄백차 & 베르가모트 오일 블렌딩

베르가모트는 귤속의 재배종 과일나무다. 베르가모트 나무는 5m까지 자라고 짙은 녹색의 달걀모양 잎과 향기를 풍기는 별 모양 꽃이 핀다.

오일은 과일 껍질에서 추출된다.

● 화엄백차 & 베르가모트 오일 블렌딩 우림법(10명 기준)

1. 다구를 끓인 물로 세척 후 데운다.
2. 화엄백차 8g을 우림 포트에 넣고 95℃의 물 1.2L를 붓고 3분간 우린다.
3. 우려낸 찻물 1.2L에 베르가모트 오일 4~5방울을 떨어뜨려 희석한다.
4. 250~300ml 나눔 포트 4개에 농도를 맞춰 나누어 낸다.
5. 찻잔에 따라 차의 색 · 향 · 미를 음미하며 마신다.

3-02 차와 함께하는 공감소통

2차시 추억을 말해봐

학습 목표
1. 단일 차와 블렌딩 차의 특징을 안다.
2. 회상카드를 활용한 스토리텔링 활동으로 대인관계능력을 향상한다.

차(茶)
1. 태평후괴
2. 쿠스미 진저 레몬 티

활동 회상카드 활용한 스토리텔링 활동

단계	내용	시간
도입	■ 인사 나누기 "우리 모두 다 함께 인사해! 불아불아!" '불아불아'는 하늘처럼 맑은 우리가 하늘에서 내려왔다가 다시 하늘로 돌아가는 귀한 존재라는 뜻이다. ■ 차 소개 - 첫 번째 차: 태평후괴 - 두 번째 차: 쿠스미 진저 레몬 티 ■ 차 우림을 준비 및 찻잔 데우기	20′
전개	■ 첫 번째 차 – 화엄백차 - 태평후괴를 우리며 차의 특징을 설명한다. - 차를 나누고 8단계 실천으로 다 함께 음미한다. ■ 이야기 나누기 - 마음을 열어 미소 띤 얼굴로 옆 사람과 차의 색·향·미 이야기를 나눈다. ■ 첫 번째 차 2포 우려 마시기 - 오늘의 활동을 소개한다.	20′
전개	■ 활동하기 – 회상카드 ① 진행자가 '라떼는 말이야'라고 하면 학습자들이 똑같이 따라 한다. ② 카드를 내용이 보이지 않게 한 장씩 나눠 준다. ③ 각자 받은 카드를 보며 회상하는 시간을 갖는다. (30초 정도) ④ 각자 회상카드를 소개할 때 감정 표현도 함께한다. 　(예: 연날리기 – '라떼는 말이야' 연날리기하며 들판을 달리면 가슴이 뻥 뚫리면서 시원한 느낌이었어요.) ⑤ 발표가 끝날 때마다 공감의 의미를 담아 "아! 그렇구나."라고 한다.	30′

전개	■ 두 번째 차 – 쿠스미 진저 레몬 티 – 차 우림 준비와 찻잔을 헹군다. – 쿠스미 진저 레몬 티를 우리며 특징을 설명한다. – 차의 색·향·미를 표현해본다. ■ 두 번째 차 2포 우려 마시기 – 차와 함께 소통하자(1박/2박/4박/8박자 박수)	30′
마무리	■ 활동 소감 나누기 ■ 마음체조 ■ 마무리 인사 후 정리	20′
준비물	차, 다구 세트, 엽서(색종이), 필기구	

첫 번째 차: 태평후괴(太平猴魁)

태평후괴(太平猴魁)는 중국 10대 명차로서 대엽종 차나무 찻잎으로 녹차의 고소함과 상쾌함 그리고 꽃향기가 조화로운 차이다.

유념을 하지 않아 내포성이 다른 녹차보다 좋다.

청녹색의 수색과 떫은맛이 나지 않는 것이 특징이다.

● **태평후괴 우림법(10명 기준)**

1. 2L의 우림 포트에 80~90℃의 물 400ml를 붓는다.
2. 태평후괴 8g을 세워서 넣은 후 나머지 800ml를 붓고 2분간 우린다.
3. 250~300ml 나눔 포트 4개에 농도를 맞춰 나누어 낸다.
4. 찻잔에 따라 차의 색·향·미를 음미하며 마신다.

* 2~3포 우림에는 온도를 좀 더 낮춰서 우려 마셔도 좋다.

두 번째 차: 진저 레몬 녹차

진저 레몬 녹차는 녹차에 생강과 레몬 향을 가향한 차이다. 쌀쌀한 날이나 목이 칼칼할 때 마시면 몸이 따뜻해지는 차이다.

가향차지만 녹차 맛을 숨기지 않는 녹차스러운 가향차이다.

연녹색의 눌린 찻잎과 수색이 예쁘다.

● 진저 레몬 녹차 우림법(10명 기준)

1. 2L의 우림 포트에 진저 레몬 녹차 10g을 넣는다.
2. 70~75℃의 물 1.2L를 붓고 2분간 우린다.
3. 250~300ml 나눔 포트 4개에 농도를 맞춰 나누어 낸다.
4. 찻잔에 따라 차의 색·향·미를 음미하며 마신다.

* 녹차 우림 시 끓인 물을 2개의 나눔 포트로 4~5회 정도 교반하여 온도를 내려서 우린다.
* 쿠스미 진저 레몬 녹차를 사용함.

3-03 차(茶)와 함께하는 공감소통

2차시	공기를 활용한 손 건강

학습 목표	1. 철관음 오룡차와 블렌딩 차의 색·향·미를 안다. 2. 공기를 활용한 활동을 통해 소근육 운동과 관계형성을 한다.

차(茶)	1. 철관음차 2. 자스민 오룡차	활동	공기놀이 활동

단계	내용	시간
도입	■ **인사 나누기** "우리 모두 다 함께 인사해! 도리도리!" '도리도리'는 길 도(道)에 다스릴 리(理)로 '인생을 살아가며 주변을 살피며, 도리를 지키며 살아가자'라는 뜻을 담고 있다. – 다 함께 따뜻한 눈빛으로 '도리도리'하며 서로 소통 인사한다. ■ **차 소개** – 첫 번째 차: 철관음차 – 두 번째 차: 자스민 오룡차 ■ **차 우림을 준비 및 찻잔 데우기**	20′
전개	■ **첫 번째 차 – 철관음차** – 철관음차를 우리며 차의 특징과 문향배(聞香盃) 사용법을 설명한다. – 차를 나누고 8단계 실천으로 다 함께 음미한다. ■ **이야기 나누기** – 마음을 열어 미소 띤 얼굴로 옆 사람과 차의 색·향·미 이야기를 나눈다. ■ **첫 번째 차 2포 우려 마시기** – 오늘의 활동을 소개한다.	20′
	■ **활동하기 – 공기 활동** ① 공기를 귀에 가까이 대고 흔들어 소리 듣기(양쪽 귀 청력 테스트) ② 한 손씩 던져 받기/손등에 올려 던져 받기(빈대떡 부치기) ③ 손바닥에 놓고 양손 비벼 마사지하기, 손등에 놓고 손등 마사지하기 ④ 엄지와 검지 사이에 끼고 반대 손으로 옮기기(엄지에서 소지까지 왕복) ⑤ 양손 깍지를 끼고 양손의 검지만 빼서 공기를 잡아 손안에 넣고 손목 쪽으로 내려보내 컵에 담는다. 예: 과일 먹고, 소화를 시켜서, 응가~~ ⑥ 검지로 공기를 옆 사람에게 전달한다.	30′

전개	■ 두 번째 차 – 자스민 오룡차 　– 차 우림 준비와 찻잔을 헹군다. 　– 자스민 오룡차를 우리며 특징을 설명한다. 　– 차의 색·향·미를 표현해본다. ■ 두 번째 차 2포 우려 마시기 　– 차와 함께 소통하자(1박/2박/4박/8박자 박수)	30′
마무리	■ 활동 소감 나누기 ■ 마음체조 ■ 마무리 인사 후 정리	20′
준비물	차, 다구 세트, 공깃돌, 컵	

첫 번째 차: 철관음(鐵館音)

철관음은 중국 푸젠성 안시현(安溪縣)에서 생산되는 오룡차(烏龍茶)의 한 품종이다. 찻잎은 어렴풋이 서리가 내린 것 같은 느낌의 녹색 빛깔을 띠고 계곡 간의 난과 같은 청향이 나고 비타민C를 풍부하게 함유하고 있다.

'칠포유여향'이라 하여 7포를 우려 마셔도 맛과 향이 좋은 차이다.

● 철관음 우림법(10명 기준)

1. 2L의 우림 포트에 철관음 10g을 넣는다.
2. 끓인 물로 빠르게 세차를 한다.
3. 95℃의 물 1.2L를 부어 3분간 우린다.
4. 250~300ml 나눔 포트 4개에 농도를 맞춰 나누어 낸다.
5. 찻잔에 따라서 차의 색·향·미를 음미하며 마신다.

* 문향배를 사용하면 철관음의 진한 향미를 더욱 느낄 수 있다.

두 번째 차: 자스민 오룡차

자스민꽃과 오룡차의 블렌딩으로 차와 꽃이 가지는 유익한 성분의 상승작용이 있는 차이다.

향에 민감한 사람은 차의 양과 우림 시간을 개인 취향에 맞게 조절해서 마시면 좋은 효과를 볼 수 있다.

● 자스민 오룡차 우림법(10명 기준)

1. 2L의 우림 포트에 자스민 오룡차 10g을 넣는다.
2. 70~80℃의 물 1.2L 부어 3분간 우린다.
3. 250~300ml 나눔 포트 4개에 농도를 맞춰 나누어 낸다.
4. 찻잔에 따라서 차의 색·향·미를 음미하며 마신다.

3-04 차(茶)와 함께하는 공감소통

4차시 도형아~ 놀자!

학습 목표
1. 꽃차와 공예차를 통해 오감을 깨운다.
2. 도형카드를 활용한 인지능력을 향상한다.

차(茶)
1. 구절초 꽃차
2. 자스민 꽃차

활동 음식 카드 활동

단계	내용	시간
도입	■ 인사 나누기 "우리 모두 다 함께 인사해! 시상시상!" '불아불아'가 귀한 존재였다면 '시상시상'은 '몸을 앞, 뒤로 끄덕이며 몸을 귀히 여겨 함부로 하지 말라'라는 뜻이다. – 다 함께 우리의 귀한 몸을 흔들며 '시상시상'으로 소통 인사 나눈다. ■ 차 소개 – 첫 번째 차: 구절초 꽃차 – 두 번째 차: 공예차 ■ 차 우림을 준비 및 찻잔 데우기	20′
전개	■ 첫 번째 차 – 구절초 꽃차 – 구절초 꽃차를 우리며 차의 특징을 설명한다. – 차를 나누고 8단계 실천으로 다 함께 음미한다. ■ 이야기 나누기 – 마음을 열어 미소 띤 얼굴로 옆 사람과 차의 색·향·미 이야기를 나눈다. ■ 첫 번째 차 2포 우려 마시기 – 오늘의 활동을 소개한다.	20′
전개	■ 활동하기 – 도형카드 활동 ① 도형카드 60장을 준비한다. (4~5명 진행) ② 진행자가 도형카드를 잘 섞은 후에 오른쪽 사람부터 카드를 한 장씩 나눠 준다. (5장씩) ③ 나머지 카드는 중앙에 놓는다. ④ 각자 받은 카드를 확인하고 도형 5개(☆○♡□△) 또는 2개 3개(☆☆○○○ / □□□♡♡ / △△△○○ 등)를 만들 것인지 정한다. ⑤ 진행자부터 중앙의 카드 한 장을 가지고 와서 만들고 필요 없는 카드 한 장은 내려놓는다. ⑥ 정해진 카드가 완성된 사람은 보이지 않게 내려놓고 만세를 부른다. ⑦ 가장 먼저 만세를 부른 사람이 카드를 정리하고 다음 진행자가 된다.	30′

전개	■ 두 번째 차 – 공예차 – 차 우림 준비와 찻잔을 헹군다. – 자스민 오룡차를 우리며 특징을 설명한다. – 차의 색·향·미를 표현해본다. ■ 두 번째 차 2포 우려 마시기 – 차와 함께 소통 하자(1박/2박/4박/8박자 박수)	30′
마무리	■ 활동 소감 나누기 ■ 마음체조 ■ 마무리 인사 후 정리	20′
준비물	차, 다구 세트, 도형카드	

첫 번째 차: 구절초 꽃차

구절초꽃은 9월부터 개화하는 국화과의 약성이 높은 꽃이다. 우리나라에는 야생으로 산에서 자생하고 약재용으로 재배도 한다.

치풍과 부인병 그리고 위장질환에 도움을 준다고 알려져 있다.

● 구절초 꽃차 우림법(10명 기준)

1. 2L의 우림 포트에 구절초 꽃잎을 5송이 넣는다.
2. 95℃의 물 1.2L를 부어 3분간 우린다.
3. 꽃이 활짝 피어나는 것을 눈으로 감상한다.
4. 250~300ml 나눔 포트 4개에 농도를 맞춰 나누어 낸다.
5. 찻잔에 따라 차의 색·향·미를 음미하며 마신다.

두 번째 차: 공예차(工藝茶)

공예차는 한 잎 한 잎 수작업으로 야생 녹차 속에 천연 꽃을 넣어 작고 둥근 종 모양으로 건조 발효시켜 보고 즐길 수 있는 예술작품이다.

차 맛도 좋고 차를 우리는 동안 피어나는 모습을 즐길 수 있는 차이다.

● **공예차(工藝茶) 우림법(10명 기준)**

1. 2L의 우림 포트에 끓인 물 200ml를 붓는다.
2. 공예차 한 개를 차 집게로 살포시 넣는다.
3. 꽃이 중간 정도 피었을 때 95℃의 물 1L를 우림 포트 벽면을 타고 흐르게 붓고 3분간 우린다.
4. 꽃이 다 피어나면 250~300ml 나눔 포트 4개에 농도를 맞춰 나누어 담아낸다.
5. 찻잔에 따라서 차의 색·향·미를 음미하며 마신다.

활동 사진-도형카드

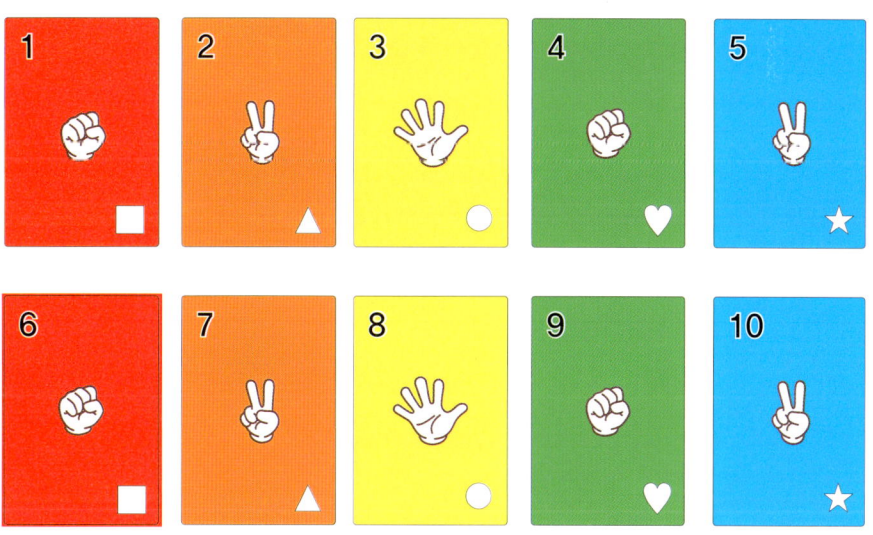

3-05 차(茶)와 함께하는 공감소통

5차시 소통단어 빙고

학습목표
1. 소청감 핸드드립 우림법과 소청감과 국화차를 블렌딩한다.
2. 소통단어 빙고 활동을 통해 언어능력을 높인다.

차(茶)
1. 소청감
2. 국화차

활동 소통단어 빙고 활동

단계	내용	시간
도입	■ 인사 나누기 "우리 모두 다 함께 인사해! 잼잼(지암지암)!" '지암지암' 가질 '지'(持)에 닫힌 문 '암'(闇)이란 뜻으로 손을 쥐었다 폈다 하면서 쥘 줄 알았으면 놓을 줄도 알라는 뜻을 담고 있다. – 진행자가 '잘해 보자'라고 하면 큰소리로 '지암지암' 하고 외친다. ■ 차 소개 – 첫 번째 차: 소청감 – 두 번째 차: 국화차 ■ 차 우림을 준비 및 찻잔 데우기	20′
전개	■ 첫 번째 차 – 소청감 – 소청감을 우리며 차의 특징을 설명한다. – 차를 나누고 8단계 실천으로 다 함께 음미한다. ■ 이야기 나누기 – 마음을 열어 미소 띤 얼굴로 옆 사람과 차의 색·향·미 이야기를 나눈다. ■ 첫 번째 차 2포 우려 마시기 – 오늘의 활동을 소개한다.	20′
전개	■ 활동하기 – 빙고 활동 ① 빙고 활동지를 나눠 준다. (뒷면 참조) ② 1줄 빙고부터 시작해서 5줄 빙고까지 할 수 있다. ③ 소통단어를 제시해주고 빙고 용지에 각자 쓰도록 한다. 　예) 소통, 공감, 대화, 차 마시기, 영화 보기, 여행, 동기부여 등 ④ 진행자가 먼저 빙고단어를 1~2개 부른다. ⑤ 빙고단어 부를 수 있는 기회를 모두에게 한 번씩 준다. ⑥ 가장 먼저 1줄 빙고가 나온 사람은 '빙고'를 외친다. ⑦ 빙고가 완성될 때마다 '몇 줄 빙고'라고 외친다.	30′

전개	⑧ 소통단어 중 한 단어를 선택하고 그 단어에 관한 의미를 간단하게 발표한다. ■ 두 번째 차 – 공예차 – 차 우림 준비와 찻잔을 헹군다. – 자스민 오룡차를 우리며 특징을 설명한다. – 차의 색·향·미를 표현해본다. ■ 두 번째 차 2포 우려 마시기 – 차와 함께 소통하자(1박/2박/4박/8박자 박수)	30′
마무리	■ 활동 소감 나누기 ■ 마음체조 ■ 마무리 인사 후 정리	20′
준비물	차, 다구 세트, 빙고판(부록 활동지 참조), 볼펜	

 첫 번째 차: 소청감(小靑柑)

소청감(小靑柑)은 아주 작은 청귤의 속을 파내고 자연 건조하여 진피를 만든 후 그 안에 운남 보이차를 넣은 후 홍배 숙성시켜서 만든다.

상큼한 귤 향기에 구수한 숙차(熟茶)의 향과 색이 어우러져 맛이 좋은 차다.

혜경궁 홍씨가 즐겨 마셨다는 차로 알려져 있다.

● 소청감 우림법(10명 기준)

1. 소청감 1개를 티 거름망 위에 올리고 끓인 물로 세차한다.
2. 2L의 우림 포트 위에 소청감을 올려놓고 95℃의 물 1.2L를 핸드드립으로 우린다.
3. 250~300ml 나눔 포트 4개에 농도를 맞춰 나누어 담아낸다.
6. 찻잔에 따라서 차의 색·향·미를 음미하며 마신다.

* 소청감을 물에 넣고 끓여서 마실 수도 있다.

두 번째 차: 국화차

국화차는 풍부한 비타민과 원활한 혈류작용으로 몸의 긴장을 풀어주는 데 도움을 준다고 한다.

– 소청감 + 국화차 블렌딩

소청감과 국화차를 함께 우리면 맛과 몸에 좋은 기능이 상승 작용한다.

● 소청감 + 국화 블렌딩 차 우림법(10명 기준)

1. 소청감 1개를 차 거름망 위에 올리고 끓인 물로 씻어 낸다.
2. 2L의 우림 포트에 국화꽃 한 송이를 넣고 95℃의 물 200ml를 붓는다.
3. 거름망 위의 소청감을 유리 포트 위에 올려놓는다.
4. 95℃의 물 1L로 핸드드립으로 우린다.
5. 250~300ml 나눔 포트 4개에 농도를 맞춰 나누어 담아낸다.
6. 찻잔에 따라서 차의 색·향·미를 음미하며 마신다.

3-06 차(茶)와 함께하는 공감소통

6차시 고민 인터뷰

학습 목표
1. 다즐링 차와 허브차의 특징을 안다.
2. 가벼운 고민 인터뷰 활동 후 격려 카드로 소통한다.

차(茶)
1. 다즐링 차
2. 페퍼민트 차

활동 고민 인터뷰, 격려 카드

단계	내용	시간
도입	■ 인사 나누기 　"우리 모두 다 함께 인사해! 어비어비!" 　'어비어비'는 이치에 맞지 않는 행동을 할 때 나오는 말이다. 　– 누군가 부정적인 말이나 행동을 할 때면 '어비어비'라고 소통 인사를 한다. ■ 차 소개 　– 첫 번째 차: 다즐링 차 　– 두 번째 차: 페퍼민트 차 ■ 차 우림을 준비 및 찻잔 데우기	20′
전개	■ 첫 번째 차 – 다즐링 차 　– 다즐링 차를 우리며 차의 특징을 설명한다. 　– 차를 나누고 8단계 실천으로 다 함께 음미한다. ■ 이야기 나누기 　– 마음을 열어 미소 띤 얼굴로 옆 사람과 차의 색·향·미 이야기를 나눈다. ■ 첫 번째 차 2포 우려 마시기 　– 오늘의 활동을 소개한다.	20′
	■ 활동하기 – 고민 인터뷰, 격려 카드 활동 ① 진행자가 고민 인터뷰 질문지(6차시 활동지)를 한 장씩 나눠준다. ② 두 사람씩 짝을 이루고 인터뷰 순서를 정해서 진행한다. ③ 전체 인터뷰를 마치면 짝의 고민을 발표한다. ④ 고민 발표 후 진행자는 격려 카드를 중앙에 펼쳐놓는다. ⑤ 각자 짝꿍에게 해 주고 싶은 카드를 선택하고 진심을 담아 격려해 준다. ⑥ 모두가 끝난 것을 확인한 후에 다 같이 손을 잡게 한다. ⑦ 우리 모두 힘을 내자는 의미로 '화이팅!'을 외친다.	30′

전개	■ 두 번째 차 – 페퍼민트 차 – 차 우림 준비와 찻잔을 헹군다. – 페퍼민트 차를 우리며 특징을 설명한다. – 차의 색·향·미를 표현해본다. ■ 두 번째 차 2포 우려 마시기 – 차와 함께 소통하자(1박/2박/4박/8박자 박수)	30′
마무리	■ 활동 소감 나누기 ■ 마음체조 ■ 마무리 인사 후 정리	20′
준비물	차, 다구 세트, 고민 인터뷰(부록 활동지 참조), 격려 카드	

☕ 첫 번째 차: 다즐링(Darjeeling)

다즐링(Darjeeling)은 '홍차의 샴페인'이라 불리며 세계 3대 홍차 중의 하나이다.

인도 북동부 히말라야산맥 지대의 다르질링 마을 일대에서 생산되며 가볍고 섬세한 맛과 머스켓 향이 특징이다.

발효 정도가 심하지 않아 맛과 향이 진한 녹차 같은 느낌이 나며 수확 시기에 따라 맛과 향에 차이가 있다.

● 다즐링 차 우림법(10명 기준)

1. 2L의 우림 포트에 다즐링 차 10g을 넣는다.
2. 95℃의 물 1.2L를 붓고 3분간 우린다.
3. 250~300ml 나눔 포트 4개에 농도를 맞춰 나누어 담아낸다.
4. 찻잔에 따라서 차의 색·향·미를 음미하며 마신다.

두 번째 차: 페퍼민트 차

페퍼민트는 워터민트와 스피아민트 사이의 천연 잡종인 허브다. 중동 지역에서는 손님을 환영의 의미로 페퍼민트 차를 대접한다고 한다.

페퍼민트에 함유된 멘솔과 플라보노이드 등의 성분들이 주는 청량감은 물론 상쾌함과 특유의 향으로 정신이 맑아지고 집중력 강화에 도움을 줄 수 있는 차이다.

● **페퍼민트 차 우림법(10명 기준)**

1. 2L의 우림 포트에 마른 페퍼민트 8g을 넣는다.
2. 95℃의 물 1.2L를 붓고 2분간 우린다.
3. 250~300ml 나눔 포트 4개에 농도를 맞춰 나누어 담아낸다.
4. 찻잔에 따라서 차의 색·향·미를 음미하며 마신다.

활동 사진-격려 카드

3-07 차(茶)와 함께하는 공감소통

7차시 소통 가위바위보

학습 목표
1. 싱가포르와 한국의 블렌딩 차의 특징을 안다.
2. 가위바위보 전달게임을 통해 친밀감을 형성한다.

차(茶)
1. 쟈댕 방돔 티
2. 비의 사색

활동 가위바위보 전달게임

단계	내용	시간
도입	■ **인사 나누기** "우리 모두 다 함께 인사해! 곤지곤지!" '곤지곤지'는 땅 곤(坤) 자에 땅 지(地)이다. 땅을 잘 가꾸어 덕을 쌓으라는 의미를 담고 있다. – 우리의 소중한 땅을 잘 가꾸자는 의미로 '곤지곤지' 소통 인사를 한다. ■ **차 소개** – 첫 번째 차: 쟈댕 방돔 티 – 두 번째 차: 비의 사색 ■ **차 우림을 준비 및 찻잔 데우기**	20′
전개	■ **첫 번째 차 – 쟈댕 방돔 티** – 쟈댕 방돔 티를 우리며 차의 특징을 설명한다. – 차를 나누고 8단계 실천으로 다 함께 음미한다. ■ **이야기 나누기** – 마음을 열어 미소 띤 얼굴로 옆 사람과 차의 색·향·미 이야기를 나눈다. ■ **첫 번째 차 2포 우려 마시기** – 오늘의 활동을 소개한다.	20′
	■ **활동하기 – 가위바위보 전달게임 활동** ① 주먹 = 숫자 – 1 / 가위 = 숫자 – 2 / 보 = 숫자 – 30 이라고 설명해 준다. ② 다 같이 손을 잡고 진행자가 옆 사람의 손을 2번 꽉 잡고 끝 사람까지 전달한다. ③ 하나둘셋 하면 동시에 가위를 낸다. (2회 정도 연습한다) ④ 학습자 전원이 이해한 것을 확인하고 팀을 나눠서 진행한다. ⑤ 팀의 리더를 정한 후에 연습한 대로 진행한다. ⑥ 소통이 잘 된 팀은 칭찬해 주고 잘 안된 팀은 다시 한번 도전한다.	30′

전개	■ 두 번째 차 – 비의 사색
	  – 차 우림 준비와 찻잔을 헹군다.
	  – 아크바 골드 실론 차를 우리며 특징을 설명한다.
	  – 차의 색·향·미를 표현해본다.
	■ 두 번째 차 2포 우려 마시기
	  – 차와 함께 소통하자(1박/2박/4박/8박자 박수)
		30′

마무리	■ 활동 소감 나누기 ■ 마음체조 ■ 마무리 인사 후 정리	20′
준비물	차, 다구 세트	

첫 번째 차: 쟈댕 방돔 티

쟈댕 방돔은 싱가포르에서 생산되는 블렌딩 차로서 녹차에 작고 예쁜 야생화, 그리고 카모마일과 귤피가 어우러져서 상쾌하고 싱그러운 향과 밀키하면서도 새콤한 과일 맛이 특별한 블렌딩 티이다.

● 쟈댕 방돔 티 우림법(10명 기준)

1. 2L의 우림 포트에 쟈댕 방돔 티 8g을 넣는다.
2. 85℃의 물 1.2L를 붓고 3분간 우린다.
3. 250~300ml 나눔 포트 4개에 농도를 맞춰 나누어 담아낸다.
4. 찻잔에 따라서 차의 색·향·미를 음미하며 마신다.

* TWG 쟈댕 방돔 티를 사용하였다.

두 번째 차: 비의 사색(제주 블렌딩 차)

비의 사색은 제주의 홍차, 후발효차, 구아바 잎, 시트러스 허브향을 가향, 라벤더 잎, 레몬머틀 잎을 첨가한 차다.

제주 자연을 품고 자란 유기농 찻잎은 한국적인 발효를 통해 그윽하면서도, 은은한 향이 특별하다.

● 비의 사색 우림법(10명 기준)

1. 2L의 우림 포트에 비의 사색 4g의 티백 4개를 넣는다.
2. 95℃의 물 1.2L를 붓고 2분간 우린다.
3. 250~300ml 나눔 포트 4개에 농도를 맞춰 나누어 담아낸다.
4. 찻잔에 따라서 차의 색·향·미를 음미하며 마신다.

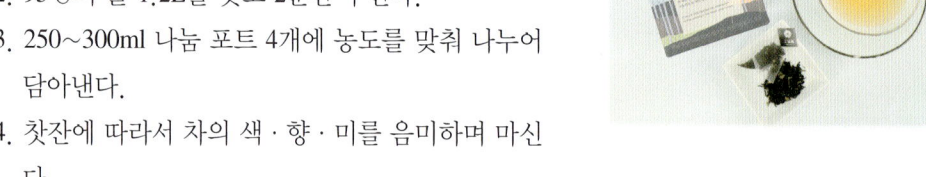

* 오설록 비의 사색을 사용하였다.

활동 사진-가위바위보 카드

3-08 차(茶)와 함께하는 공감소통

8차시 나에게 이런 일이 생긴다면?

학습 목표
1. 가향 홍차와 과일 블렌딩 차를 안다.
2. '만약에' 스토리텔링 활동으로 상상력과 공감 능력을 향상한다.

차(茶)
1. 브렉퍼스트(Breakfast) 티
2. 망고 & 파인애플 블렌딩 티

활동 '만약에' 카드 활동

단계	내용	시간
도입	■ 인사 나누기 　"우리 모두 다 함께 인사해! 섬마섬마!" 　'섬마섬마'는 의존하지 말고 '스스로 일어나 굳건히 살아가라'라는 뜻을 가지고 있다. 　- 진행자가 '잘살아 보자.'라고 하면 다 같이 '섬마섬마'를 한다. ■ 차 소개 　- 첫 번째 차: 브렉퍼스트(Breakfast) 티 　- 두 번째 차: 망고 & 파인애플 블렌딩 티 ■ 차 우림을 준비 및 찻잔 데우기	20′
전개	■ 첫 번째 차 – 브렉퍼스트 티 　- 브렉퍼스트 티를 우리며 차의 특징을 설명한다. 　- 차를 나누고 8단계 실천으로 다 함께 음미한다. ■ 이야기 나누기 　- 마음을 열어 미소 띤 얼굴로 옆 사람과 차의 색·향·미 이야기를 나눈다. ■ 첫 번째 차 2포 우려 마시기 　- 오늘의 활동을 소개한다.	20′
	■ 활동하기 – 만약에 카드 활동 　① 뒤집어 놓은 만약에 카드를 한 장 선택한다. 　② 선택한 카드의 내용을 이야기한다. 　　예) 만약에 나에게 날 수 있는 능력이 생긴다면? 　　　- 나는 세계 곳곳을 다니며 여행하고 싶다. 　③ 한 사람이 발표할 때마다 '아~ 그렇구나'로 공감해준다. ■ 두 번째 차 – 비의 사색 　- 차 우림 준비와 찻잔을 헹군다.	30′

전개	– 망고 & 파인애플 가향차를 우리며 특징을 설명한다. – 차의 색·향·미를 표현해본다. ■ 두 번째 차 2포 우려 마시기 – 차와 함께 소통하자(1박/2박/4박/8박자 박수)	30′
마무리	■ 활동 소감 나누기 ■ 마음체조 ■ 마무리 인사 후 정리	20′
준비물	차, 다구 세트, 만약에 카드	

첫 번째 차: 브렉퍼스트(Breakfast) 티

브렉퍼스트티는 풍부한 바디감이 느껴지는 중국 운남 홍차에 천연 베르가모트 가향 홍차다. 시트러스한 향이 상큼하게 코를 자극하면서 베르가모트 향과 훈연의 향이 묵직하게 느껴지는 홍차이다.

● 브렉퍼스트 티 우림법(10명 기준)

1. 2L의 우림 티포트에 브렉퍼스트 티 8g을 넣는다.
2. 95℃의 물 1.2L를 붓고 3분 정도 우린다.
3. 250~300ml 나눔 포트 4개에 농도를 맞춰 나누어 낸다.
4. 찻잔에 따라서 차의 색·향·미를 음미하며 마신다.

* T2 시드니 브렉퍼스트 티를 사용하였다.

두 번째 차: 망고 파인애플 티

스리랑카산 실론티에 열대과일인 망고와 파인애플을 품은 과일 홍차이다.

따뜻하게 우려진 차를 얼음이 담긴 컵에 따라서 시럽을 더해 아이스티로 즐기기에도 좋다.

● 망고 파인애플 티 우림법(10명 기준)

1. 2L의 우림 티포트에 망고 파인애플 티백 4개를 넣는다.
2. 95℃의 물 1.2L를 붓고 3분 정도 우린다.
3. 250~300ml 나눔 포트 4개에 농도를 맞춰 나누어 낸다.
4. 찻잔에 따라서 차의 색·향·미를 음미하며 마신다.

* 베질루르 망고 파인애플 티를 사용하였다.

활동 사진-만약에 카드

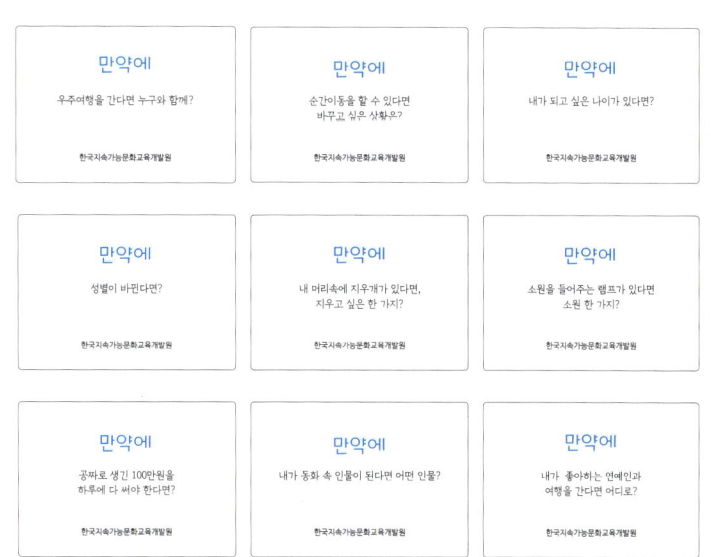

3-09 차(茶)와 함께하는 공감소통

9차시 긍정 언어를 찾아라!

학습 목표
1. 우리나라 발효차와 한방차의 특징을 안다.
2. 색한지 활동을 통해 부정적인 감정을 해소한다.

차(茶)
1. 하동 발효차(홍잭살)
2. 백도라지차

활동 부정 감정 단어 버리기(색한지 활동)

단계	내용	시간
도입	■ 인사 나누기 "우리 모두 다 함께 인사해! 질라라비 훨훨!" '질라라비 훨훨'은 양팔을 벌려 '춤을 추듯 즐겁게 살아라'라는 뜻을 가지고 있다. 다 같이 양팔을 펼쳐서 흔들며 '질라라비 훨훨'을 외치며 춤을 춘다. ■ 차 소개 – 첫 번째 차: 하동 발효차 – 두 번째 차: 백도라지차 ■ 차 우림을 준비 및 찻잔 데우기	20′
전개	■ 첫 번째 차 – 하동 발효차 – 하동 발효차를 우리며 차의 특징을 설명한다. – 차를 나누고 8단계 실천으로 다 함께 음미한다. ■ 이야기 나누기 – 마음을 열어 미소 띤 얼굴로 옆 사람과 차의 색·향·미 이야기를 나눈다. ■ 첫 번째 차 2포 우려 마시기 – 오늘의 활동을 소개한다.	20′
전개	■ 활동하기 – 언어 활동(색 한지 활동) 부정 언어 버리기 ① 내가 좋아하는 색 한지와 색연필을 고른다. ② 내가 아는 부정 단어를 색 습자지에 쓴다. ③ 자신이 쓴 부정 단어를 크게 말하며 색 습자지 찢기를 한다. ④ 찢은 색 한지를 꼭꼭 뭉쳐서 고무줄로 묶어 공을 만든다. ⑤ 부정 감정 단어를 외치며 공을 던져 쓰레기통에 버리기 농구를 한다. ⑥ 활동 후 소감을 나누어 본다. ■ 두 번째 차 – 백도라지차 – 차 우림 준비와 찻잔을 헹군다.	30′

전개	– 백도라지차를 우리며 특징을 설명한다. – 차의 색·향·미를 표현해본다. ■ **두 번째 차 2포 우려 마시기** – 차와 함께 소통하자(1박/2박/4박/8박자 박수)	30′
마무리	■ **활동 소감 나누기** ■ **마음체조** ■ **마무리 인사 후 정리**	20′
준비물	차, 다구 세트, 색한지, 색연필, 고무밴드	

첫 번째 차: 하동 발효차

하동 발효차는 하동에서 생산되는 한국의 전통 홍차이다.

대엽종의 일반적인 홍차와 달릴 소엽종의 찻잎으로 만들기 때문에 쓴맛이 덜한 것이 특징이다.

발효과정을 거쳐 만든 홍차는 따뜻한 성질을 지니고 있어서 예부터 감기에 걸리거나 소화가 안 될 때 끓여서 마셨다.

● 하동 발효차 우림법(10명 기준)

1. 2L의 우림 포트에 하동 발효차 8g을 넣는다.
2. 95℃의 물 1.2L를 붓고 3분 동안 우린다.
3. 250~300ml 나눔 포트 4개에 농도를 맞춰 나누어 낸다.
4. 찻잔에 따라서 차의 색·향·미를 음미하며 마신다.

* 홍잭살 차를 사용하였다.

두 번째 차: 백도라지차

도라지는 초롱꽃과에 속하는 여러해살이풀이다.
뿌리는 풍부한 섬유질과 칼슘, 철분 등이 함유되어 있고 민간 약재로도 쓰인다.
뿌리를 생으로도 말린 것으로도 좋은 효과를 낸다.

● 백도라지차 우림법(10명 기준)

1. 2L의 우림 포트에 건 백도라지 10g을 넣고 끓인 물로 세차한다.
3. 95℃의 물 1.2L를 붓고 10분 동안 우린다.
4. 250~300ml 나눔 포트 4개에 농도를 맞춰 나누어 낸다.
5. 찻잔에 따라서 차의 색·향·미를 음미하며 마신다.

3-10 차(茶)와 함께하는 공감소통

10차시 나는 어디에 있는가?

학습 목표
1. 식품과 식용 꽃 재료들의 기능에 대해 안다
2. 색한지 활동을 통해 부정 감정을 해소한다.

차(茶)
1. 팔보차
2. 장미 코디얼 차

활동 나는 어디에 있는가(나의 역할 찾기)

단계	내용	시간
도입	■ 인사 나누기 "우리 모두 다 함께 인사해! 짝짜꿍!" 조화롭고 신날 때 치는 것이 짝짜꿍이다. 음양의 조화, 남녀의 조화, 하늘과 땅의 조화, 불과 물의 조화이다. – 진행자가 '짝짜꿍'하면 손뼉을 3번 치며 '신난다'라고 외친다. ■ 차 소개 – 첫 번째 차: 팔보차 – 두 번째 차: 장미 코디얼 차 ■ 차 우림을 준비 및 찻잔 데우기	20′
전개	■ 첫 번째 차 – 팔보차 – 팔보차를 우리며 차의 특징을 설명한다. – 차를 나누고 8단계 실천으로 다 함께 음미한다. ■ 이야기 나누기 – 마음을 열어 미소 띤 얼굴로 옆 사람과 차의 색·향·미 이야기를 나눈다. ■ 첫 번째 차 2포 우려 마시기 – 오늘의 활동을 소개한다.	20′
전개	■ 활동하기 – 나는 누구인가? 활동 ① 활동지 한 장씩을 필기구와 함께 나누어 갖고 각자의 이름을 쓴다. ② 자신이 가지고 있는 역할을 순위대로 쓴다. ③ 한 사람씩 자신의 가지고 있는 역할이 몇 가지 인지, 어떤 역할을 할 때 행복한지 발표한다. (예: 나는 엄마 역할을 했을 때 가장 행복하다. 등) ④ 발표가 끝나면 다 같이 '아~ 그렇구나!'로 공감해 준다. ⑤ 모두의 발표가 끝나면 진행자는 '그 역할을 감당하는 여러분 정말 멋집니다.'라고 긍정의 말로 마무리한다.	30′

전개	■ 두 번째 차 – 장미 코디얼 차 – 차 우림 준비와 찻잔을 헹군다. – 장미 코디얼 차를 우리며 특징을 설명한다. – 차의 색·향·미를 표현해본다. ■ 두 번째 차 2포 우려 마시기 – 차와 함께 소통하자(1박/2박/4박/8박자 박수)	30′
마무리	■ 활동 소감 나누기 ■ 마음체조 ■ 마무리 인사 후 정리	20′
준비물	차, 다구 세트, 나는 누구인가?(부록 활동지 참조)	

 첫 번째 차: 팔보차

팔보차는 여덟 가지(대추, 진피, 용안육, 산사, 구기자, 녹차, 빙당, 국화) 보배로운 재료를 블렌딩한 차이다.

차 재료 각각이 가지고 있는 좋은 성분들이 블렌딩 되어 효능이 극대화된 차이다.

● 팔보차 우림법(1명 기준)

1. 1인 개완에 팔보차 재료를 넣는다.
2. 95℃의 물을 가득 담고 2분 정도 우린다.
3. 개완 뚜껑을 조금 열고 마신다.
4. 3번 정도 우려 마실 수 있다.

두 번째 차: 장미 코디얼 차

장미과 장미 속에 속하는 관목의 총칭인 장미를 사용한 차이다.

장미 자체의 아름다움과 향 그리고 좋은 영양성분이 함유되어 있어서 체내에 유익한 건강효능이 있다.

장미를 코디얼 한 차는 맛과 향이 배가 된다.

● 장미 코디얼 차 우림법(10명 기준)

1. 2L의 우림 포트에 장미 코디얼 30ml를 넣는다.
2. 95℃의 물 1L를 붓고 차 수저로 저어 희석한다.
3. 250~300ml 나눔 포트 4개에 농도를 맞춰 나누어 낸다.
4. 찻잔에 따라서 차의 색·향·미를 음미하며 마신다.

4장

차(茶)와 함께하는 긍정리더십

한국지속가능문화교육개발원 | Korea Sustainable Culture Education Center

Tea Therapy

1) 마음의 힘을 키워요
2) 괜찮아요 토닥토닥
3) 장점을 찾아서 팽이 놀이
4) 알록달록 색깔놀이
5) 빙고를 외쳐라! 리더 빙고 게임
6) 사랑한다 말해요
7) 어디까지 왔니? 스무고개
8) 만약에 말이야
9) 알쏭달쏭 초성 게임
10) 쉿! 비밀이야 암호 게임

4장 차(茶)와 함께하는 긍정리더십

4-01 차(茶)와 함께하는 긍정리더십

1차시	마음의 힘을 키워요! 긍정 리더십
학습 목표	1. 백차의 특징과 베르가모트 오일을 블렌딩 차를 음미하고 이야기 나눈다. 2. 별칭을 정하고 나의 장점을 찾을 수 있다.
차(茶)	1. 복정백차 2. 베르가모트 오일 블렌딩
활동	별칭 정하기, 장점 찾기

단계	내용	시간
도입	■ 인사 나누기 – 카네기 긍정 리더십 　우리 모두 다 같이 인사해~ 긍정 　카네기의 리더십에서 가장 먼저 실천되어야 하는 것은 긍정적인 마음가짐입니다. 오늘부터 우리 모두 항상 '잘될 거야', '할 수 있어'하는 마음을 갖도록 합니다. 늘 긍정적인 마음 잊지 마시고 오늘은 '긍정'하고 인사 나눕니다. 　우리 모두 다 같이 인사해~ 긍정 ■ 차 소개 　– 첫 번째 차: 복정백차 　– 두 번째 차: 복정백차 + 베르가모트 오일 브랜딩 ■ 차 우림 준비 및 찻잔 데우기	20′
전개	■ 첫 번째 차 – 복정백차 　– 복정백차를 우리며 차의 특징을 설명한다. 　– 차를 나누고 차 8단계 실천으로 다 함께 음미한다. 　　① 눈에 담는다 ② 코를 간지럽힌다 ③ 입술을 적신다 　　④ 입안 가득 머금는다 ⑤ 목에 길을 내준다 　　⑥ 배를 따뜻하게 해준다 ⑦ 뇌를 깨운다 ⑧ 마음을 열어 준다 ■ 이야기 나누기 　– 마음을 열고 미소 띤 얼굴로 차의 색·향·미 이야기를 나눈다. ■ 첫 번째 차 2포 우려 마시기 　– 오늘의 활동을 소개한다.	20′

전개	■ 활동하기 – 리더 별칭 정하기와 장점 찾기
	  ① 각자가 좋아하는 리더를 말하고 나의 별칭 정한다.
	  ② 별칭을 이야기하고 나의 장점을 발표한다.
	  ③ 발표자를 향해 긍정적 공감을 해 준다.
	     (예: '저는 이순신 장군을 굉장히 좋아합니다. 오늘은 이순신으로 불러주세요. 저는 생각을 실천으로 옮기는 행동력이 굉장히 좋습니다.'라고 발표가 끝나면 다 같이 '와! 그렇군요', '최고예요' 등 엄지를 들며 호응해 준다.
	■ 두 번째 차 – 복정백차 + 베르가모트 오일 블렌딩
	  – 두 번째 차 준비와 찻잔을 헹군다.
	  – 복정백차 + 베르가모트 오일 블렌딩을 우리며 차의 특징을 설명한다.
	  – 차를 나누고 8단계 실천으로 다 함께 음미한다.
	  – 차의 색·향·미를 표현해본다.
	■ 두 번째 차 2포 우려 마시기
	  – 차와 함께 긍정 마음(1박/2박/4박/8박자 박수)
		30′

마무리	■ 활동 소감 나누기 ■ 마음 체조 ■ 마무리 인사 후 정리	20′
준비물	차, 다구	

첫 번째 차: 복정백차

백차는 찻잎을 건조한 후 최소한의 가공만 거치기 때문에 찻잎 본연의 색·향·미를 가장 잘 느낄 수 있는 차이다. 찻잎은 은색의 광택이 있고 향이 맑고 맛이 산뜻하며 여름철에 열을 내려주는 작용이 강하여 한약재로도 많이 사용되고 있다.

● 복정백차 우림법(10명 기준)

1. 2L의 우림 포트에 복정백차 5g을 넣는다.
2. 85~90℃의 물 1.2L로 3분간 우린다.
3. 250~300ml 나눔 포트 4개에 농도를 맞추어 담아낸다.

* 스월링(swirling) 기법으로 우림 시 빠르게 차를 우릴 수 있다.

두 번째 차: 복정백차 + 베르가모트 오일

베르가모트는 비터 오렌지와 레몬의 자연 교잡을 통해 생겨났다. 과실의 크기는 오렌지만 하고 배 모양과 노란색을 띤다. 과일 껍질을 추출하여 사용하며 상쾌하고 시원하며 감미로운 향이 난다. 불안, 우울, 의기소침한 마음을 밝게 해주며 뛰어난 살균 효과를 보인다.

● 복정백차 + 베르가모트 오일차 우림법(10명 기준)

1. 2L의 우림 포트에 복정백차 5g을 넣는다.
2. 85~90℃의 물 1.2L를 부어 3분간 우린다.
3. 다 우려낸 찻물에 베르가모트 오일 4~5방울을 넣는다.
4. 250~300ml 나눔 포트 4개에 농도를 맞추어 담아낸다.

4-02 차(茶)와 함께하는 긍정리더십

2차시	괜찮아요, 토닥토닥

학습 목표	1. 녹차와 스피아민트 그린티를 음미하고 이야기 나눈다. 2. 격려 카드를 활용하여 나와 상대방을 격려할 수 있다.

차(茶)	1. 제주녹차 2. 스피아민트 그린티	활동	격려해 주기

단계	내용	시간
도입	■ 인사 나누기 – 내가 먼저 미소 짓자 　우리 모두 다 같이 인사해~ 긍정 　카네기의 긍정 리더십 첫 번째 단계는 '내가 먼저 미소 짓자'입니다. 　우리나라 속담에 '웃으면 복이 와요'라는 말이 있듯이 속상하고 짜증 나는 　일이 있어도 내가 먼저 미소 짓는다면 오늘 하루도 행복할 겁니다. 　우리 모두 다 같이 인사해~ 미소 ■ 차 소개 　– 첫 번째 차: 오설록 제주 순수 녹차 　– 두 번째 차: 쿠스미 스피아민트 그린티 ■ 차 우림 준비 및 찻잔 데우기	20′
전개	■ 첫 번째 차 – 제주 순수 녹차 　– 제주 순수 녹차를 우리며 차의 특징을 설명한다. 　– 차를 나누고 차 8단계 실천으로 다 함께 음미한다. ■ 이야기 나누기 　– 마음을 열고 미소 띤 얼굴로 차의 색·향·미 이야기를 나눈다. ■ 첫 번째 차 2포 우려 마시기 　– 오늘의 활동을 소개한다.	20′
	■ 활동하기 – 카드 활동(격려 카드) 　① 각자가 뽑은 카드를 이야기한다. 　　(예: 내가 받은 카드는 '끝까지 해보는 거야!'입니다. 요즘 건강을 위해 운 　　동을 시작했습니다. 포기하지 않고 계속하고 싶습니다.) 　② 이야기를 듣고 발표자를 향해 격려 카드의 말을 외쳐준다. 　　(예: 모두 함께 '끝까지 해보는 거야!'라고 외친다.) ■ 두 번째 차 – 쿠스미 스피아민트 그린티 　– 두 번째 차 준비와 찻잔을 헹군다.	30′

전개	– 쿠스미 스피아민트 그린티를 우리며 차의 특징을 설명한다. – 차를 나누고 8단계 실천으로 다 함께 음미한다. – 차의 색·향·미를 표현해본다. ■ **두 번째 차 2포 우려 마시기** – 차와 함께 미소 짓기(1박/2박/4박/8박자 박수)	30′
마무리	■ **활동 소감 나누기** ■ **마음 체조** ■ **마무리 인사 후 정리**	20′
준비물	차, 다구, 격려 카드	

☕ 첫 번째 차: 제주 순수 녹차(티백)

제주 하늘 아래 펼쳐진 오설록 유기농 차밭에서 정성껏 키운 차나무의 어린 찻잎으로 만들어, 부드럽고 깔끔한 맛을 즐길 수 있는 본연의 순수 녹차이다.

● 오설록 제주 순수 녹차 우림법(10명 기준)

1. 2L의 우림 포트에 제주 순수 녹차 티백 4개를 넣는다.
2. 70~75℃의 물 1.2L를 부어 3분간 우린다.
3. 250~300ml 나눔 포트 4개에 농도를 맞추어 담아낸다.

* 녹차 우림 시 끓인 물을 2개의 나눔 포트로 4~5회 교반(攪拌)하여 온도를 내려서 우린다.

두 번째 차: 스피아민트 그린티

홀리프(잎의 온전한 형태) 타입의 녹차와 4%의 스피아민트를 블렌딩한 녹차이다.

녹차의 청향이 살짝 나면서도 스피아민트 특유의 시원하고 상쾌한 향이 녹차와 어우러져 부담 없이 마시기에 좋은 차다.

● **쿠스미 스피아민트 그린티 우림법(10명 기준)**

1. 2L의 우림 포트에 스피아민트 그린티 8g을 넣는다.
2. 70~75℃의 물 1.2L를 부어 2분간 우린다.
3. 250~300ml 나눔 포트 4개에 농도를 맞추어 담아낸다.

* 녹차 우림 시 끓인 물을 2개의 나눔 포트로 4~5회로 교반(攪拌)하여 온도를 내려서 우린다.

활동 사진

4-03 차(茶)와 함께하는 긍정리더십

3차시 장점을 찾아서 팽이 놀이

학습 목표
1. 봉황단총과 자스민 녹차를 음미하고 이야기 나눈다.
2. 나만의 도토리 팽이를 꾸미고 나의 장점을 이야기할 수 있다.

차(茶)
1. 봉황단총
2. 자스민 녹차

활동 도토리 팽이 장점 찾기

단계	내용	시간
도입	■ **인사 나누기 – 내가 먼저 인사하자** 　우리 모두 다 같이 인사해~ 긍정 　카네기의 긍정 리더십 두 번째 단계는 '내가 먼저 인사하자'입니다. 누가 먼저 인사할 때까지 기다리는 것이 아니라 내가 먼저 큰 소리로 인사합니다. 　우리 모두 다 같이 인사해~ 인사 ■ **차 소개** 　– 첫 번째 차: 봉황단총 　– 두 번째 차: 자스민 녹차 ■ **차 우림 준비 및 찻잔 데우기**	20′
전개	■ **첫 번째 차 – 봉황단총** 　– 봉황단총을 우리며 차의 특징을 설명한다. 　– 차를 나누고 차 8단계 실천으로 다 함께 음미한다. ■ **이야기 나누기** 　– 마음을 열고 미소 띤 얼굴로 차의 색·향·미 이야기를 나눈다. ■ **첫 번째 차 2포 우려 마시기** 　– 오늘의 활동을 소개한다.	20′
전개	■ **활동하기 – 팽이 놀이와 장점 찾기** ① 나만의 팽이를 꾸며 본다. ② 다양한 방법으로 팽이 돌리기를 연습한다. 　(예: 첫 번째 바닥에 돌리기, 두 번째 손바닥에 돌리기) ③ 둘씩 짝을 지어 팽이를 돌리며 장점을 이야기한다. 　– 팽이를 돌리며 나의 장점 말하기 　(예: 나는 성격도 좋고, 마음도 예쁘고, 음식도 잘해요) 　– 팽이를 돌리며 짝꿍의 장점 말하기 　(예: 나의 짝꿍은 눈도 예쁘고, 말도 예쁘게 하고, 웃는 얼굴도 예뻐요)	30′

전개	■ 두 번째 차 – 자스민 녹차 – 두 번째 차 준비와 찻잔을 헹군다. – 자스민 녹차를 우리며 차의 특징을 설명한다. – 차를 나누고 8단계 실천으로 다 함께 음미한다. – 차의 색·향·미를 표현해본다. ■ 두 번째 차 2포 우려 마시기 – 차와 함께 인사해요(1박/2박/4박/8박자 박수)	30′
마무리	■ 활동 소감 나누기 ■ 마음 체조 ■ 마무리 인사 후 정리	20′
준비물	차, 다구, 도토리 팽이, 매직	

 첫 번째 차: 봉황단총

봉황단총은 달콤한 맛과 매혹적인 향이 나는 광동성 봉황산에서 생산되는 청차(淸差)이다. 봉황단총은 무이차, 철관음과 함께 중국 3대 청차로 유명하다. 청차는 또 다른 말로 우롱차라고도 불리고, 송나라 황제가 마셨다 하여 '송종'이라고 불리기도 했다. 생산량이 적고 비싼 편이다. 찻잎은 약간 붉은 빛이 돌고 가늘다. 또한 그 향이 오래 유지된다.

● **봉황단총 우림법(10명 기준)**

1. 2L의 우림 포트에 봉황 단총 10g을 넣는다.
2. 90~95℃의 물 1.2L를 부어 3분간 우린다.
3. 250~300ml 나눔 포트 4개에 농도를 맞추어 담아낸다.

* 문향배 사용 시 차의 향을 더욱 잘 느낄 수 있다.

두 번째 차: 자스민 녹차

녹차와 자스민을 블렌딩한 차로 중국 여름에 생산된 녹차에 자스민꽃을 겹겹이 더해 자스민의 향긋한 향과 맛을 녹차와 함께 즐길 수 있다. 자스민과 녹차에 모두 카페인이 함유되어 과도하게 섭취하지 않는 것이 좋다.

● **자스민 녹차 우림법(10명 기준)**

1. 2L의 우림 포트에 자스민 녹차 8g을 넣는다.
2. 70~75℃의 물 1.2L을 부어 2분간 우린다.
3. 250~300ml 나눔 포트 4개에 농도를 맞추어 담아낸다.

* 녹차 우림 시 끓인 물을 2개의 나눔 포트로 4~5회로 교반(攪拌)하여 온도를 내려서 우린다.

활동 사진

4-04 차(茶)와 함께하는 긍정리더십

4차시 알록달록 색깔 놀이

학습 목표
1. 퍼플 티와 백합공예화차를 음미하고 이야기 나눈다.
2. 카드의 색을 이용하여 연상되는 단어를 빠르게 말할 수 있다.

차(茶)
1. 퍼플 티
2. 백합공예화차

활동 색깔 찾아 단어 말하기

단계	내용	시간
도입	■ 인사 나누기 – 내가 먼저 대화하자 　우리 모두 다 같이 인사해~ 긍정 　카네기의 긍정 리더십 세 번째 단계는 '내가 먼저 대화하자'입니다. 내가 먼저 다가가서 미소 지은 얼굴로 인사하고 대화를 시작한다면 상대방도 기뻐할 것입니다. 오늘은 내가 먼저 대화를 시작해 보는 것은 어떨까요? 　우리 모두 다 같이 인사해~ 대화 ■ 차 소개 　– 첫 번째 차: 퍼플 티 　– 두 번째 차: 백합공예화차 ■ 차 우림 준비 및 찻잔 데우기	20′
전개	■ 첫 번째 차 – 퍼플 티 　– 퍼플 티를 우리며 차의 특징을 설명한다. 　– 차를 나누고 차 8단계 실천으로 다 함께 음미한다. ■ 이야기 나누기 　– 마음을 열고 미소 띤 얼굴로 차의 색·향·미 이야기를 나눈다. ■ 첫 번째 차 2포 우려 마시기 　– 오늘의 활동을 소개한다.	20′
전개	■ 활동하기 – 색깔 찾아 단어 외치기 　① 색이 보이도록 책상에 카드를 펼쳐놓는다. 　② 진행자가 부르는 색을 빨리 찾아 손에 들고 연상되는 단어를 외친다. 　　(예: 진행자가 "빨강"이라고 외치면 빨리 빨간색 카드를 들고 "장미"라고 외친다. 이미 이야기한 단어는 이야기하지 않는다.) ■ 두 번째 차 – 백합공예화차 　– 두 번째 차 준비와 찻잔을 헹군다. 　– 백합공예화차를 우리며 차의 특징을 설명한다.	30′

전개	– 차를 나누고 8단계 실천으로 다 함께 음미한다. – 차의 색·향·미를 표현해본다. ■ **두 번째 차 2포 우려 마시기** – 차와 함께 대화해요(1박/2박/4박/8박자 박수)	30′
마무리	■ **활동 소감 나누기** ■ **마음 체조** ■ **마무리 인사 후 정리**	20′
준비물	차, 다구, 색깔 카드	

☕ 첫 번째 차: 퍼플 티

퍼플 티는 차를 우려낸 수색이 희귀한 자색(보랏빛)으로 마시는 즐거움과 함께 시각적 즐거움까지 선사한다. 일반적으로 보랏빛 채소나 과일에는 안토시아닌이 풍부하여 많은 사랑을 받고 있다. 자색 당근과 파인애플, 사과, 오렌지 껍질, 자몽 등을 혼합하여 보는 즐거움과 마시는 즐거움을 함께 느낄 수 있다.

● **퍼플 티 우림법(10명 기준)**

1. 2L의 우림 포트에 퍼플 티 10g을 넣는다.
2. 90~95℃의 물 1.2L를 부어 3분간 우린다.
3. 250~300ml 나눔 포트 4개에 농도를 맞추어 담아낸다.

두 번째 차: 백합공예화차

꽃차 예술의 최고봉이라는 공예화차는 복건성 복안 지역에서 시작되었다고 전해진다.

공예차는 녹차와 천연 생화를 이용해 용주(龍珠) 또는 공 모양으로 건조해 만든 차로 녹차 대신 백차를 사용하기도 한다. 찻잎 안에 생화 꽃을 무명실로 고정하여 하나의 작품처럼 만든다.

● **백합공예화차 우림법(10명 기준)**

1. 2L의 우림 포트에 끓인 물 200ml를 붓는다.
2. 백합공예화차를 차 집게로 조심히 넣는다.
3. 꽃이 중간 정도 피었을 때 95℃의 물 1L를 포트의 벽을 따라 붓고 3분간 우린다.
4. 꽃의 개화한 모습을 보여준 후 나눔 포트 4개에 농도를 맞추어 담아낸다.

📷 활동 사진

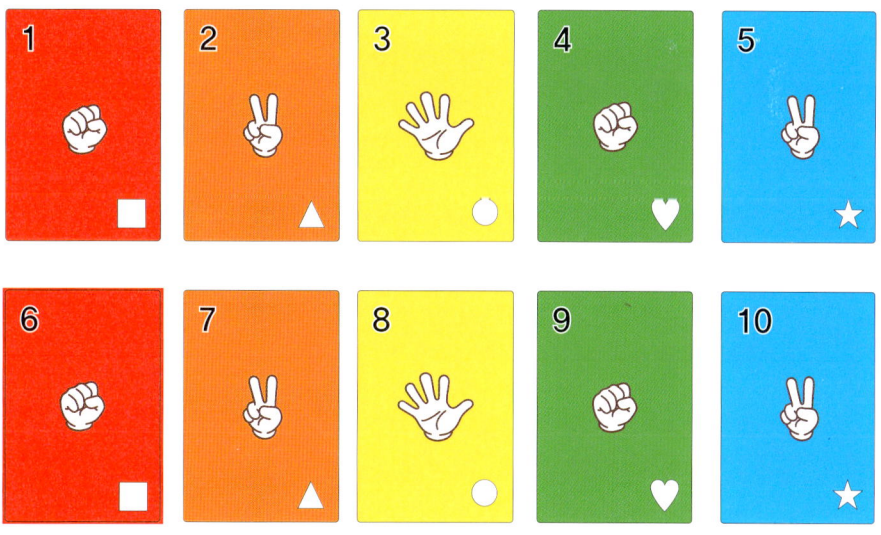

4-05 차(茶)와 함께하는 긍정리더십

5차시 빙고를 외쳐라! 리더 빙고 게임

학습목표
1. 차화석과 생강차를 음미하고 이야기 나눈다.
2. 빙고 활동을 통해 리더의 자질을 익힐 수 있다.

차(茶)
1. 차화석
2. 생강차

활동 리더 빙고 게임

단계	내용	시간
도입	■ 인사 나누기 – 내가 먼저 칭찬하자 　우리 모두 다 같이 인사해~ 긍정 　카네기의 긍정 리더십 네 번째는 '내가 먼저 칭찬하자'입니다. 오늘 나의 짝꿍에게 먼저 칭찬해 주세요. 짝꿍의 기분도, 나의 기분도 좋아질 것입니다. 　우리 모두 다 같이 인사해~ 칭찬 ■ 차 소개 　– 첫 번째 차: 차화석 　– 두 번째 차: 생강차 ■ 차 우림 준비 및 찻잔 데우기	20′
전개	■ 첫 번째 차 – 차화석 　– 차가 우려지는 동안 차화석의 특징을 설명한다. 　– 차 우리고 마셔본다. 　– 차 8단계 실천으로 다 함께 음미한다. ■ 이야기 나누기 　– 마음을 열고 미소 띤 얼굴로 차의 색·향·미 이야기를 나눈다. ■ 첫 번째 차 2포 우려 마시기 　– 오늘의 활동을 소개한다.	20′
	■ 활동하기 – 리더십 빙고 ① 리더 하면 떠오르는 단어들을 이야기해 본다. ② 진행자가 제시한 단어들을 소리 내어 읽어본다. 　(예: 활동지 참조) ③ 빙고 활동 　– 제시된 단어들을 보고 빙고 카드 채우기(4 × 4) 　– 돌아가면서 자신의 빙고 카드를 보고 단어를 불러가며 빙고 맞추기 　(예: 가로, 세로, 대각선으로 줄이 맞으면 빙고 / 1줄 빙고, 2줄 빙고, Z 빙고)	30′

전개	■ 두 번째 차 – 생강차 　– 두 번째 차 준비와 찻잔을 헹군다. 　– 생강차를 우리며 차의 특징을 설명한다. 　– 차를 나누고 8단계 실천으로 다 함께 음미한다. 　– 차의 색·향·미를 표현해본다. ■ 두 번째 차 2포 우려 마시기 　– 차와 함께 칭찬해요(1박/2박/4박/8박자 박수)	30′
마무리	■ 활동 소감 나누기 ■ 마음 체조 ■ 마무리 인사 후 정리	20′
준비물	차, 다구, 빙고 단어장(부록 활동지 참조)	

첫 번째 차: 차화석(茶化石)

차화석은 보이숙차의 최종단계인 악퇴(渥堆) 발효과정에서 발견된 노차두(老茶斗)를 다시 가공한 차이며 다른 이름은 쇄은차(碎銀茶)이다. 노차두란 별칭은 단단하게 덩어리진 찻잎이라는 뜻이다. 탕색은 진하면서도 탁하지 않고 내포성이 뛰어나며 구수한 맛, 난향, 찹쌀(나미) 향이 난다.

● 차화석 우림법(10명 기준)
1. 2L의 우림 포트에 차화석 10g을 넣는다.
2. 90~95℃의 물 0.3L로 빠르게 1회 세차한다.
3. 90~95℃의 물 1.2L를 부어 1~2분간 우린다.
3. 250~300ml 나눔 포트 4개에 농도를 맞추어 담아낸다.

 ## 두 번째 차: 생강차

땅속에서 자라는 속씨식물인 생강은 식용으로도 먹지만 약으로도 쓰인다. 새양, 새앙으로 불리며 동남아시아가 원산지이다. 생강의 매운 성분인 진저론 등에 땀을 내는 효능이 있어 초기 감기 증상 완화에 좋다.

● 생강차 우림법(10명 기준)
1. 2L의 우림 포트에 생강차 10g을 넣는다.
2. 90~95℃의 물 1.2L를 부어 4~5분간 우린다.
3. 250~300ml 나눔 포트 4개에 농도를 맞추어 담아낸다.

4-06 차(茶)와 함께하는 긍정리더십

6차시 사랑한다 말해요

학습목표
1. 마살라짜이와 레몬그라스를 음미하고 이야기 나눈다.
2. 감정 카드를 활용하여 나의 마음을 이야기할 수 있다.

차(茶)
1. 마살라짜이
2. 레몬그라스

활동 나의 마음 이야기하기

단계	내용	시간
도입	■ 인사 나누기 – 내가 먼저 사랑하자 　우리 모두 다 같이 인사해~ 긍정 　카네기의 긍정 리더십 다섯 번째는 '내가 먼저 사랑하자'입니다. 오늘 상대방에게 사랑한다고 말해 주세요. 상대방도 나에게 행복한 마음으로 사랑한다고 답해 줄 겁니다. 　우리 모두 다 같이 인사해~ 사랑 ■ 차 소개 　– 첫 번째 차: 압끼빠산드산차 마살라짜이 　– 두 번째 차: 레몬그라스 ■ 차 우림 준비 및 찻잔 데우기	20′
전개	■ 첫 번째 차 – 압끼빠산드산차 마살라짜이 　– 차가 우려지는 동안 마살라짜이의 특징을 설명한다. 　– 차 우리고 마셔본다. 　– 차 8단계 실천으로 다 함께 음미한다. ■ 이야기 나누기 　– 마음을 열고 미소 띤 얼굴로 차의 색·향·미 이야기를 나눈다. ■ 첫 번째 차 2포 우려 마시기 　– 오늘의 활동을 소개한다.	20′
	■ 활동하기 – 감정 카드 ① 한 장씩 감정 카드를 선택하여 가져온다. ② 버리기 or 모으기 활동하기 　– 카드를 보여 주며 다른 참여자에게 나의 마음 상태를 이야기한다. 　（예: 저는 '걱정스럽다' 카드를 갖고 있어요. 여기 걱정 카드에 선생님들의 걱정을 모두 담아 드리겠습니다. 걱정을 떨쳐 버리고 싶다면 여기 걱정 카드에 담아 주세요）	30′

전개	– 모두 함께 발표자를 바라보며 '괜찮아', '잘하고 있어' 등 응원의 말을 해준다. ■ 두 번째 차 – 레몬그라스 – 두 번째 차 준비와 찻잔을 헹군다. – 레몬그라스를 우리며 차의 특징을 설명한다. – 차를 나누고 8단계 실천으로 다 함께 음미한다. – 차의 색·향·미를 표현해본다. ■ 두 번째 차 2포 우려 마시기 – 차와 함께 사랑해요(1박/2박/4박/8박자 박수)	30′
마무리	■ 활동 소감 나누기 ■ 마음 체조 ■ 마무리 인사 후 정리	20′
준비물	차, 다구, 감정 카드	

☕ 첫 번째 차: 압끼빠산드산차 마살라짜이

차이(짜이, chai)는 인도를 비롯한 남아시아 지역에서 홍차에 우유나 향신료 등을 넣어 만든 인도식 밀크티이다. 영어로는 스파이스 티(spiced tea)라고 부르는데 인도 사람들은 차이로 하루를 시작해서 차이로 하루를 정리할 정도로 차이를 즐겨 마신다.

옛날에는 차이를 두꺼운 유리잔이나 흙으로 만든 토기 잔에 마시고 컵을 던져 깨뜨려 버리기도 했다.

● 마살라짜이 우림법(10명 기준)

1. 2L의 우림 포트에 마살라 차이 10g을 넣는다.
2. 90~95℃의 물 1.2L를 부어 3~4분간 우린다.
3. 250~300ml 나눔 포트 4개에 농도를 맞추어 담아낸다.

* 차이에 우유나 설탕 등을 넣어 마셔도 좋다.

두 번째 차: 레몬그라스

　레몬그라스는 상큼한 레몬 향과 시큼, 달콤한 맛을 갖고 있어 음식의 향미를 더해 주고 잡냄새를 제거해 주어 동남아시아 요리에 많이 사용된다.
　줄기에 항산화 물질인 클로로젠산을 함유하고 있어 암을 예방하는 효능이 있으며 비타민 A, B, C, 등이 풍부하고 시트럴 성분은 식중독 예방에 도움이 되며 두통과 스트레스 해소에 효과적이어서 아로마 테라피로 활용된다.

● 레몬그라스 우림법(10명 기준)

1. 2L의 우림 포트에 레몬그라스 6g을 넣는다.
2. 90~95℃의 물 1.2L를 부어 3분간 우린다.
3. 250~300ml 나눔 포트 4개에 농도를 맞추어 담아낸다.

활동 사진

4-07 차(茶)와 함께하는 긍정리더십

7차시 어디까지 왔니? 스무고개

학습 목표
1. 금준미와 제주 화산 우롱차를 음미하고 이야기 나눈다.
2. 제시한 단어를 생각하며 답을 유추하는 과정을 학습한다.

차(茶)
1. 금준미
2. 제주 화산 우롱차

활동 스무고개

단계	내용	시간
도입	■ 인사 나누기 – 우리 함께 고마워요 　우리 모두 다 같이 인사해~ 긍정 　카네기의 긍정 리더십 여섯째는 '우리 함께 고마워요'입니다. 　고마웠던 그 순간의 나의 마음을 표현해 주세요. 내가 표현하지 않으면 누구도 나의 마음을 모릅니다. 　우리 모두 다 같이 인사해~ 땡큐 ■ 차 소개 　– 첫 번째 차: 금준미 　– 두 번째 차: 오설록 화산 우롱차 ■ 차 우림 준비 및 찻잔 데우기	20′
전개	■ 첫 번째 차 – 금준미 　– 차가 우려지는 동안 금준미의 특징을 설명한다. 　– 차 우리고 마셔본다. 　– 차 8단계 실천으로 다 함께 음미한다. ■ 이야기 나누기 　– 마음을 열고 미소 띤 얼굴로 차의 색·향·미 이야기를 나눈다. ■ 첫 번째 차 2포 우려 마시기 　– 오늘의 활동을 소개한다.	20′
	■ 활동하기 – 스무고개 　① 한 명의 참여자(대표참여자)를 선택한 후 진행자가 제시한 카드(단어)를 보여 준다. (예: 대표참여자는 단어를 기억한다(사랑)) 　② 다른 참여자들은 질문을 통하여 단어를 맞추어 나간다. 　③ 대표참여자는 "네", "아니오"로만 대답한다. 　　(예: 참여자 1: 그것은 먹는 건가요? 대표참여자: 아니요 두 번째 질문해 주세요)	30′

전개	④ 정답을 맞힌 참여자에게 그날의 차를 상품으로 준다. ※ 정답 기회를 3번으로 제한 혹은 자신의 순서에서만 정답을 외칠 기회를 주는 등 여러 참여자에게 정답을 말할 기회를 제공한다. ■ **두 번째 차 – 제주 화산 우롱차** – 두 번째 차 준비와 찻잔을 헹군다. – 레몬그라스를 우리며 차의 특징을 설명한다. – 차를 나누고 8단계 실천으로 다 함께 음미한다. – 차의 색·향·미를 표현해본다. ■ **두 번째 차 2포 우려 마시기** – 차와 함께 고마워요(1박/2박/4박/8박자 박수)	30′
마무리	■ 활동 소감 나누기 ■ 마음 체조 ■ 마무리 인사 후 정리	20′
준비물	차, 다구	

첫 번째 차: 금준미

중국 복건성의 무이산 홍차로 밀 향과 과일 향이 무척 풍부하고 찻잎의 형태와 색깔이 황금색의 아름다운 눈썹과 같다고 하여 '금준미'라고 이름을 붙였다.

금준미는 일창일기(一槍一旗)의 아엽(芽葉)의 비중이 90% 이상은 금준미, 80% 이상은 은준미, 70% 이상은 동준미로 부른다.

● 금준미 우림법(10명 기준)

1. 2L의 우림 포트에 금준미 10g을 넣는다.
2. 80~90℃의 물 1.2L를 부어 3분간 우린다.
3. 250~300ml 나눔 포트 4개에 농도를 맞추어 담아낸다.

두 번째 차: 오설록 제주 화산 우롱차(티백)

제주의 화산지대에서 키워낸 풍부한 향미의 찻잎을 따뜻한 바람으로 발효하여 부드럽고 구수한 로스팅 풍미를 담은 순수 반발효 차이다.

● 오설록 제주 화산 우롱차 우림법(10인 기준)

1. 2L의 우림 포트에 제주 화산 우롱차 티백 4개를 넣는다.
2. 90~95℃의 물 1.2L를 부어 2~3분간 우린다.
3. 250~300ml 나눔 포트 4개에 농도를 맞추어 담아낸다.

4-08 차(茶)와 함께하는 긍정리더십

8차시 만약에 말이야

학습목표
1. 애프터눈 티와 레몬&라임 블렌딩 차를 음미하고 이야기 나눈다.
2. 만약에 카드를 활용하여 또 다른 나를 찾을 수 있다.

차(茶)
1. 애프터눈 티
2. 레몬&라임 블렌딩 차

활동 내가 만약에~

단계	내용	시간
도입	■ 인사 나누기 – 우리 함께 건강해요 　우리 모두 다 같이 인사해~ 긍정 　카네기의 긍정 리더십 일곱 번째는 '우리 모두 건강해요'입니다. 　혼자 하는 운동보다 함께 하는 운동이 그 효과가 훨씬 좋다고 합니다. 우리 함께 운동해서 모두 건강해지면 더 기분 좋겠지요. 　우리 모두 다 같이 인사해~ 건강 ■ 차 소개 　– 첫 번째 차: 애프터눈 티 　– 두 번째 차: 베질루드 레몬&라임 ■ 차 우림 준비 및 찻잔 데우기	20′
전개	■ 첫 번째 차 – 애프터눈 티 　– 차가 우려지는 동안 애프터눈 티의 특징을 설명한다. 　– 차 우리고 마셔본다. 　– 차 8단계 실천으로 다 함께 음미한다. ■ 이야기 나누기 　– 마음을 열고 미소 띤 얼굴로 차의 색·향·미 이야기를 나눈다. ■ 첫 번째 차 2포 우려 마시기 　– 오늘의 활동을 소개한다.	20′
	■ 활동하기 – 만약에 카드 ① 진행자는 만약에 카드 중 하나를 뽑아 질문에 답한다. 　(예: 무인도에 간다면 가져가고 싶은 물건 3가지는 무엇인가요? 저는 친구, 라면, 책을 갖고 가겠습니다.) ② 참여자는 진행자가 뽑은 카드를 전달받아 답하고 시계방향으로 전달한다. ③ 두 명씩 짝을 지어 각각 새로운 카드를 뽑은 후 서로에게 만약에 카드의 질문을 한다. (예: 나를 대신할 아바타가 있다면?)	30′

전개	④ 발표자의 답변이 끝나면 긍정의 단어를 외쳐준다.
	   (예: 멋진 생각이에요, 우와! 최고예요 등)
	■ **두 번째 차 – 베질루드 레몬&라임**
	  – 두 번째 차 준비와 찻잔을 헹군다.
	  – 베질루드 레몬&라임을 우리며 차의 특징을 설명한다.
	  – 차를 나누고 8단계 실천으로 다 함께 음미한다.
	  – 차의 색·향·미를 표현해본다.
	■ **두 번째 차 2포 우려 마시기**
	  – 차와 함께 건강해요(1박/2박/4박/8박자 박수)
		30′

마무리	■ 활동 소감 나누기 ■ 마음 체조 ■ 마무리 인사 후 정리	20′
준비물	차, 다구, 만약에 카드	

 첫 번째 차: 애프터눈 티

당시 영국의 귀족들은 아침을 먹은 뒤 점심을 간단히 먹고 저녁 8시경에 만찬을 먹었기 때문에 낮에 허기가 오는 경우가 많았다. 베드포드 공작부인 마리아 안나는 낮에 차와 간단한 다과를 먹었고 이때 친구들을 초대하면서 애프터눈 티 문화가 영국 전체로 번져 나갔다.

● **애프터눈 티 우림법(10명 기준)**

1. 2L의 우림 포트에 애프터눈 티 10g을 넣는다.
2. 90~95℃의 물 1.2L를 부어 3분간 우린다.
3. 250~300ml 나눔 포트 4개에 농도를 맞추어 담아낸다.

두 번째 차: 베질루드 레몬&라임

　스리랑카 하이 그로운 누와라 엘리야 pekoe 1을 베이스로 천연 사과와 레몬 라임을 가향한 실론티로 레몬 향이 나고 끝에 은은한 라임의 풍미가 느껴진다.

　레몬과 라임은 감귤류의 과일에 속하고 두 가지 모두 신맛과 향이 비슷하다. 비타민과 미네랄이 풍부하며 당분은 거의 들어 있지 않다.

● 베질루드 레몬&라임 우림법(10명 기준)

1. 2L의 우림 포트에 베질루드 레몬&라임 티백 4개를 넣는다.
2. 90~95℃의 물 1.2L를 부어 3분간 우린다.
3. 250~300ml 나눔 포트 4개에 농도를 맞추어 담아낸다.

활동 사진

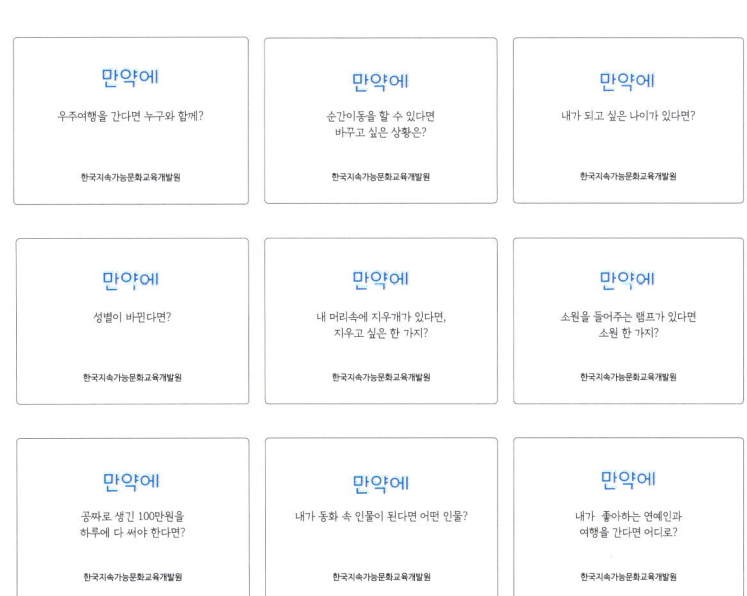

4-09 차(茶)와 함께하는 긍정리더십

9차시 알쏭달쏭 초성 게임

학습 목표
1. 발효차와 우엉차를 음미하고 이야기 나눈다.
2. 초성 단어를 보고 정답을 유추하여 생각을 확장할 수 있다.

차(茶)
1. 발효차
2. 우엉차

활동 초성 게임

단계	내용	시간
도입	■ 인사 나누기 – 우리 함께 배려해요 　우리 모두 다 같이 인사해~ 긍정 　카네기의 긍정 리더십 여덟 번째는 '내가 먼저 배려하자'입니다. 　오늘 짝꿍에게 배려하는 모습을 보여주세요. 그럼 짝꿍은 나에게 더 많은 배려를 베풀어 줄 겁니다. 　우리 모두 다 같이 인사해~ 배려 ■ 차 소개 　– 첫 번째 차: 고성 발효차 　– 두 번째 차: 우엉차 ■ 차 우림 준비 및 찻잔 데우기	20′
전개	■ 첫 번째 차 – 고성 발효차 　– 차가 우려지는 동안 고성 발효차의 특징을 설명한다. 　– 차 우리고 마셔본다. 　– 차 8단계 실천으로 다 함께 음미한다. ■ 이야기 나누기 　– 마음을 열고 미소 띤 얼굴로 차의 색·향·미 이야기를 나눈다. ■ 첫 번째 차 2포 우려 마시기 　– 오늘의 활동을 소개한다.	20′
	■ 활동하기 – 초성 게임 　① 진행자는 초성 단어장을 준비한다. 　② 진행자는 단어장을 한 장씩 넘기며 초성을 보여 준다. 　③ 참여자는 초성을 보고 정답을 맞힌다. 　　(예: 키워드는 음식입니다 'ㅂㅂㅂ' 정답 '비빔밥') 　　– 팀을 나눠 제한 시간 안에 정답을 많이 맞힌 팀(개인, 팀)이 승리한다. 　　– 단어장은 팀별로 선택한다. (음식, 물건, 운동)	30′

전개	■ 두 번째 차 – 우엉차 – 두 번째 차 준비와 찻잔을 헹군다. – 우엉차를 우리며 차의 특징을 설명한다. – 차를 나누고 8단계 실천으로 다 함께 음미한다. – 차의 색·향·미를 표현해본다. ■ 두 번째 차 2포 우려 마시기 – 차와 함께 배려해요(1박/2박/4박/8박자 박수)	30′
마무리	■ 활동 소감 나누기 ■ 마음 체조 ■ 마무리 인사 후 정리	20′
준비물	차, 다구, 초성 단어장(부록 활동지 참조)	

 첫 번째 차: 고성 발효차

찻잎 속에 들어있는 산화 효소를 이용하여 발효시킨 것으로 홍차가 이에 속한다.

해양심층수의 고장 대한민국 최북단 강원 고성에서 추위를 견디고 해풍을 먹고 자란 녹차를 발효시켜 만들었다.

● 고성 발효차 (10명 기준)

1. 2L의 우림 포트에 고성 발효차 10g을 넣는다.
2. 90~95℃의 물 1.2L를 부어 3분간 우린다.
3. 250~300ml 나눔 포트 4개에 농도를 맞추어 담아낸다.

두 번째 차: 우엉차

우엉은 국화과의 두해살이 풀이다. 우엉을 썰어 말린 다음 여러 차례 덖어서 차로 만들어 마시는 우엉차는 인삼과 비슷한 향이 나며 장에 좋고 내포성이 좋아 소량으로도 많은 양의 차를 우릴 수 있다. 우엉 뿌리에 포함된 이눌린은 지방 대사를 높이는 효과와 식욕 억제 효과가 있어 다이어트 비법으로도 활용되는데 너무 많이 마시면 설사를 유발하고 간 수치를 높이는 원인이 되기도 한다고 하니 많은 섭취는 자제한다.

● 우엉차 우림법(10명 기준)

1. 2L의 우림 포트에 우엉차 10g을 넣는다.
2. 90~95℃의 물 1.2L를 부어 4분간 우린다.
3. 250~300ml 나눔 포트 4개에 농도를 맞추어 담아낸다.

활동 사진

ㄱㅂ	김밥
ㅂㅂㅂ	비빔밥
ㄱㅊㅉㄱ	김치찌개
ㅇㅈㅇㅂㅇ	오징어볶음

4-10 차(茶)와 함께하는 긍정리더십

10차시 쉿! 비밀이야 암호 게임

학습목표
1. 팔보차와 뱅쇼를 음미하고 이야기 나눈다.
2. 긍정 마인드 암호를 풀고 실천 다짐할 수 있다.

차(茶)
1. 팔보차
2. 뱅쇼 계피차

활동 암호 풀기

단계	내용	시간
도입	■ **인사 나누기 – 미인대칭 사고건배** 　우리 모두 다 같이 인사해~ 긍정 　카네기의 긍정 리더십 여덟 단계를 모두 합친 글자는 '미인대칭 사고건배'입니다. 지금까지 긍정 손뼉을 치면서 8단계를 익혀 봤는데요 언제, 어디서나 긍정적인 마음으로 긍정리더십을 실천하시면 좋을 것 같습니다. 　우리 모두 다 같이 인사해~ 배려 ■ **차 소개** 　- 첫 번째 차: 팔보차 　- 두 번째 차: 뱅쇼 계피차 ■ **차 우림 준비 및 찻잔 데우기**	20′
전개	■ **첫 번째 차 – 팔보차 나만의 블렌딩** 　- 차가 우려지는 동안 블렌딩 차의 특징을 설명한다. 　- 차 우리고 마셔본다. 　- 차 8단계 실천으로 다 함께 음미한다. ■ **이야기 나누기** 　- 마음을 열고 미소 띈 얼굴로 차의 색·향·미 이야기를 나눈다. ■ **첫 번째 차 2포 우려 마시기** 　- 오늘의 활동을 소개한다.	20′
	■ **활동하기 – 리더십 암호 풀기** ① 암호와 암호 해독지를 준비한다. 　참고문헌: 『레크리에이션의 이론과 실체』(전미경 저) ② 암호 해독지를 보며 암호를 해독한다. ③ 각자 풀이한 암호를 돌아가며 읽고 큰소리로 다짐한다. 　(암호 – 차와 함께 하는 긍정리더십, 실천해요 긍정리더십	30′

전개	예: 긍정 마인드 – 미소 짓기 – 인사하기 – 대화하기 – 칭찬하기 – 우리 함께 사랑해요 – 우리 함께 고마워요 – 우리 함께 건강해요 – 우리 함께 배려해요– 우리 함께 실천해요) ■ 두 번째 차 – 뱅쇼 계피차 – 두 번째 차 준비와 찻잔을 헹군다. – 뱅쇼 계피차를 우리며 차의 특징을 설명한다. – 차를 나누고 8단계 실천으로 다 함께 음미한다. – 차의 색 · 향 · 미를 표현해본다. ■ 두 번째 차 2포 우려 마시기 ■ 미인대칭 사고건배(1박/2박/4박/8박자 박수)	30′
마무리	■ 활동 소감 나누기 ■ 마음 체조 ■ 마무리 인사 후 정리	20′
준비물	차, 다구, 암호와 암호 해독지(부록 활동지 첨부)	

첫 번째 차: 팔보차

팔보차는 여덟 가지 재료를 블렌딩한 차이다. 각자가 좋아하는 재료를 가미하여 마시기도 하지만 대체로 국화, 청차, 금은화, 구기자, 산자, 대추, 진피, 빙당 여덟 가지의 재료로 사용된다.

● 팔보차 우림법(1명 기준)

1. 1인 개완에 팔보차 재료를 넣는다.
2. 95℃의 물을 가득 담고 2분 정도 우린다.
3. 팔보차는 3번 정도 우려 마실 수 있다.

두 번째 차: 뱅쇼 계피차

포도주에 시나몬과 과일 등을 첨가하여 따뜻하게 끓인 음료로 겨울철에 유럽 전역에서 즐겨 마신다. 우리나라 사람들이 감기에 걸렸거나 날씨가 추워지면 생강차를 즐겨 마시듯 프랑스 사람들은 포도주를 따뜻하게 데워 즐겼는데 거기에 체온을 올려주는 정향과 계피, 과일을 넣어 마셨다. 프랑스어로 뱅(vin)은 '와인'을 쇼(chaud)는 '따뜻한'이라는 뜻이 있어 따뜻한 와인을 의미한다.

● **뱅쇼 계피차 우림법(10명 기준)**

1. 2L의 우림 포트에 뱅쇼 200ml를 넣는다.
2. 90~95℃의 물 1L와 계피 스틱 1개 넣고 1분간 우린다.
3. 스웰링(swirling) 후 250~300ml 나눔 포트 4개에 농도를 맞추어 담아낸다.

5장

차(茶)와 함께하는 슬기로운 대인관계

한국지속가능문화교육개발원 | Korea Sustainable Culture Education Center

Tea Therapy

1) 칭찬하는 마음 열기
2) 소중한 마음 열기
3) 긍정적인 마음 나누기
4) 배려하는 마음 나누기
5) 만족하는 마음 나누기
6) 자신감 있는 마음 다지기
7) 공감하는 마음 다지기
8) 용기 있는 마음 다지기
9) 존중하는 마음 다지기
10) 확신하는 마음 다지기

5장 차(茶)와 함께하는 슬기로운 대인관계

5-01 차(茶)와 함께하는 슬기로운 대인관계

1차시	칭찬하는 마음 열기
학습 목표	1. 백차의 효능을 잘 이해하고 베르가모트 오일과 블렌딩 하여 가향차를 만든다. 2. 별칭을 정하고 칭찬 활동을 통해 장점을 강점화한다.
차(茶)	1. 백차 2. 베르가모트 오일 블렌딩
활동	장점 별칭 정하기

단계	내용	시간
도입	■ 인사 나누기 '나는 잘하고 있어' 부족하고 안 되는 것은 잠시 내려놓고, 잘하고 있는 것을 생각해 보세요. 작은 것이라도 자신이 할 수 있는 것이나 제일 잘하는 것을 떠올려 보세요. '우리 모두 다 함께 인사해 봅시다. 나는 잘하고 있어' ■ 차 소개 - 첫 번째 차: 백차(월광백) - 두 번째 차: 월광백 + 베르가모트 오일 블렌딩 ■ 차 우림 준비 및 찻잔 데우기	20′
전개	■ 첫 번째 차 – 백차(월광백) - 월광백을 우리며 차의 특징을 설명한다. - 차를 나누고 8단계 실천으로 모두 음미한다. ① 눈에 담는다 ② 코를 간지럽힌다 ③ 입술을 적신다 ④ 입안 가득 머금는다 ⑤ 목에 길을 낸다 ⑥ 배를 따뜻하게 해준다 ⑦ 뇌를 깨운다 ⑧ 마음을 연다 ■ 이야기 나누기 - 마음을 열고 미소 띤 얼굴로 차의 색·향·미 이야기를 나눈다. ■ 첫 번째 차 2포 우려 마시기 - 오늘의 활동을 소개한다.	20′

전개	■ 활동하기 – 장점 별칭 정하기 ① 자신이 잘하는 것을 떠올려 보고 나만의 '장점 별칭'을 정한다. 　(예: 저는 노래를 잘해요. 별칭은 가수입니다.) ② 자신의 별칭을 A4용지에 쓰고 소개한다. ③ '아임 그라운드'로 자기 별칭을 돌아가며 진행한다. 　(예: 나는 가수, 운동선수 나와라! –〉 나는 운동선수, 요리사 나와라!) ④ 가장 마지막까지 남은 사람에게 별칭과 함께 '잘하고 있어!'를 외쳐준다. 　(예: 운동선수, 당신 잘하고 있어!) ■ 두 번째 차 – 월광백 + 베르가모트 오일 블렌딩 – 두 번째 차 준비와 찻잔을 헹군다. – 월광백 + 베르가모트 오일 블렌딩 차를 우리며, 차의 특징을 설명한다. – 차를 나누고 8단계 실천으로 다 함께 음미한다. – 차의 색·향·미를 표현한다. ■ 두 번째 차 2포 우려 마시기 – 차와 함께 깨어 있기(1박/2박/4박/8박자 박수)	30′
마무리	■ 활동 소감 나누기 ■ 마음 체조 ■ 마무리 인사 후 정리	20′
준비물	차, 다구, A4용지, 필기구	

첫 번째 차: 백차(월광백 사용)

'월광백'은 최근 10여 년 전부터 상품화된 신품종으로 중국의 윈난성에서 100년 이상의 대백호 품종으로 만든다. 찻잎의 앞면은 검정, 뒷면은 백색으로 '달빛에 말린다' 하여 붙여진 이름이다. 탕색은 맑고 투명한 황색에서 홍색으로 다시 황색으로 변하는 매력이 있으며 짙은 꿀 향으로 순하고 신선한 맛이 특징이다.

● 월광백 우림법(10명 기준)

1. 2L의 유리 우림 포트에 월광백 10g을 넣는다.
2. 85~90℃의 물 1.2L를 붓고, 3~4분간 우린다.
3. 차를 우리며 찻잎이 위아래로 떴다 가라앉았다 하는 모습을 감상한다.
4. 250~300ml 4개의 나눔 포트에 농도를 맞추어 담아낸다.

두 번째 차: 월광백 + 베르가모트 오일

베르가모트는 항우울, 항바이러스, 진정, 강심, 소화, 해열 등에 효과가 있는 과일 열매로 시트러스 향과 약하게 달콤한 꽃향기가 난다. 월광백차의 순수한 맛과 부드러운 향이 조화롭게 잘 어울린다.

● 월광백 + 베르가모트 오일 우림법(10명 기준)

1. 2L의 유리 우림 포트에 월광백 10g을 넣는다.
2. 85~90℃의 물을 1.2L 붓고, 3분간 우린다.
3. 우려낸 찻물에 베르가모트 오일 4~5방울 넣고 스월링하며 1분간 더 우린다.
4. 250~300ml 나눔 포트 4개에 나누어 담아낸다.

5-02 차(茶)와 함께하는 슬기로운 대인관계

2차시 소중한 마음 열기

학습 목표
1. 보성녹차의 특징에 대해 안다.
2. 음식 카드를 통해 추억을 공유하고 공감력을 키운다.

차(茶)
1. 보성녹차
2. 블렌딩 녹차

활동 음식 추억 이야기 나누기

단계	내용	시간
도입	■ 인사 나누기 '나는 소중해' 내가 있음으로써 가족이 있고, 친구가 있고, 내 주위에 사람들이 있는 것입니다. 내가 없다면? 아무것도 없겠지요. 소중한 나로 인해서 모든 것이 내 옆에 있다는 것을 명심하세요. '우리 모두 다 함께 인사해. 나는 소중해.' ■ 차 소개 – 첫 번째 차: 보성녹차 – 두 번째 차: 블렌딩 녹차(쿠스미 BB디톡스) ■ 차 우림 준비 및 찻잔 데우기	20′
전개	■ 첫 번째 차 – 보성녹차 – 보성녹차를 우리며 차의 특징을 설명한다. – 차를 나누고 8단계 실천으로 모두 음미한다. ■ 이야기 나누기 – 마음을 열고 미소 띤 얼굴로 차의 색·향·미 이야기를 나눈다. ■ 첫 번째 차 2포 우려 마시기 – 오늘의 활동을 소개한다.	20′
	■ 활동하기 – 음식 카드 ① 사진으로 된 음식 카드를 어떠한 것이 있는지 보여 준다. ② 한 장씩 카드가 보이지 않게 뒤집어 나눠 준다. ③ 자신이 가진 카드를 혼자만 확인한다. ④ 한 명씩 돌아가며 자신이 가진 음식 카드의 재료를 설명하고 나머지 사람들이 그 카드의 음식을 알아맞힌다. ⑤ 음식에 얽힌 추억을 이야기 나누고 함께 공유한다.	30′

전개	■ 두 번째 차 – 블렌딩 녹차(쿠스미 BB디톡스)
	  – 두 번째 차 준비와 찻잔을 헹군다.
	  – 차를 우리며, 차의 특징을 설명한다.
	  – 차를 나누고 8단계 실천으로 다 함께 음미한다.
	  – 차의 색·향·미를 표현한다.
	■ 두 번째 차 2포 우려 마시기
	  – 차와 함께 깨어 있기(1박/2박/4박/8박자 박수)
		30′

마무리	■ 활동 소감 나누기 ■ 마음 체조 ■ 마무리 인사 후 정리	20′
준비물	차, 다구, 음식 카드	

☕ 첫 번째 차: 보성녹차

보성은 《동국여지승람》과 《세종실록지리지》 등의 문헌에 차 나무의 자생지로 기록되어 있으며 우리나라 녹차의 주산지이다. 보성의 차 나무 재배지는 해발 400~800m에 위치하며 일교차가 크고, 연 평균 강수량이 1,600mm, 연 평균 기온이 13.4℃로 차나무를 재배하는 데 최적의 환경이다. 보성녹차의 탕색이 연초록을 띤 노란색으로 맑고 밝으며, 진한 열대 꽃향과 과일의 풍미가 있다. 마신 후에는 구수한 맛과 부드러운 상쾌함이 입안에 남는다.

● **보성녹차 우림법(10명 기준)**

1. 2L의 유리 우림 포트에 보성녹차 8g을 넣는다.
2. 100℃의 물 1.2L를 4~5회 교반하여 75~80℃로 낮춘 후, 차가 담긴 포트에 붓고, 3분간 우린다.
3. 250~300ml 나눔 포트 4개에 농도를 맞추어 담아낸다.

두 번째 차: 블렌딩 녹차(쿠스미 BB디톡스 사용)

쿠스미의 BB디톡스 제품은 우리 몸속의 중금속을 비롯한 노폐물을 배출하는 효능이 있다. 녹차를 베이스로 하여 마테, 루이보스, 민들레, 자몽 향을 블렌딩 하여 상큼한 향과 부드러운 달콤함이 매력적이다.

● 쿠스미 BB디톡스 우림법(10명 기준)

1. 2L의 우림 포트에 BB디톡스 차를 6g 넣는다.
2. 85℃의 물 1.2L를 붓고, 3~4분간 충분히 우린다.
3. 250~300ml 나눔 포트 4개에 나누어 담아낸다.
4. BB디톡스 차의 독특한 향과 맛을 음미하며 마신다.

활동 사진

5-03 차(茶)와 함께하는 슬기로운 대인관계

3차시 긍정적인 마음 나누기

학습 목표
1. 청차의 특징과 효능에 대해 안다.
2. 폼폼이로 자신의 얼굴을 꾸며 보고 긍정적 마음을 키운다.

차(茶)
1. 청차
2. 우롱차

활동 폼폼이로 얼굴 꾸미기

단계	내용	시간

도입	■ 인사 나누기
	– '세상에서 내가 젤 예뻐' 주제를 소개한다.
	   거울을 보세요. 세상에서 젤 예쁜 얼굴이 날 보고 있을 겁니다.
	   나를 보고 있는 얼굴을 보며 '정말 예쁘구나, 세상에 단 하나밖에 없는, 긍정적이고 남을 배려할 줄 아는 내가 젤 예뻐'라고 말해 보세요.
	   우리 모두 다 함께 인사해요. '세상에서 내가 젤 예뻐'
	■ 차 소개
	– 첫 번째 차: 청차(수선)
	– 두 번째 차: 문향배 사용(자스민 우롱차)
		20′

전개	■ 첫 번째 차 – 청차(수선) – 수선을 우리며 차의 특징을 설명한다. – 차를 나누고 8단계 실천으로 모두 음미한다. ■ 이야기 나누기 – 마음을 열고 미소 띤 얼굴로 차의 색·향·미 이야기를 나눈다. ■ 첫 번째 차 2포 우려 마시기 – 오늘의 활동을 소개한다.	20′
	■ 활동하기 – 폼폼이로 얼굴 꾸미기 ① 색색이 다양한 폼폼이를 나눠준다. ② 하얀 도화지를 한 장씩 나눠주고 자신의 이름을 도화지 위쪽에 쓰도록 한다. ③ 자신의 가장 이쁜 모습을 떠올리며 폼폼이로 자신의 얼굴을 꾸며 본다. ④ 한 사람씩 도화지에 폼폼이로 꾸민 자기 얼굴을 보여 주고, 가장 즐거웠던 추억을 이야기 나누고 마지막에 '내가 젤 예뻐!'를 외치며 발표를 마친다. ⑤ 모두 함께 발표자를 보고 '당신이 젤 예뻐'를 외쳐준다. ■ 두 번째 차 – 문향배 사용(자스민 우롱차) – 두 번째 차 준비를 하며 문향배로 즐기는 방법을 설명한다.	30′

전개	– 차를 우리며, 차의 특징을 설명한다. – 차를 나누고 8단계 실천으로 다 함께 음미한다. – 차의 색·향·미를 표현한다. ■ **두 번째 차 2포 우려 마시기** – 차와 함께 깨어 있기(1박/2박/4박/8박자 박수)	30′
마무리	■ **활동 소감 나누기** ■ **마음 체조** ■ **마무리 인사 후 정리**	20′
준비물	차, 다구, 도화지, 색깔별 폼폼이	

📷 첫 번째 차: 청차(수선)

무이암차 수선은 향의 밸런스가 안정적으로 맞춰져 있는 부드러운 느낌의 차다. 탕색은 진한 오렌지색으로 고소하면서도 상쾌한 향이 입안 가득 퍼지며 뒷맛도 깔끔해서 평안하게 마실 수 있다. 수선은 소화작용과 긴장을 완화하고 집중력을 향상하는 효능을 가졌다.

● 수선 우림법(10명 기준)

1. 2L의 우림 포트에 수선 8g을 넣는다.
2. 90~95℃의 물 1.2L를 붓고 5분간 우린다.
3. 250~300ml 나눔 포트 4개에 나누어 담는다.

📷 두 번째 차: 문향배 사용(자스민 우롱차)

'문향배'는 차향을 즐기기 위해 고안된 향 전용 찻잔이며 차를 우린 후, 우러난 차를 가늘고 길쭉하게 생긴 문향배에 따른다. 품명배(찻잔)로 문향배의 입구를 뚜껑처럼 덮어두었다가, 문향배에 향이 배면 뒤집어 찻물을 품명배(찻잔)에 따르고 문향배를 들어 코앞에서 돌리며 그 향을 감상하는 방법이다.

● **자스민 우롱차 우림법**(10명 기준)

1. 2L의 우림 포트에 자스민 우롱차 10g을 넣는다.
2. 100℃의 물을 4~5회 교반하여 물의 온도를 75~85℃로 맞춘 후, 5분간 우린다.
3. 문향배에 우린 차를 따르고, 품명배(찻잔)로 문향배의 입구를 덮고 뒤집는다.
4. 문향배를 들어 차향을 감상한다.

📷 활동 사진

5-04 차(茶)와 함께하는 슬기로운 대인관계

4차시 배려하는 마음 나누기

학습 목표
1. 꽃차의 특징을 알고 공예차의 아름다움을 감상한다.
2. 가위바위보 카드를 활용하여 즐거운 배려의 마음을 나눈다.

차(茶)
1. 꽃차
2. 공예차

활동 가위바위보 카드

단계	내용	시간
도입	■ 인사 나누기 – '내가 젤 잘 나가' 주제를 소개한다. 　나만 침체하여 있다는 생각은 다른 사람도 똑같이 하는 고민입니다. 　가슴을 펴고 '내가 젤 잘 나가'를 외쳐보세요. 자신감 넘치는 하루가 될 겁니다. 　우리 모두 다 함께 인사해요. '내가 젤 잘 나가' ■ 차 소개 – 첫 번째 차: 꽃차(국화) – 두 번째 차: 공예차(칠성반월)	20′
전개	■ 첫 번째 차 – 꽃차(국화) – 국화를 우리며 차의 특징을 설명한다. – 차를 나누고 8단계 실천으로 모두 음미한다. ■ 이야기 나누기 – 마음을 열고 미소 띤 얼굴로 차의 색·향·미 이야기를 나눈다. ■ 첫 번째 차 2포 우려 마시기 – 오늘의 활동을 소개한다.	20′
	■ 활동하기 – 가위바위보 게임 ① 진행자는 모두에게 가위바위보 카드를 자유롭게 5장을 뽑게 한다. ② 각자 자신이 받은 카드를 보여 주지 않고 진행자가 추천한 두 명이 각자 자신이 가지고 있는 카드 한 장을 내고 이긴 사람을 뽑는다. ③ 진행자는 두 명을 계속하여 추천하고 마지막 남은 한 명을 최종 승자로 뽑는다. ④ 최종 승자는 '내가 젤 잘나가'를 외친다. ⑤ 모두가 최종 승자에게 '네가 젤 잘나가'를 외쳐주며 모두 박수를 보낸다. ■ 두 번째 차 – 공예차(칠성반월) – 두 번째 차 준비를 하며 문향배로 즐기는 방법을 설명한다.	30′

전개	– 차를 우리며, 차의 특징을 설명한다. – 차를 나누고 8단계 실천으로 다 함께 음미한다. – 차의 색·향·미를 표현한다. ■ **두 번째 차 2포 우려 마시기** – 차와 함께 깨어 있기(1박/2박/4박/8박자 박수)	30′
마무리	■ **활동 소감 나누기** ■ **마음 체조** ■ **마무리 인사 후 정리**	20′
준비물	차, 다구, 사물 카드	

첫 번째 차: 꽃차(국화)

국화는 우리나라와 중국에서 오래전부터 혈압을 낮추며 풍을 막아주고 위장을 편안히 하는 약성이 뛰어나 한약재로도 많이 사용되었다. 또한 국화의 쿠산테논, 아데닌, 프린, 베타인, 크리사세민 등의 성분은 감기, 해열, 해독, 두통, 현기증, 이명, 눈의 충혈을 해소하는 데 효과적이다.

● 국화 우림법(10명 기준)

1. 2L의 유리 우림 포트에 국화 10송이를 넣는다.
2. 90~100℃의 물 1.2L를 붓고, 3분간 우린다.
3. 250~300ml 나눔 포트 4개에 나누어 담아낸다.

두 번째 차: 공예차(칠성반월 사용)

공예차는 녹차를 베이스로 꽃을 묶어 용주 또는 공 모양으로 건조하여 만든 차로서 차와 꽃이 물속에서 피어나는 모습을 볼 수 있는 아름다운 예술성이 뛰어난 차다. 1980년대부터 중국 안후이성과 복건성에서 주로 만들어지는 것으로 부드러운 맛과 향의 끌림이 좋다.

● 칠성반월 우림법(10명 기준)

1. 2L의 유리 우림 포트에 100℃ 물 200ml를 붓는다.
2. 공예차 1덩이를 차 집게로 살포시 넣는다.
3. 꽃이 중간 정도 피었을 때 95℃의 물 1L를 우림 포트에 벽면을 타고 흐르게 붓는다.
4. 3~4분간 우리면서 차와 꽃이 피어나는 모습을 감상한다.
5. 꽃이 다 피어나면 250~300ml 나눔 포트 4개에 농도를 맞추어 담아낸다.

5-05 차(茶)와 함께하는 슬기로운 대인관계

5차시 만족하는 마음 나누기

학습 목표
1. 흑차의 특징을 알고 장미와 블렌딩한 흑차의 효능과 매력을 안다.
2. 이름 빙고 게임을 통해 만족하는 마음을 키운다.

차(茶)
1. 흑차
2. 장미 블렌딩 보이차

활동 빙고 활동 (친구 이름)

단계	내용	시간
도입	■ 인사 나누기 – '난 지금도 충분해' 주제를 소개한다. 　우리는 누구나 내가 부족하다고 생각합니다. 하지만 잘하고 있다고 생각하고 지금도 충분하다고 생각한다면 모든 것이 만족스럽지 않을까요? 　우리 모두 다 함께 인사해요. '난 지금도 충분해' ■ 차 소개 – 첫 번째 차: 흑차(대익7542 보이차) – 두 번째 차: 장미 블렌딩 보이차	20′
전개	■ 첫 번째 차 – 흑차(대익7542 보이차) – 대익7542를 우리며 차의 특징을 설명한다. – 차를 나누고 8단계 실천으로 모두 음미한다. ■ 이야기 나누기 – 마음을 열고 미소 띤 얼굴로 차의 색·향·미 이야기를 나눈다. ■ 첫 번째 차 2포 우려 마시기 – 오늘의 활동을 소개한다.	20′
	■ 활동하기 – 친구 이름 빙고 게임 ① 빙고 게임에 대해 설명하고, 각자 자신의 이름과 이름에 덧붙여 소개한다. 　(예: 난 홍길동이야, 파란색을 좋아하지) ② 모두 발표가 끝나면, 빙고 판에 설명을 붙인 이름을 적는다. 　(예: 파란색을 좋아하는 홍길동– 칸이 부족하면 보너스 칸으로 한다.) ③ 한 사람씩 돌아가며 이름을 부른다. 　(예: 1줄 빙고, 2줄 빙고, 3줄 빙고, Z 빙고, 대각선 등) ■ 두 번째 차 – 장미 꽃차 + 보이차(대익7542) – 두 번째 차 준비와 찻잔을 헹군다.	30′

전개	– 차를 우리며, 차의 특징을 설명한다. – 차를 나누고 8단계 실천으로 다 함께 음미한다. – 차의 색·향·미를 표현한다. ■ **두 번째 차 2포 우려 마시기** – 차와 함께 깨어 있기(1박/2박/4박/8박자 박수)	30′
마무리	■ **활동 소감 나누기** ■ **마음 체조** ■ **마무리 인사 후 정리**	20′
준비물	차, 다구, 빙고판(부록 활동지 참조)	

첫 번째 차: 보이차(대익7542 사용)

　대익7542는 보이 생차로 1975년에 개발된 블렌딩 제품으로 중국 윈난성의 4등급의 고차수 찻잎을 맹해 차창에서 인공 발효 과정 없이 만들어진 제품이다. 차의 향과 맛, 풍미를 최상으로 끌어내기 위한 병배 방식을 사용한 배방의 독특함으로 오래 묵을수록 풍미가 좋아지고 쓴맛이 없어지는 것이 특징이다.

● 대익7542 우림법(10명 기준)

1. 대익 7542를 해괴한 후, 2L의 우림 포트에 10g을 넣는다.
2. 90~95℃의 물 1.2L를 붓고, 스월링을 충분히 하며, 5분간 충분히 우린다.
3. 250~300ml 나눔 포트 4개에 농도를 맞추며 담아낸다.

 두 번째 차: 장미 꽃차 + 대익7542

　장미꽃은 고대로부터 목의 통증에 사용되었으며, 간과 위의 통증을 완화하는 효능이 있다. 장미꽃의 향은 불안을 해소하고 원기를 북돋는 효능이 있으며 구운 향과 목재 향에 잘 어울리므로 보이 생차와 조화가 좋다.

● 장미 꽃차 + 대익7542 우림법(10명 기준)

1. 2L의 우림 포트에 해괴한 대익7542 10g과 장미 꽃차 4g을 넣는다.
2. 95℃의 물 1.2L를 붓고, 스월링을 하며 5분간 우린다.
3. 250~300ml 나눔 포트 4개에 나누어 담아낸다.

5-06 차(茶)와 함께하는 슬기로운 대인관계

6차시 자신감 있는 마음 다지기

학습목표
1. 찻잎의 등급과 대용차에 대해 안다.
2. 소통 카드를 활용한 격려의 언어를 통해 자신감을 향상한다.

차(茶)
1. 오렌지페코홍차
2. 로즈마리

활동 소통카드

단계	내용	시간
도입	■ 인사 나누기 – '난 완벽해' 주제를 소개한다. 　난 완벽해! 난 완벽해! 난 완벽해! 세 번 크게 외쳐볼까요? 자신감이 넘치지 않나요? 완벽하지 않아도 좋아요. 자신감으로 하루를 시작하면 되니까요! 우리 모두 다 함께 인사해. '난 완벽해' ■ 차 소개 – 첫 번째 차: 흑차(대익7542 보이차) – 두 번째 차: 장미 블렌딩 보이차	20′
전개	■ 첫 번째 차 – 오렌지페코(포트넘앤메이슨 오렌지페코실론) – 오렌지페코실론을 우리며 차의 특징을 설명한다. – 차를 나누고 8단계 실천으로 모두 음미한다. ■ 이야기 나누기 – 마음을 열고 미소 띤 얼굴로 차의 색·향·미 이야기를 나눈다. ■ 첫 번째 차 2포 우려 마시기 – 오늘의 활동을 소개한다.	20′
	■ 활동하기 – 소통 카드 활동 ① 소통(격려) 카드를 준비한다. ② '다섯 글자 예쁜 말' 노래로 분위기를 조성한다. ③ 소통(격려) 카드를 각 1장씩 보이지 않게 나눠 주고 내가 받은 카드의 격려 글을 읽고 기분을 이야기한다. 　(예: 내가 받은 카드는 '널 항상 응원해'입니다. 요즘 새로운 공부를 시작했습니다.) ④ 이야기를 듣고 다 같이 발표자를 향해 소통(격려) 카드의 말을 외쳐준다. 　(예: '널 항상 응원해') ⑤ 순서대로 돌아가며 각자의 격려의 글을 발표하고, 다 같이 외친다.	30′

전개	■ 두 번째 차 – 로즈마리 – 두 번째 차 준비와 찻잔을 헹군다. – 차를 우리며, 차의 특징을 설명한다. – 차를 나누고 8단계 실천으로 다 함께 음미한다. – 차의 색·향·미를 표현한다. ■ 두 번째 차 2포 우려 마시기 – 차와 함께 깨어 있기(1박/2박/4박/8박자 박수)	30′
마무리	■ 활동 소감 나누기 ■ 마음 체조 ■ 마무리 인사 후 정리	20′
준비물	차, 다구, 음식 카드	

첫 번째 차: 오렌지페코실론 (포트넘앤메이슨 제품 사용)

오렌지페코는 차의 등급을 말하는 것으로 고지대의 섬세한 차와 저지대의 좀 더 진한 차를 블렌딩한 것이다. 찻잎의 색은 전체적으로 어둡고 짙은 회색으로 검은색을 많이 띤다. 탕색은 맑은 적색이며 향기로움이 강하고 바디감도 강한 반면 부드러운 맛이 나는 복합적인 차이다.

● 오렌지페코실론 우림법(10명 기준)

1. 2L의 유리 우림 포트에 차 7.5g을 넣는다.
2. 90℃의 물 1.2L를 붓고, 3분간 우린다.
3. 나눔 포트 4개에 나누어 담아낸다.

☕ 두 번째 차: 로즈마리

로즈마리는 지중해 연안이 원산지로 푸른 바늘잎의 모양과 특유의 향이 있다. 로즈마리의 이름은 라틴어로 '바다의 이슬'이라는 뜻의 '로즈마리누스'에서 왔다. 뜨거운 물에서 항산화 성분이 고농도로 우러나오며 항암, 항균의 효능과 기억력과 창의력을 높여주며, 소화기 기관계와 호흡기계에 좋다.

● **로즈마리 우림법(10명 기준)**

1. 로즈마리 8g을 유리 우림 포트에 넣는다.
2. 90℃의 물 1.2L를 붓고, 2분간 우린다.
3. 250~300ml 나눔 포트에 4개에 나누어 담아낸다.

📷 활동 사진

5-07 차(茶)와 함께하는 슬기로운 대인관계

7차시 공감하는 마음 다지기

학습 목표
1. 세계 3대 홍차의 특징을 안다.
2. 이심전심 활동을 통해 상대방을 배려하고 공감력을 키운다.

차(茶)
1. 홍차
2. 가향 녹차

활동 이심전심

단계	내용	시간

도입	■ 인사 나누기
	– '난 모두를 사랑해' 주제를 소개한다.
	   나를 사랑하는 만큼 내 옆 사람도 사랑해 보세요. 그리고 그 옆에 사람에게도 마음을 표현해 보세요. 충분한 사랑의 마음이 전해진다면 나에 대한 사랑도 더 커질 겁니다.
	   우리 모두 다 함께 인사해요. '난 모두 사랑해'
	■ 차 소개
	– 첫 번째 차: 홍차(기문 홍차)
	– 두 번째 차: 가향 녹차(오설록 유채&꿀)
		20′

전개	■ 첫 번째 차 – 홍차(기문 홍차) – 기문 홍차를 우리며 차의 특징을 설명한다. – 차를 나누고 8단계 실천으로 모두 음미한다. ■ 이야기 나누기 – 마음을 열고 미소 띤 얼굴로 차의 색·향·미 이야기를 나눈다. ■ 첫 번째 차 2포 우려 마시기 – 오늘의 활동을 소개한다.	20′
	■ 활동하기 – 이심전심 ① 진행자와 함께 그동안 마셨던 차의 이름을 다시 되새겨 알아본다. (예: 홍차, 백차, 녹차, 꽃차 등) ② 2명씩 짝을 이루고, 짝을 이룬 팀에게 두 개의 차 이름을 보여준다. ③ 짝을 이룬 두 사람이 동시에 좋아하는 차 이름을 외친다. ④ 동시에 똑같은 단어를 말하는 팀에게 박수를 보낸다. ■ 두 번째 차 – 가향 녹차(오설록 유채&꿀) – 두 번째 차 준비와 찻잔을 헹군다. – 차를 우리며, 차의 특징을 설명한다.	30′

전개	– 차를 나누고 8단계 실천으로 다 함께 음미한다. – 차의 색·향·미를 표현한다. ■ **두 번째 차 2포 우려 마시기** – 차와 함께 깨어 있기(1박/2박/4박/8박자 박수)	30′
마무리	■ **활동 소감 나누기** ■ **마음 체조** ■ **마무리 인사 후 정리**	20′
준비물	차, 다구, 차 이름이 적힌 종이	

☕ 첫 번째 차: 홍차(기문 홍차 사용)

'기문 홍차'는 인도의 '다르질링', 스리랑카의 '우바'와 함께 세계 3대 홍차 중 하나로서 주요 생산지는 중국 안후이성 황산 산맥 주변 기문현이다. 영국 런던에서는 '왕자차' 또는 '차의 영웅호걸'이라 불리기도 한다. 기문 홍차의 탕색은 맑고 투명하며 밝은 오렌지의 선홍색으로 차향이 짙고 난꽃, 사과, 와인, 벌꿀 향이 나며 스모키한 여운이 있다. 맛은 순후하여 바디감은 분명하고 부드러운 떫은맛과 은은한 단맛의 조화가 좋다.

● 기문 홍차 우림법(10명 기준)
1. 2L 우림 포트에 기문 홍차 10g을 넣는다.
2. 85~90℃의 물 1.2L를 붓고, 3분 30초 동안 우린다.
3. 250~300ml 나눔 포트 4개에 농도를 맞추어 담아낸다.

☕ 두 번째 차: 가향 녹차(오설록 유채&꿀 사용)

오설록에서 나온 제품으로 녹차를 베이스로 하여 유채 향과 꿀 향이 블렌딩되어 있다. 탕색은 맑은 노란색이고 은은한 꽃 향과 달콤한 꿀 향미가 짙고 살구의 상큼한 맛이 깔끔하다.

● 오설록(유채&꿀) 우림법(10명 기준)
1. 2L 우림 포트에 오설록 차 3티백을 넣는다.
2. 70℃의 물 1.2L를 붓고, 3분간 우린다.
3. 250~300ml 나눔 포트 4개에 나누어 담아낸다.

5-08 차(茶)와 함께하는 슬기로운 대인관계

8차시 용기 있는 마음 다지기

학습목표
1. 홍차의 종류를 알고 블렌디드 홍차와 가향 홍차의 특징과 매력에 대해 안다.
2. 만약에 카드 활동을 통해 자신을 응원하고 용기를 갖는다.

차(茶)
1. 블렌디드 홍차
2. 과일 블렌딩 가향 홍차

활동 카드 활동(만약에)

단계	내용	시간
도입	■ 인사 나누기 – '난 할 수 있어' 주제를 소개한다. 　인생을 살아가는 데 가장 중요한 것은 나를 믿는 것이고, 나를 사랑하는 것이고, 나에게 확신을 하는 겁니다. 확신을 갖는다면 못 할 것이 없겠지요? 우리 모두 다 함께 인사해요. '난 할 수 있어' ■ 차 소개 – 첫 번째 차: 블렌디드 홍차(보스턴 티파티) – 두 번째 차: 과일 블렌딩 가향 홍차(베질루르 라즈베리&로즈힙)	20′
전개	■ 첫 번째 차 – 블렌디드 홍차(보스턴 티파티) – 보스턴 티파티를 우리며 차의 특징을 설명한다. – 차를 나누고 8단계 실천으로 모두 음미한다. ■ 이야기 나누기 – 마음을 열고 미소 띤 얼굴로 차의 색·향·미 이야기를 나눈다. ■ 첫 번째 차 2포 우려 마시기 – 오늘의 활동을 소개한다.	20′
	■ 활동하기 – 만약에 카드 활용 ① 만약에 카드를 보여주고, 진행자가 한 장씩 읽어준다. ② 만약에 카드를 한 사람이 한 장씩 뽑는다. 　(예: 만약에 내가 ~~~한다면) ③ 자신이 뽑은 카드를 한 명을 지정하여 질문한다. ④ 질문을 받은 사람은 질문에 답을 하며, 모두 돌아가며 반복한다. ⑤ 발표자의 발표가 끝나면 모두 발표자에게 '넌 할 수 있어'를 외쳐준다. ■ 두 번째 차 – 과일 블렌딩 가향 홍차(베질루르 라즈베리&로즈힙) – 두 번째 차 준비와 찻잔을 헹군다. – 차를 우리며, 차의 특징을 설명한다.	30′

전개	– 차를 나누고 8단계 실천으로 다 함께 음미한다. – 차의 색·향·미를 표현한다. ■ 두 번째 차 2포 우려 마시기 – 차와 함께 깨어 있기(1박/2박/4박/8박자 박수)	30′
마무리	■ 활동 소감 나누기 ■ 마음 체조 ■ 마무리 인사 후 정리	20′
준비물	차, 다구, 만약에 카드	

첫 번째 차: 블렌디드 홍차(보스턴 티파티 사용)

'보스턴 티파티' 홍차는 이스트 인디아 컴퍼니(동인도회사)에서 역사적 사건 '보스턴 티파티'의 의미를 담아 중국 녹차, 인도 다즐링, 케냐 홍차를 블렌딩하여 만든 홍차이다. 탕색은 맑은 호박색이며 맛이 깔끔하고 산뜻하며 가벼운 훈연향이 난다.

● 보스턴 티파티 홍차 우림법(10명 기준)

1. 2L 우림 포트에 보스턴 티파티 차 10g을 넣는다.
2. 85℃의 물 1.2L를 붓고, 3~4분간 우린다.
3. 250~300ml 나눔 포트 4개에 나누어 담아낸다.

두 번째 차: 과일 블렌딩 가향 홍차(베질루르 라즈베리&로즈힙 사용)

스리랑카 실론 홍차(93%)를 베이스로 하여 라즈베리(5%)와 로즈힙(2%)을 블렌딩한 가향 홍차이다. 파파야, 마리골드, 수레국화를 넣어 새콤한 맛과 달콤한 향을 더욱 강화하였으며, 실론의 마일드한 바디감과 잘 어울려 밸런스가 좋다.

● 베질루르-라즈베리&로즈힙 우림법(10명 기준)

1. 2L 우림 포트에 베질루르 라즈베리&로즈힙 티백 4개를 넣는다.
2. 85℃의 물 1.2L를 붓고, 3~4분간 우린다.
3. 250~300ml 나눔 포트 4개에 나누어 담아낸다.

 활동 사진

만약에	만약에	만약에
우주여행을 간다면 누구와 함께?	순간이동을 할 수 있다면 바꾸고 싶은 상황은?	내가 되고 싶은 나이가 있다면?
한국지속가능문화교육개발원	한국지속가능문화교육개발원	한국지속가능문화교육개발원
만약에	**만약에**	**만약에**
성별이 바뀐다면?	내 머리속에 지우개가 있다면, 지우고 싶은 한 가지?	소원을 들어주는 램프가 있다면 소원 한 가지?
한국지속가능문화교육개발원	한국지속가능문화교육개발원	한국지속가능문화교육개발원
만약에	**만약에**	**만약에**
공짜로 생긴 100만원을 하루에 다 써야 한다면?	내가 동화 속 인물이 된다면 어떤 인물?	내가 좋아하는 연예인과 여행을 간다면 어디로?
한국지속가능문화교육개발원	한국지속가능문화교육개발원	한국지속가능문화교육개발원

5-09 차(茶)와 함께하는 슬기로운 대인관계

9차시 존중하는 마음 다지기

학습 목표
1. 차를 만드는 다양한 방법을 알고 전통 발효차의 특징을 안다.
2. 연상게임 언어 활동을 통해 자신과 남을 존중하는 마음을 키운다.

차(茶)
1. 전통 발효차
2. 대용차

활동 연상게임

단계	내용	시간
도입	■ 인사 나누기 – '난 당신과 달라' 주제를 소개한다. 　자만심과 자신감은 다르죠. 남을 무시하는 다름의 자만심보다 서로를 존중하는 자신감은 당신을 더욱 멋진 사람으로 만들어 줍니다. 　우리 모두 다 함께 인사해요. '난 당신과 달라' ■ 차 소개 – 첫 번째 차: 전통 발효차(장흥 청태전) – 두 번째 차: 대용차(더덕차)	20′
전개	■ 첫 번째 차 – 전통 발효차(장흥 청태전) – 장흥 청태전을 우리며 차의 특징을 설명한다. – 차를 나누고 8단계 실천으로 모두 음미한다. ■ 이야기 나누기 – 마음을 열고 미소 띤 얼굴로 차의 색·향·미 이야기를 나눈다. ■ 첫 번째 차 2포 우려 마시기 – 오늘의 활동을 소개한다.	20′
	■ 활동하기 – 연상 단어 릴레이 ① 진행자가 참가자 한 명에게 단어를 제시한다. 　(예: 과일, 봄, 바다, 홍길동 등) ② 다음의 첫 단어에 연상되는 단어를 말한다. 　(예: 과일+사과→과일+사과+빨강→과일+사과+빨강+무지개→…) ③ 첫 단어를 말한 사람은 나머지 사람들이 말한 모든 단어를 기억해 말한다. ④ 발표자가 모든 단어를 잘 기억해 말하면 모두 '넌 역시 달라!'를 외쳐 준다.	30′

전개	■ 두 번째 차 – 대용차(더덕차) 　– 두 번째 차 준비와 찻잔을 헹군다. 　– 차를 우리며, 차의 특징을 설명한다. 　– 차를 나누고 8단계 실천으로 다 함께 음미한다. 　– 차의 색 · 향 · 미를 표현한다. ■ 두 번째 차 2포 우려 마시기 　– 차와 함께 깨어 있기(1박/2박/4박/8박자 박수)	30′
마무리	■ 활동 소감 나누기 ■ 마음 체조 ■ 마무리 인사 후 정리	20′
준비물	차, 다구	

첫 번째 차: 전통 발효차(장흥 청태전 사용)

청태전은 '푸른 이끼가 낀 동전 모양'이라는 뜻을 가진 전남 장흥 지방의 전통 발효차이다. 장흥의 보림사 주변 비자림에서 자생하는 찻잎을 채취하여 빻고 쪄서 동그란 엽전 모양으로 만드는 것으로 '떡차', '돈차'로 불리며 삼국시대부터 유래되었다. 탕색은 밝은 홍갈색을 띠며 독특한 맛과 향이 풍미가 깊다.

● **장흥 청태전 우림법(10명 기준)**
1. 2L 우림 포트에 장흥 청태전 1알을 넣는다.
2. 95~100℃의 물 1.2L를 붓고, 5분간 스월링하며 충분히 우린다.
3. 250~300ml 나눔 포트 4개에 농도를 맞추어 담아낸다.

두 번째 차: 대용차(더덕차 사용)

더덕차는 폐 속의 음기와 간기를 보하므로 오랜 기침, 기관지염, 강장 효능에 탁월하다고 예부터 전해진다. 쌉싸름한 맛과 구수한 풍미가 뛰어나며 더덕 특유의 향과 조화롭게 어우러진다.

● **더덕차 우림법(10명 기준)**
1. 2L 우림 포트에 더덕차 12g을 넣는다.
2. 100℃의 물로 한 번 세차하고 물 1.2L를 다시 붓고 5분간 스월링하며 우린다.
3. 250~300ml 나눔 포트 4개에 나누어 담아낸다.

5-10 차(茶)와 함께하는 슬기로운 대인관계

10차시 확신하는 마음 다지기

학습목표
1. 우리 몸에 보배가 되는 차의 특징에 대해 안다.
2. 자신의 매력을 찾는 활동을 통해 자신에게 확신하는 마음을 다져본다.

차(茶)
1. 팔보차
2. 코디얼

활동 성격 매력 찾기

단계	내용	시간
도입	■ 인사 나누기 – '난 부자야' 주제를 소개한다. 　돈이 많은 것도 부자지만, 자녀가 많아도 부자, 취미가 많으면 취미 부자, 머리숱이 많으면 머리숱 부자, 난 어떤 부자인지 한 번 자랑해 볼까요? 우리 모두 다 함께 인사해요. '난 부자야' ■ 차 소개 – 첫 번째 차: 팔보차 – 두 번째 차: 코디얼(비트)	20′
전개	■ 첫 번째 차 – 팔보차 – 팔보차를 우리며 차의 특징을 설명한다. – 차를 나누고 8단계 실천으로 모두 음미한다. ■ 이야기 나누기 – 마음을 열고 미소 띤 얼굴로 차의 색·향·미 이야기를 나눈다. ■ 첫 번째 차 2포 우려 마시기 　오늘의 활동을 소개한다.	20′
전개	■ 활동하기 – 성격 매력 찾기 ① 자신의 이름을 한 명씩 말한다. 　(예: 홍길동) ② 발표자를 이어 옆 사람이 발표한 사람의 이름 앞에 성격을 붙여 말한다. 　(예: 따뜻한 홍길동) ③ 다음 사람은 연이어 붙여서 말한다. 　(예: 따뜻하고 행동 빠른 홍길동) ④ 모두 이야기하면 가장 맘에 드는 말을 선택한다. ⑤ 왜 마음에 드는지 설명하고 감사 인사한다. ⑥ 발표자의 발표가 끝나면 모두 '당신은 매력 부자야!'를 외쳐준다.	30′

전개	■ 두 번째 차 – 코디얼(비트) – 두 번째 차 준비와 찻잔을 헹군다. – 차를 우리며, 차의 특징을 설명한다. – 차를 나누고 8단계 실천으로 다 함께 음미한다. – 차의 색·향·미를 표현한다. ■ 두 번째 차 2포 우려 마시기 – 차와 함께 깨어 있기(1박/2박/4박/8박자 박수)	30′
마무리	■ 활동 소감 나누기 ■ 마음 체조 ■ 마무리 인사 후 정리	20′
준비물	차, 다구	

 첫 번째 차: 팔보차

팔보차는 청열해독작용의 국화와 금은화, 어지럼증에 좋은 구기자, 식체와 복통에 좋은 산자를 비롯하여 대추, 진피, 운무차, 빙당으로 여덟 가지 재료가 블렌딩되어 효능이 더욱 강화된 차이다.

● 팔보차 우림법(10명 기준)

1. 1개의 개완에 팔보차 재료를 넣는다.
2. 95℃의 물을 개완에 가득 붓고, 3~4분간 우린다.
3. 팔보차는 3번 정도 반복해 우려 마실 수 있다.

두 번째 차: 코디얼(비트)

비트는 색깔이 붉어 빨간 무라고 부르기도 하며 베타인이라는 색소가 포함되어 있어 세포 손상을 억제하고 토마토의 8배에 달하는 항산화 작용으로 폐암, 폐렴 등 암을 예방하고 염증을 완화하는 효과가 있다. 또한 비트는 청소년의 골격 발달과 유아의 발육에도 좋고 철분과 비타민이 많아 적혈구 생성을 도우므로 생리불순 여성이나 갱년기 우울증에 좋다.

● 비트 코디얼 우림법(10명 기준)

1. 2L의 우림 포트에 비트 코디얼 120ml를 넣는다.
2. 90~95℃의 물 1.2L를 붓고, 스월링하며 3분간 우린다.
3. 250~300ml 나눔 포트 4개에 나누어 담아낸다.

6장

차(茶)와 함께하는 티 페어링

한국지속가능문화교육개발원 | Korea Sustainable Culture Education Center

 *Tea Therapy*

1) 달콤 한 스푼 파베 초콜릿
2) 한겨울에 먹어야 제맛~! 말차 모나카
3) 오이향 가득 싱그러운 미니 오이샌드위치
4) 케이크~? 롤리팝~? 케이크 팝~!
5) 발렌타인데이에 연인과 함께 초코견과타르트
6) 유자와 견과류의 쁘띠만남 유자타르트
7) 촉촉 폭신 달콤 레밍턴 케이크
8) 황금비율 소스 치즈 샌드위치
9) 단짠단짠 앙! 한입 쏙! 미니 토스트앙버터
10) 리얼 생과일파르페 컵과일 케이크

6장 차(茶)와 함께하는 티 페어링

6-01 차(茶)와 함께하는 티 페어링

1차시   달콤 한 스푼 파베 초콜릿

학습 목표
1. 백차의 특징 및 백목단과 베르가모트 오일의 티 방법을 안다.
2. 백차와 어울리는 파베 초콜릿을 만들어 티 페어링(Tea Pairing)을 한다.

차(茶)
1. 백목단
2. 백목단+베르가모트 오일

오늘의 푸드   파베 초콜릿

단계	내용	시간
도입	■ **인사 나누기** – 차(茶)와 함께 즐기는 힐링 푸드 10차시 오리엔테이션 – 나만의 푸드로 별칭을 짓고 소개한다. ■ **차(茶) 소개 및 오늘의 티 푸드 소개** – 첫 번째 차: 백목단 – 두 번째 차: 백목단+베르가모트 오일 – 티 푸드: 파베 초콜릿에 대하여 설명하기 및 재료 알아본다. – 차 우림 준비 및 찻잔 데우기를 한다.	20′

전개	■ **첫 번째 차 – 백목단**
	– 백목단을 우리며 차의 특징을 설명한다.
	– 차를 나누고 8단계 실천으로 다 함께 음미한다.
	  ① 눈에 담는다 ② 코를 간지럽힌다 ③ 입술을 적신다
	  ④ 입안 가득 머금는다 ⑤ 목에 길을 내준다
	  ⑥ 배를 따뜻하게 해 준다 ⑦ 뇌를 깨운다 ⑧ 마음을 열어 준다
	■ **이야기 나누기**
	– 마음을 열고 미소 띤 얼굴로 차의 색·향·미 이야기를 나눈다.
	  (예: 차의 밀 향이 기분마저 달콤하게 하네요.)
	■ **첫 번째 차 2포 우려 마시기**
		20′

	■ **활동하기 – 파베 초콜릿** – 프랑스에서 처음 만들어진 초콜릿으로 '파베(Pavé)'란 프랑스어로 벽돌이라는 뜻이다. 프랑스 레지 옹 론알프, 데파르트망사부아에 위치한 샤베	40′

전개	리에서 루이 뒤푸르(Louis Dufour)가 1895년에 생크림, 바닐라, 코코아 가루 등을 혼합하여 개발한 초콜릿이다. ① 볼에 준비된 연유 100g과 코코아 가루 50g을 넣고 잘 섞어준다. ② 코코아 반죽을 랩으로 잘 감싸서 두께 1.5cm로 모양을 사각형 모양으로 만든다. ③ 완성된 코코아 반죽을 냉동고에 10분 정도 넣어둔다. ④ 얼린 코코아 반죽을 꺼내서 랩을 벗긴 후 한입 크기로 자른 후 코코아 가루에 잘 굴려 표면에 코코아 가루로 코팅하며 모양을 다듬어 준다. ⑤ 완성된 파베 초콜릿 중 차와 함께 음미할 것은 접시 위에 올려놓고 나머지는 포장한다. ※응용: 다른 천연 가루를 이용해 색색의 파베 초콜릿을 만들 수 있다. ■ **두 번째 차 – 백목단 + 베르가모트 오일** – 두 번째 차 준비와 찻잔을 헹군다. – 베르가모트 오일 차를 우리며 차의 특징을 설명한다. – 차를 나누고 8단계 실천으로 다 함께 음미하고 파베 초콜릿과도 함께 음미한다. – 차의 색·향·미를 표현해 보고 차와 티 푸드의 어울림에 대해서 이야기를 나눈다. (예: 차만 마셨을 때와 티 푸드와 함께 마셨을 때의 차 맛의 차이점) ■ **두 번째 차 2포 우려 마시기**	40′
마무리	■ **활동소감 나누기** ■ **차와 파베 초콜릿에 대한 요점 정리** ■ **마무리 인사 후 정리**	10′
준비물	차, 다구, 코코아 가루, 연유, 볼, 스푼, 랩, 종이호일, 칼	

첫 번째 차: 백목단 차

백목단(白牡丹)은 백 가지 병을 고친다는 백차이다. 일창이기(싹 하나에 잎이 두 개 달린)를 선별 채취하여 원료로 쓰며 잎을 펴 널어서 시들리기를 한 후에 직접 불을 쬐어 홍배 과정을 거친다. 완성된 차의 싹 끝이 꼿꼿하고 잎 가장자리가 꼬부라져 늘어졌으며 잎 뒷면은 하얀 솜털인 백호가 가득 덮여 있고 잎 표면이 은초록인 싹과 잎이 한줄기에 붙어 있어 모양이 마치 모란꽃과 같기에 목단이란 이름을 가지게 되었다. 카테킨 및 다종의 아미노산, 관물질, 단백질 등을 함유하고 있어 고혈압, 지방관, 혈관장애, 심장병, 당뇨 등을 방지하는 효능을 가지고 있다.

● 백목단 차 우림법(10명 기준)

1. 2L의 유리 우림 포트에 백목단 차 10g을 넣는다.
2. 95℃의 물 1.2L를 부어 3분간 우린다.
3. 250~300ml 공도배 4개에 농도를 맞추어 담아낸다.

두 번째 차: 베르가모트

이탈리아에서 몇백 년 전부터 재배하고 있는 오렌지 향이 나는 꽃과 운향과 나무로 향료와 정유를 채취하기 위해 재배하기 시작했다. 향이 짙으므로 블렌딩 시 조금만 넣는다. 베르가모트는 가향으로 많이 사용하므로 오일을 넣어도 좋다.

● **백목단 차+베르가모트 오일 차 우림법(10명 기준)**

1. 2L의 유리 우림 포트에 백목단 차 10g을 넣는다.
2. 95℃의 물 1.2L를 부어 3분간 우린다.
3. 다 우려낸 찻물에 베르가모트 오일 4~5방울을 넣는다.
4. 250~300ml 나눔 포트 4개에 농도를 맞추어 담아낸다.

📷 활동 사진

6-02 차(茶)와 함께하는 티 페어링

2차시 한겨울에 먹어야 제맛~! 말차 모나카

학습 목표
1. 녹차의 특징 및 잎차와 허브차의 특징을 안다.
2. 녹차와 어울리는 말차 모나카를 만들어 티 페어링(Tea Pairing)을 한다.

차(茶)
1. 서호용정
2. 히비스커스 블렌딩차

오늘의 푸드 말차 모나카

단계	내용	시간
도입	■ 인사 나누기 – 별칭으로 서로 눈 마주치며 인사 나눈다. ■ 차(茶) 소개 및 오늘의 티 푸드 소개 – 첫 번째 차: 서호용정 – 두 번째 차: 히비스커스 블렌딩 차 – 티푸드– 말차 모나카에 대해 알아보고 재료 알아본다. – 차 우림 준비 및 찻잔 데우기를 한다.	20′
전개	■ 첫 번째 차 – 서호용정 – 서호용정을 우리며 차의 특징을 설명한다. – 차를 나누고 8단계 실천으로 다 함께 음미한다. ■ 이야기 나누기 – 마음을 열고 미소 띤 얼굴로 차의 색·향·미 이야기를 나눈다. (예: 차의 콩 향이 마음을 편안하게 하네요) ■ 첫 번째 차 2포 우려 마시기	20′
전개	■ 활동하기 – 말차 모나카 – 찹쌀로 만든 모나카 깍지 안에 말차를 넣은 앙금을 넣고 견과류 또는 건 과일로 데코하는 티푸드 ① 모나카 깍지를 꺼내서 접시에 놓는다. ② 백앙금에 말차 가루 1T를 넣고 주걱으로 잘 섞는다. 말차 가루가 보이지 않고 앙금 색이 푸릇푸릇한 초록색이 될 때까지 주걱으로 잘 섞는다. ③ 잘 섞인 말차 앙금을 모나카 깍지 안에 채워 넣어 빵 칼 뒷부분으로 모나카 깍지의 윗부분을 편평하게 마무리해 준다. ④ 모나카 깍지에 깔끔하게 잘 들어간 말차 앙금 위에 건과일과 아몬드 슬라이스로 이쁘게 장식한다. ⑤ 완성된 말차 모나카 중 차와 함께 음미할 것은 접시 위에 올려놓고 나머지는 포장한다.	40′

전개	※응용: 말차 가루 대신 백련초 가루나 단호박 가루, 자색 고구마 가루로 대체 가능하며 장식도 견과류나 건과일 외에도 블루베리나 딸기, 포도 등으로 응용 가능하다. ■ **두 번째 차 – 히비스커스차** – 두 번째 차 준비와 찻잔을 헹군다. – 히비스커스 블렌딩 차를 우리며 차의 특징을 설명한다. – 차를 나누고 8단계 실천으로 다 함께 음미하고 말차 모나카도 함께 음미한다. – 차의 색·향·미를 표현해 보고 차와 티 푸드의 어울림에 대해서 이야기를 나눈다. (예: 차만 마셨을 때와 티 푸드와 함께 마셨을 때의 차 맛의 차이점) ■ **두 번째 차 2포 우려 마시기**	40′
마무리	■ **활동소감 나누기** ■ **차와 말차 모나카에 대한 요점 정리** ■ **마무리 인사 후 정리**	10′
준비물	차, 다구, 모나카 깍지, 백앙금, 말차가루, 건과일, 견과류, 주걱, 볼, 플라스틱빵칼, 접시	

첫 번째 차: 서호용정차

중국 십대 명차 중 첫 번째로 꼽히는 1500년의 역사를 가지고 있는 중국을 대표하는 차로, 육우(陸羽)가 최고의 차라 품평했다는 용정차, 맛이 담백하고 깔끔한 불발효차이다.

호포천의 차고 깨끗한 물로 재배한다. 용정차와 호포천을 합쳐 용차호수라 부르며 붙여서 서호용정이라고 한다. 고온 덖음 과정에서 어린 잎이 부서지지 않고 깔끔하고 납작한 모양으로 만든다. 찻잎 외형은 곧고 편평하며 윤기와 광택이 있는 것이 특징이다.

잠을 깨워주고 머리를 맑게 해 주는 효과가 있어 아침에 마시기 좋은 녹차이다.

- 서호용정차 우림법(10명 기준)

1. 2L의 유리 우림 포트에 서호용정차 10g을 넣는다.
2. 차는 95℃의 물을 4~5회 교반한다.
3. 75℃의 물 1.2L를 부어 3분간 우린다.
4. 250~300ml 나눔 포트 4개에 농도를 맞추어 담아낸다.

*녹차 우림 시 끓인 물 2개의 나눔 포트로 4~5회 교반(攪拌)하여 온도를 내려서 우린다.

두 번째 차: 히비스커스 블렌딩 차

히비스커스 블렌딩 차에 레드베리, 블랙베리 그리고 사과의 붉은 빛이 풍부한 맛을 더해 더운 여름에 딱 어울리는 차이다. 무카페인 음료로 온종일 온차로도 냉차로도 즐길 수 있다.

아쿠아로사는 아프리카 히비스커스인 아비시니안 핑크티에서 영감을 받아 수줍은 볼같이 발그레한 분홍빛과 함께 과일의 톡 쏘는 상큼함이 느껴지는 차이다.

● 히비스커스 블렌딩 차 우림법(10명 기준)

1. 2L의 유리 우림 포트에 히비스커스 블렌딩 차 10g을 넣는다.
2. 95℃의 물 1.2L를 부어 3분간 우린다.
3. 250~300ml 나눔 포트 4개에 농도를 맞추어 담아낸다.

* 쿠스미 아쿠아로사를 사용했다.

📷 활동 사진

6-03 차(茶)와 함께하는 티 페어링

3차시 오이 향 가득 싱그러운 미니 오이 샌드위치

학습 목표
1. 청차의 특징 및 화차의 특징을 안다.
2. 청차와 어울리는 오이 샌드위치를 만들어 티 페어링(Tea Pairing)을 한다.

차(茶)
1. 만송포
2. 자스민 녹차

오늘의 푸드 미니 오이 샌드위치

단계	내용	시간
도입	■ 인사 나누기 – 별칭으로 서로 눈 마주치며 인사 나눈다. ■ 차(茶) 소개 및 오늘의 티 푸드 소개 – 첫 번째 차: 만송포 – 두 번째 차: 자스민 녹차 – 티 푸드– 미니 오이 샌드위치 재료를 알아본다. – 차 우림 준비 및 찻잔 데우기를 한다.	20′
전개	■ 첫 번째 차 – 만송포 – 만송포를 우리며 차의 특징을 설명한다. – 차를 나누고 8단계 실천으로 다 함께 음미한다. ■ 이야기 나누기 – 마음을 열고 미소 띤 얼굴로 차의 색·향·미 이야기를 나눈다. (예: 차의 단 향이 식욕을 돋게 하네요) ■ 첫 번째 차 2포 우려 마시기	20′
전개	■ 활동하기 – 미니 오이 샌드위치 – 식빵을 4등분 하여 그 위에 크림치즈를 바르고 오이를 올려서 만드는 미니 오이 오픈 샌드위치 ① 깨끗이 씻은 오이를 슬라이스로 동글동글하게 자른다. ② 잘 자른 오이 슬라이스에 소금을 뿌려 오이를 살짝 절인다. ③ 오이가 절여지는 동안 식빵 테두리를 자르고 4등분으로 잘라 크림치즈를 바른다. ④ 절인 오이는 물기를 꼭 짠 후 크림치즈를 바른 식빵 위에 소복하게 올려 준다. ⑤ 완성된 미니 오이 샌드위치 중 차와 함께 음미할 것은 접시 위에 올려놓고 나머지는 포장한다. ※응용: 오이를 절여서 물기를 꼭 짠 후 크림치즈를 바른 식빵 위에 서로 1/3 정도가 겹치도록 돌려 가면서 올려준다.	40′

전개	■ 두 번째 차 – 자스민 녹차 – 두 번째 차 준비와 찻잔을 헹군다. – 자스민 녹차를 우리며 차의 특징을 설명한다. – 차를 나누고 8단계 실천으로 다 함께 음미하고 오이 샌드위치도 함께 음미한다. – 차의 색·향·미를 표현해 보고 차와 티 푸드의 어울림에 대해서 이야기를 나눈다. (예: 차만 마셨을 때와 티 푸드와 함께 마셨을 때의 차 맛의 차이점) ■ 두 번째 차 2포 우려 마시기	40′
마무리	■ 활동소감 나누기 ■ 차와 오이 샌드위치에 대한 요점 정리 ■ 마무리 인사 후 정리	10′
준비물	차, 다구, 통밀식빵, 크림치즈, 오이, 빵칼, 소금, 티스푼, 식가위, 접시	

 첫 번째 차: 만송포차

하동 녹차 연구소 주최로 무이산에 선진차 견학을 간 '백학제다' 박부원 대표가 대홍포에 반해 신토불이 유기농 한국의 차엽(소엽종)과 작은 줄기 등으로 만든 대홍포 스타일의 차로 이름은 박부원 대표의 호인 만송(늦을 만, 소나무 송)에 대홍포의 끝 자를 따서 만송포라고 이름을 붙였다. 자신의 이름을 걸고 중국의 대홍포와 승부하겠다는 대단한 자부심으로 탄생한 만송포는 무이암차와 같으면서도 다른 느낌의 차로 맛의 풍미를 극대화시킬 수 있도록 2~3년의 숙성 기간을 거쳐 만들어진다.

● 만송포차 우림법(10명 기준)

1. 2L의 유리 우림 포트에 만송포차 10g을 넣는다.
2. 95℃의 물 1.2L를 부어 3분간 우린다.
3. 250~300ml 나눔 포트 4개에 농도를 맞추어 담아낸다.

두 번째 차: 자스민 녹차

중국의 전통 방식으로 만들어진 자스민 녹차는 자스민꽃 향을 입히는 방식이 찻잎 한 겹 쌓고 그 위에 자스민 꽃 한 겹 쌓는 과정을 반복해 꽃 향이 찻잎에 배도록 하는 과정을 6번 정도 반복하여 만들어진 화차(花茶)이다. 베이스 차(茶)로는 녹차를 사용하여 차 맛의 깊이와 부드러움을 더한다. 화차는 차에 향을 입힌 것이므로 차가 가지고 있는 효능을 거의 다 가지고 있다. 중국의 전통 방식으로 만들어진 자스민 녹차는 인공 또는 천연향을 찻잎에 뿌리는 가향 방식보다 차를 우렸을 때 자스민 향이 더 깊고 오래 유지된다. 차의 쓴맛이 적기 때문에 차에 익숙하지 않은 사람들도 쉽게 마실 수 있는 차이다.

● **자스민 녹차 우림법(10명 기준)**

1. 2L의 우림 포트에 자스민 녹차 10g을 넣는다.
2. 차는 95℃의 물을 4~5회 교반한다.
3. 75℃의 물 1.2L를 부어 3분간 우린다.
4. 250~300ml 나눔 포트 4개에 농도를 맞추어 담아낸다.

*녹차 우림 시 끓인 물 2개의 나눔 포트로 4~5회 교반(攪拌)하여 온도를 내려서 우린다.

활동 사진

6-04 차(茶)와 함께하는 티 페어링

4차시 케이크~? 롤리팝~? 케이크 팝~!

학습 목표
1. 꽃차의 특징 및 음미 법을 안다.
2. 꽃차와 어울리는 케이크 팝을 만들어 티 페어링(Tea Pairing)을 한다.

차(茶)
1. 매화차
2. 장미 공예화차

오늘의 푸드 케이크 팝

단계	내용	시간
도입	■ 인사 나누기 – 별칭으로 서로 눈 마주치며 인사 나눈다. ■ 차(茶) 소개 및 오늘의 티 푸드 소개 – 첫 번째 차: 매화 – 두 번째 차: 장미 공예화차 – 티 푸드: 케이크 팝에 대한 설명 및 재료를 알아본다. – 차 우림 준비 및 찻잔 데우기를 한다.	20′
전개	■ 첫 번째 차 – 매화차 – 매화차를 우리며 차의 특징을 설명한다. – 차를 나누고 8단계 실천으로 다 함께 음미한다. ■ 이야기 나누기 – 마음을 열고 미소 띤 얼굴로 차의 색·향·미 이야기를 나눈다. 　(예: 차의 매화 향이 마음을 설레게 하네요.) ■ 첫 번째 차 2포 우려 마시기	20′
전개	■ 활동하기 – 케이크 팝 – 카스텔라를 뭉쳐 초콜릿으로 코팅해서 만드는 케이크 팝 ① 카스텔라를 부숴서 체에 내려 우유를 넣고 잘 뭉쳐지도록 반죽한다. ② 반죽을 500원 동전 크기로 동그랗게 뭉쳐 놓는다. ③ 다크 코팅 초콜릿을 중탕으로 녹인 다음 동그랗게 뭉친 반죽을 초콜릿에 담갔다 바로 꺼내어 초콜릿이 굳기 전에 색색의 크런키에 굴려서 완성한다. ④ 완성된 케이크 팝 중 차와 함께 음미할 것은 접시 위에 올려놓고 나머지는 포장한다. ※응용: 빵 외에도 떡으로도 응용할 수 있다.	40′

전개	■ 두 번째 차 – 장미 공예화차 – 두 번째 차 준비와 찻잔을 헹군다. – 장미 공예화차를 우리며 차의 특징을 설명한다. – 차를 나누고 8단계 실천으로 다 함께 음미하고 케이크 팝과도 함께 음미한다. – 차의 색·향·미를 표현해 보고 차와 티 푸드의 어울림에 대해서 이야기를 나눈다. (예: 차만 마셨을 때와 티 푸드와 함께 마셨을 때의 차 맛의 차이점) ■ 두 번째 차 2포 우려 마시기	40′
마무리	■ 활동소감 나누기 ■ 차와 케이크 팝에 대한 요점 정리 ■ 마무리 인사 후 정리	10′
준비물	차, 다구, 카스텔라, 다크 코팅 초콜릿, 우유, 색색크런키, 넓은 스텐볼, 중간체, 중탕볼, 쟁반, 대나무꽂이	

 첫 번째 차: 매화

매화는 사군자 중의 하나이며 눈 속에서 피는 설중매, 추위 속에 피는 한중매 등으로 불리며 문인 묵객들의 총애를 받았던 꽃이다. 매화차의 맛은 따뜻하고 매우 시원하며 행이 아주 좋다. 갈증을 해소하고 숙취를 없애며 기침과 구토 증세를 다스린다. 특히 신경과민으로 가슴이 답답하고 소화가 잘 안 되며 목 안에 이물질이 걸려 있는 것 같은 증상에 효과가 있다. 또한 마시면 머리가 맑아지고 피부가 매끄럽게 깨끗해져 기미 주근깨를 방지한다고 한다.

● 매화꽃 차 우림법(10명 기준)

1. 2L의 유리 우림 포트에 매화꽃 차 2g을 넣는다.
2. 95℃의 물 1.2L를 부어 3분간 우린다.
3. 250~300ml 나눔 포트 4개에 농도를 맞추어 담아낸다.

두 번째 차: 공예화차(보보고승)

공예화차는 백차와 천연 생화를 이용해 용주 또는 공 모양으로 건조해 만든 차로 백차 대신 녹차를 사용하기도 한다. 1980년대부터 중국 안후이성과 복건성에서 주로 만들어진다. 녹차엽 안에 생화 꽃이 무명실로 고정되어 하나의 작품처럼 만들어져 있다.

이번 차시에 사용한 공예화차는 '보보고승' 공예화차로 '한 걸음 한 걸음 높이 오르다'라는 뜻으로 프렌치 메리골드를 백차로 감싸 놓았다. 물을 부으면 한 칸 한 칸 꽃이 올라온다. 승진, 학업 성취를 축원하는 의미가 있다.

● 공예차(工藝茶) 우림법(10명 기준)

1. 2L의 우림 포트에 끓인 물 200ml를 붓는다.
2. 공예차를 차 집게로 살포시 넣는다.
3. 꽃이 중간 정도 피었을 때 95℃의 물 1L를 우림 포트 벽면을 타고 흐르게 붓고 3분간 우린다.
4. 꽃이 다 피어나면 250~300ml 나눔 포트 4개에 농도를 맞추어 담아낸다.
5. 찻잔에 따라서 차의 색·향·미를 음미하며 마신다.

활동 사진

6-05 차(茶)와 함께하는 티 페어링

5차시 발렌타인데이에 연인과 함께 초코견과타르트

학습 목표
1. 보이차의 특징 및 흘묵과 흑당의 티 방법을 안다.
2. 보이차와 어울리는 초코견과타르트를 만들어 티 페어링(Tea Pairing)을 한다.

차(茶)
1. 흘묵
2. 흘묵 + 장미흑당

오늘의 푸드 초코견과타르트

단계	내용	시간
도입	■ 인사 나누기 　- 별칭으로 서로 눈 마주치며 인사 나눈다. ■ 차(茶) 소개 및 오늘의 티 푸드 소개 　- 첫 번째 차: 흘묵 　- 두 번째 차: 장미흑당 　- 티 푸드: 초코견과타르트의 설명과 재료 알아본다. 　- 차 우림 준비 및 찻잔 데우기를 한다.	20′
전개	■ 첫 번째 차 – 흘묵 　- 흘묵을 우리며 차의 특징을 설명한다. 　- 차를 나누고 8단계 실천으로 다 함께 음미한다. ■ 이야기 나누기 　- 마음을 열고 미소 띤 얼굴로 차의 색·향·미 이야기를 나눈다. 　　(예: 차의 건잎 향이 가을에 낙엽 길을 걷는 듯하네요.) ■ 첫 번째 차 2포 우려 마시기	20′
전개	■ 활동하기 – 초코견과타르트 　- 타르트쉘 안에 초콜릿과 견과류를 넣어 만드는 초코견과타르트 　① 짤주머니 안에 들어있는 다크커버춰 초콜릿을 볼에 뜨거운 물을 담아 초콜릿 안에 물이 들어가지 않도록 꽉 묶어서 뜨거운 물에 넣어 녹인다. 　② 타르트쉘을 접시 위에 올려놓고 다 녹은 초콜릿이 들어있는 짤주머니의 끝을 1cm 정도 자른 후 타르트 중앙에 대고 꾸~욱 짜서 타르트 안을 초콜릿으로 채운다. 　③ 잘 채워진 타르트쉘 초콜릿 위에 견과류를 올려준다. 　④ 초콜릿이 굳으면 완성된다. 　⑤ 완성된 초코견과타르트 중 차와 음미할 것은 접시 위에 올려놓고 나머지는 포장한다.	40′

전개	※응용: 초콜릿 대신 앙금이나 크림치즈 생크림 등으로도 응용 가능 ■ 두 번째 차 – 흘묵 + 장미흑당 – 두 번째 차 준비와 찻잔을 헹군다. – 장미흑당차를 우리며 차의 특징을 설명한다. – 차를 나누고 8단계 실천으로 다 함께 음미하고 초코견과타르트와도 함께 음미한다. – 차의 색·향·미를 표현해 보고 차와 티 푸드의 어울림에 대해서 이야기를 나눈다. (예: 차만 마셨을 때와 티 푸드와 함께 마셨을 때의 차 맛의 차이점) ■ 두 번째 차 2포 우려 마시기	40′
마무리	■ 활동소감 나누기 ■ 차와 초코견과타르트에 대한 요점 정리 ■ 마무리 인사 후 정리	10′
준비물	차, 다구, 타르트쉘, 다크커버춰초콜릿, 짤주머니, 견과류, 접시	

☕ 첫 번째 차: 흘묵

흘묵이란 '먹물을 먹다'라는 뜻으로, 먹물을 먹는다는 것은 학문에 열중한다는 의미다. 차의 포장지에 인쇄된 문장은 당대뿐 아니라 1700년 동안 중국 최고의 문장이라고 칭송받는 명문 〈난정집서문〉이다. 바로 당 태종이 무덤까지 품고 갔다는 명문장이고 〈소익잠난정도〉 이야기의 주역이다. 차의 긴압(緊壓) 상태가 아주 고르며 잡내도 없고 깔끔한 차로 어린 찻잎에서 오는 해조류 향이 누드러지며 긴압이 강하지 않아 일부를 떼어내기가 수월하다.

붉은 적벽의 탕색이 깊이가 있고 보이숙차의 잔향이 풍부하다. 또한 고삽미가 거의 느껴지지 않고 맛은 아주 부드러우며 매끄럽다.

● 흘묵차 우림법(10명 기준)

1. 2L의 유리 우림 포트에 흘묵차 10g을 넣는다.
2. 95℃의 물을 조금 부어 세차 과정을 거친 후 다시 95℃ 물 1.2L를 부어 3분간 우린다.
3. 250~300ml 나눔 포트 4개에 농도를 맞추어 담아낸다.

두 번째 차: 흑당

사탕수수액 자체를 불순물만 제거하고 추출한 즙을 졸인 후 원심분리기로 당밀을 제거하지 않고 커다란 가마솥에서 장시간 졸여 흑설탕을 제조한다. 정제당에 비하여 불순물이 많고 품질이 떨어지지만, 각종 비타민과 미네랄, 섬유질 등 사탕수수가 가지고 있는 자연 그대로의 풍부한 영양성분이 함유되어 있고, 산지에 따라 독특한 풍미를 갖고 있다. 다이어트와 충치 예방에도 좋고, 아토피성 피부염 개선에도 효과가 있다고 알려져 있다.

이번 차시에는 장미흑당을 사용했다.

● 홀묵+흑당차 우림법(10명 기준)

1. 2L의 유리 우림 포트에 홀묵차 10g과 흑당을 넣는다.
2. 95℃의 물 1.2L를 부어 3분간 우린다.
3. 250~300ml 나눔 포트 4개에 농도를 맞추어 담아낸다.

활동 사진

6-06 차(茶)와 함께하는 티 페어링

6차시 유자와 견과류의 쁘띠 만남~ 유자타르트

학습 목표
1. 홍차의 특징 및 허브차의 특징을 안다.
2. 홍차와 어울리는 유자타르트를 만들어 티 페어링(Tea Pairing)을 한다.

차(茶) 1. 누와라엘리야 **오늘의 푸드** 유자타르트
         2. 루이보스

단계	내용	시간
도입	■ **인사 나누기** – 별칭으로 서로 눈 마주치며 인사 나눈다. ■ **차(茶) 소개 및 오늘의 티 푸드 소개** – 첫 번째 차: 누와라엘리야 – 두 번째 차: 루이보스 – 티푸드: 유자타르트에 대한 설명과 재료를 알아본다. – 차 우림 준비 및 찻잔 데우기를 한다.	20′
전개	■ **첫 번째 차 – 누와라엘리야** – 누와라엘리야를 우리며 차의 특징을 설명한다. – 차를 나누고 8단계 실천으로 다 함께 음미한다. ■ **이야기 나누기** – 마음을 열고 미소 띤 얼굴로 차의 색·향·미 이야기를 나눈다. 　(예: 차의 풋풋한 향이 마음까지 상쾌하게 하네요) ■ **첫 번째 차 2포 우려 마시기**	20′
전개	■ **활동하기 – 유자타르트** – 타르트쉘 안에 유자청을 넣어 만든 견과류 필링을 넣어 만드는 간단하지만 맛은 최고인 유자타르트 ① 접시 위에 타르트쉘을 나란히 놓는다. ② 볼에 견과류를 넣고 견과류 종류별 효능을 알아본다. ③ 견과류에 달달하고 맛있는 유자청을 넣어 함께 섞어준다. ④ 타르트쉘 안에 견과류 필링을 적당히 넣어준다. ⑤ 완성된 유자타르트 중 차와 함께 음미할 것은 접시 위에 올려놓고 나머지는 포장한다. ※응용: 유자청 외에 레몬청이나 자몽청을 넣어도 가능하다고 설명한다. ■ **두 번째 차 – 루이보스** – 두 번째 차 준비와 찻잔을 헹군다.	40′

전개	– 루이보스차를 우리며 차의 특징을 설명한다. – 차를 나누고 8단계 실천으로 다 함께 음미하고 유자타르트와도 함께 음미한다. – 차의 색·향·미를 표현해 보고 차와 티 푸드의 어울림에 대해서 이야기를 나눈다. (예: 차만 마셨을 때와 티 푸드와 함께 마셨을 때의 차 맛의 차이점) ■ 두 번째 차 2포 우려 마시기	40′
마무리	■ 활동소감 나누기 ■ 차와 유자타르트에 대한 요점 정리 ■ 마무리 인사 후 정리	10′
준비물	차, 다구, 타르트쉘, 견과류, 유자청, 접시, 볼, 티스푼	

첫 번째 차: 누와라엘리야

실론의 다즐링이라 불리며 스리랑카 홍차의 샴페인이라고 불릴 만큼 섬세하고 부드러운 맛과 향이 일품인 누와라엘리야차는 스리랑카의 다원들 중에서 가장 명성이 높은 지역으로 해발고도 1,868m 이상의 고산지대인 스리랑카의 남서부 산악지역에서 나는 홍차다.

이 지역의 차는 다른 저지대에서 생산되는 차와 비교했을 때 그 섬세함과 품질이 월등히 뛰어나다. 높은 고도와 연중 서늘한 기후의 영향으로 누와라엘리야의 차나무는 생장 속도가 늦고, 찻잎의 크기가 작으며 차를 우렸을 때 수색은 맑은 황금빛을 띠며, 탄닌 성분이 적어 발효가 덜 된 찻잎이 들어있는 것이 특징이다.

● **누와라엘리야차 우림법(10명 기준)**

1. 2L의 유리 우림 포트에 누와라엘리야차 10g을 넣는다.
2. 95℃의 물 1.2L를 부어 3분간 우린다.
3. 250~300ml 나눔 포트 4개에 농도를 맞추어 담아낸다.

두 번째 차: 루이보스

　루이보스 잎을 작게 자른 후 발효시켜 만든 차로 남아프리카 원주민들이 즐겨 마시던 차다. 원주민어로 루이는 '붉다' 보스는 '덤불'을 의미한다. 루이보스는 카페인이 없어 아이들도 마실 수 있으며, 철과 칼슘 등 미네랄, 마그네슘이 풍부하다.

　또 SOD(superoxide dismutase) 성분을 많이 함유하고 있어 항산화 작용과 알레르기 증세 완화, 눈떨림, 노화방지, 피부미용에 효과가 있다.

● 루이보스차 우림법(10명 기준)
1. 2L의 유리 우림 포트에 루이보스차 10g을 넣는다.
2. 95℃의 물 1.2L를 부어 3분간 우린다.
3. 250~300ml 나눔 포트 4개에 농도를 맞추어 담아낸다.

활동 사진

6-07 차(茶)와 함께하는 티 페어링

7차시 촉촉 폭신 달콤 레밍턴 케이크

학습 목표
1. 홍차와 녹차의 특징 및 차이를 안다.
2. 홍차 또는 녹차와 어울리는 레밍턴 케이크를 만들어 티 페어링(Tea Pairing)을 한다.

차(茶)
1. 보탑전홍
2. 가향녹차

오늘의 푸드 레밍턴 케이크

단계	내용	시간
도입	■ **인사 나누기** – 별칭으로 서로 눈 마주치며 인사 나눈다. ■ **차(茶) 소개 및 오늘의 티 푸드 소개** – 첫 번째 차: 보탑전홍 – 두 번째 차: 가향녹차 – 티 푸드: 레밍턴 케이크 설명과 재료를 알아본다. – 차 우림 준비 및 찻잔 데우기를 한다.	20′
전개	■ **첫 번째 차 – 보탑전홍** – 보탑전홍을 우리며 차의 특징을 설명한다. – 차를 나누고 8단계 실천으로 다 함께 음미한다. ■ **이야기 나누기** – 마음을 열고 미소 띤 얼굴로 차의 색·향·미 이야기를 나눈다. (예: 차의 구수한 향이 군고구마가 생각나게 하네요) ■ **첫 번째 차 2포 우려 마시기**	20′
전개	■ **활동하기 – 레밍턴 케이크** – 정사각형 모양의 스펀지케이크에 초콜릿 소스를 바르고 말린 코코넛을 뿌려낸 케이크. ① 카스텔라를 정사각형 모양으로 잘라서 준비하고, 코코넛 가루는 쟁반에 담아둔다. ② 생크림에 다크커버춰 초콜릿을 넣고 중탕으로 녹인다. ③ 정사각형으로 자른 카스텔라를 초콜릿을 녹인 생크림에 넣어 한 번 굴렸다 바로 빼준다. ④ 생크림을 입은 카스텔라를 코코넛 가루 위에 올려놓고 사방으로 굴리며 코코넛 가루를 묻혀준다.	40′

전개	⑤ 완성된 레밍턴 케이크 중 차와 함께 음미할 것은 접시 위에 올려놓고 나머지는 포장한다. ※응용: 카스텔라 대신 백설기로 하면 라이스 레밍턴 케이크가 된다. ■ **두 번째 차 – 가향 녹차** – 두 번째 차 준비와 찻잔을 헹군다. – 가향 녹차를 우리며 차의 특징을 설명한다. – 차를 나누고 8단계 실천으로 다 함께 음미하고 레밍턴 케이크와도 함께 음미한다. – 차의 색·향·미를 표현해 보고 차와 티 푸드의 어울림에 관하여 이야기를 나눈다. (예: 차만 마셨을 때와 티 푸드와 함께 마셨을 때의 차 맛의 차이점) ■ **두 번째 차 2포 우려 마시기**	40′
마무리	■ **활동소감 나누기** ■ **차와 레밍턴 케이크에 대한 요점 정리** ■ **마무리 인사 후 정리**	10′
준비물	차, 다구, 카스텔라, 생크림, 다크초콜릿, 코코넛 가루, 볼, 꽃이, 접시	

 첫 번째 차: 보탑전홍

중국 운남성 홍차로 수공으로 만든 차의 외형이 탑 모양을 닮았다고 해서 보탑이라는 이름을 갖게 되었다. 운남대엽종 고차수를 원료로 생산되는 전홍은 역사는 짧지만 운남을 대표하는 명차 중의 하나이다.

건차일 때는 달짝지근한 구수한 향이 나며 우린 후에는 우아한 꽃 향이 나는 전홍의 맛을 느낄 수가 있다.

● **보탑전홍 차 우림법(10명 기준)**

1. 2L의 유리 우림 포트에 보탑전홍 차 1개를 넣는다.
2. 95℃의 물 1.2L를 부어 3분간 우린다.
3. 250~300ml 나눔포트 4개에 농도를 맞추어 담아낸다.

 두 번째 차: 가향 녹차

제주 동백꽃의 달큰한 향미가 아찔하고 짙은 정열적이고 매혹적인 겨울의 차가움도 잊게 해주는 블렌딩 티로 플로럴 계열의 후발효 홍차로 코를 갖다 대면 과육이 달콤한 과일의 향이 물씬 난다. 붉은 꽃잎이 떠오르는 꽃 향이 나며 한입 마시면 동백꽃에서 나온 듯한 꿀을 탄 듯 달달한 맛이 살짝 퍼진다.

여기서는 오설록의 제주 동백꽃차를 사용하였다.

● **가향 녹차 우림법(10명 기준)**

1. 2L의 유리 우림 포트에 가향 녹차 3~4티백을 넣는다.
2. 75℃의 물 1.2L를 부어 3분간 우린다.
3. 250~300ml 나눔 포트 4개에 농도를 맞추어 담아낸다.

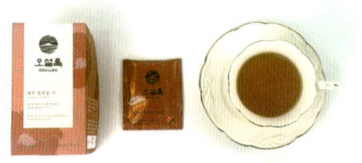

*녹차 우림 시 끓인 물 2개의 나눔 포트로 4~5회 교반(攪拌)하여 온도를 내려서 우린다.

활동 사진

6-08 차(茶)와 함께하는 티 페어링

8차시 황금비율 소스 치즈 샌드위치

학습 목표
1. 가향 홍차와 과일 홍차의 특징을 안다.
2. 가향 홍차와 어울리는 치즈 샌드위치를 만들어 티 페어링(Tea Pairing)을 한다.

차(茶)
1. 얼그레이
2. 가향 과일 홍차

오늘의 푸드 치즈 샌드위치

단계	내용	시간
도입	■ 인사 나누기 – 별칭으로 서로 눈 마주치며 인사 나눈다. ■ 차(茶) 소개 및 오늘의 티 푸드 소개 – 첫 번째 차: 얼그레이 – 두 번째 차: 가향 과일 홍차 – 티 푸드: 치즈 샌드위치에 대한 설명과 재료를 알아본다. – 차 우림 준비 및 찻잔 데우기를 한다.	20′
전개	■ 첫 번째 차 – 얼그레이 – 얼그레이를 우리며 차의 특징을 설명한다. – 차를 나누고 8단계 실천으로 차를 음미해본다. ■ 이야기 나누기 – 마음을 열고 미소 띤 얼굴로 차의 색·향·미 이야기를 나눈다. (예: 차의 베르가모트 향이 마음을 설레게 하네요) ■ 첫 번째 차 2포 우려 마시기	20′
전개	■ 활동하기 – 치즈 샌드위치 – 황금 비율을 자랑하는 특제 소스로 만드는 치즈 샌드위치 ① 먼저 특제 소스를 만든다. 마요네즈와 연유, 그리고 유자청을 1:1:0.5 비율로 넣고 소금 한 꼬집을 넣어 섞어준다. ② 식빵 위에 치즈를 비닐 채 대고 치즈 크기로 자른다. ③ 사각형으로 이쁘게 잘린 통밀 식빵을 대각선으로 자르고 다시 삼각형 모양의 빵을 작은 삼각형으로 자른다.(図) ④ 슬라이스 치즈를 비닐을 제거하지 않은 상태에서 칼등으로 대각선으로 식빵과 동일하게 칼집을 낸다.(図) ⑤ 식빵 한 면에 소스를 바르고 슬라이스 치즈를 비닐을 벗긴 후 올리고, 다시 식빵에 소스를 바른 부분을 맞대어 주어 치즈 샌드위치를 완성한다.	40′

전개	⑥ 완성된 치즈 샌드위치 중 차와 함께 음미할 것은 접시 위에 올려놓고 나머지는 포장한다. ※응용: 빵은 통밀 식빵으로도 가능하며, 햄이나 치즈를 한 장 더 넣어 3겹 샌드위치로도 응용 가능하다. ■ 두 번째 차 – 가향 과일 홍차 – 두 번째 차 준비와 찻잔을 헹군다. – 가향 과일 홍차를 우리며 차의 특징을 설명한다. – 차를 나누고 8단계 실천으로 다 함께 음미하고 치즈 샌드위치와도 함께 음미한다. – 차의 색·향·미를 표현해 보고 차와 티 푸드의 어울림에 관하여 이야기를 나눈다. (예: 차만 마셨을 때와 티 푸드와 함께 마셨을 때의 차 맛의 차이점) ■ 두 번째 차 2포 우려 마시기	40′
마무리	■ 활동소감 나누기 ■ 차와 치즈 샌드위치에 대한 요점 정리 ■ 마무리 인사 후 정리	10′
준비물	차, 다구, 식빵, 슬라이스치즈, 마요네즈, 연유, 유자청, 소금, 접시, 티스푼	

 첫 번째 차: 얼그레이

중국차를 기본으로 운향과 식물인 베르가모트(bergamot) 향을 입힌 차. 19세기 영국 귀족들에게 인기 있던 중국 푸젠성(福建省) 우이산에서 생산되는 랍상소우총 홍차가 높은 가격에 거래되고 있었는데, 유사품을 만들기 위해 베르가모트 향을 홍차에 입힌 것을 시작으로 현재 기문이나 랍상 소우총, 우바, 아삼 등 홍차에 베르가모트 향을 입힌 제품이 출시되고 있다. 차의 수색은 오렌지빛으로 스트레이트 또는 아이스티를 만들어 마시기 좋은 차이다.

● 얼그레이차 우림법(10명 기준)

1. 2L의 유리 우림 포트에 얼그레이차 10g을 넣는다.
2. 95℃의 물 1.2L를 부어 3분간 우린다.
3. 250~300ml 나눔 포트 4개에 농도를 맞추어 담아낸다.

두 번째 차: 가향 과일 홍차

달콤한 과일 향이 강하게 가향된 과일 홍차로 온차, 냉차로도 즐길 수 있지만 아이스로 마셨을 때 달콤한 향이 강해져 풍부한 향을 즐길 수 있는 가향 홍차다.

여기서는 베질루르의 과일 홍차인 스위트 체리차를 사용하였다.

● **가향 과일 홍차 우림법(10명 기준)**

1. 2L의 유리 우림 포트에 가향 과일 홍차 3~4티백을 넣는다.
2. 95℃의 물 1.2L를 부어 3분간 우린다.
3. 250~300ml 나눔 포트 4개에 농도를 맞추어 담아낸다.

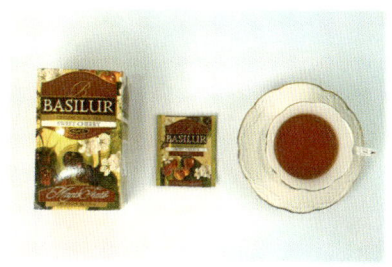

활동 사진

6-09 차(茶)와 함께하는 티 페어링

9차시 단짠 단짠 앙~한입 쏙~! 미니 토스트 앙버터

학습 목표
1. 말차의 특징 및 뿌리차의 특징을 안다.
2. 말차와 어울리는 미니 토스트 앙버터를 만들어 티 페어링(Tea Pairing)을 한다.

차(茶)
1. 제주말차
2. 무차

오늘의 푸드 미니토스트 앙버터

단계	내용	시간
도입	■ 인사 나누기 – 별칭으로 서로 눈 마주치며 인사 나눈다. ■ 차(茶) 소개 및 오늘의 티 푸드 소개 – 첫 번째 차: 제주말차 – 두 번째 차: 무차 – 티 푸드: 미니 토스트 앙버터에 대한 설명과 재료를 알아본다. – 차 우림 준비 및 찻잔 데우기를 한다.	20′
전개	■ 첫 번째 차 – 제주말차 – 제주말차를 우리며 차의 특징을 설명한다. – 차를 나누고 8단계 실천으로 차를 음미해본다. ■ 이야기 나누기 – 마음을 열고 미소 띤 얼굴로 차의 색·향·미 이야기를 나눈다. (예: 차의 말차 향을 맡으니 몸이 건강해지는 것 같아요) ■ 첫 번째 차 2포 우려 마시기	20′
전개	■ 활동하기 – 미니토스트 앙버터 – 미니토스트에 버터와 앙금을 넣어 만드는 앙버터 ① 미니토스트를 접시 위에 가지런히 올려놓는다. ② 버터를 4등분으로 잘라 미니토스트 가운데에 올려놓는다. ③ 팥앙금을 버터 크기와 같도록 동글 납작하게 모양을 만든다. ④ 버터 위에 팥앙금을 올려주면 미니 토스트 앙버터가 완성된다. ⑤ 완성된 미니토스트 앙버터 중 차와 함께 음미할 것을 접시 위에 올려놓고 나머지는 포장한다. ※응용: 모닝빵이나 미니 크로와상에도 응용 가능하다.	40′

전개	■ 두 번째 차 – 무차 – 두 번째 차 준비와 찻잔을 헹군다. – 무차를 우리며 차의 특징을 설명한다. – 차를 나누고 8단계 실천으로 다 함께 음미하고 미니토스트 앙버터와도 함께 음미한다. – 차의 색·향·미를 표현해 보고 차와 티 푸드의 어울림에 관하여 이야기를 나눈다. (예: 차만 마셨을 때와 티 푸드와 함께 마셨을 때의 차 맛의 차이점) ■ 두 번째 차 2포 우려 마시기	40′
마무리	■ 활동소감 나누기 ■ 차와 미니토스트 앙버터에 대한 요점 정리 ■ 마무리 인사 후 정리	10′
준비물	차, 다구, 미니토스트, 버터, 팥앙금, 딸기잼, 티스푼, 빵칼, 접시	

☕ 첫 번째 차: 제주말차

말차는 이른 봄 녹차의 새싹이 나올 때 20일간 햇볕을 가려 재배하는 차광 재배를 통해 생산된다. 햇볕을 가려 키운 어린 찻잎을 사용하여 줄기를 찌고 건조한 후, 미세하게 분쇄하여 제조한 제주 말차는 짙고 선명한 녹색으로 떫은맛은 약하고 감칠맛이 강하다.

● **제주말차 우림법(10명 기준)**
1. 작은 나눔 포트에 제주말차 6g을 넣는다.
2. 75℃의 물을 200ml를 넣고 잘 풀어준다.
3. 2번의 내용물을 2L의 우림 포트로 옮긴 후 1L의 물을 부어 잘 풀어준다.
4. 250~300ml 나눔 포트 4개에 농도를 맞추어 담아낸다.

*녹차 우림 시 끓인 물 2개의 나눔 포트로 4~5회 교반(攪拌)하여 온도를 내려서 우린다.

두 번째 차: 무차

자연이 주는 선물인 고소한 맛과 향이 일품인 무차는 햇빛에 말리게 되면 각종 성분이 농축되어 영양가가 한층 높다. 따뜻한 무차는 기관지를 튼튼하게 하고, 기침과 천식 등의 증상에 탁월한 효능을 발휘한다. 그래서 겨울철 무는 인삼보다 낫다는 말이 있기도 하다. 생무는 말릴 때 칼슘이 10배 이상, 비타민이 2배로 늘어난다. 그로 인해 무를 말려서 차로 마시면 기관지, 소화, 다이어트, 혈액 순환 원활 등의 효능이 있다.

● 무차 우림법(10명 기준)
1. 2L의 유리 우림 포트에 무차 20g을 넣는다.
2. 95℃의 물 1.2L를 부어 3분간 우린다.
3. 250~300ml 나눔 포트 4개에 농도를 맞추어 담아낸다.

활동 사진

6-10 차(茶)와 함께하는 티 페어링

10차시 리얼 생과일 파르페~ 컵과일 케이크

학습 목표
1. 팔보차 재료와 생강청의 특징을 안다.
2. 팔보차와 어울리는 컵과일 케이크를 만들어 티 페어링(Tea Pairing)을 한다.

차(茶)
1. 팔보차
2. 생강청

오늘의 푸드 컵과일 케이크

단계	내용	시간
도입	■ **인사 나누기** – 별칭으로 서로 눈 마주치며 인사 나눈다. ■ **차(茶) 소개 및 오늘의 티 푸드 소개** – 첫 번째 차: 팔보차 – 두 번째 차: 생강청 – 티 푸드: 컵과일 케이크에 대한 설명과 재료를 알아본다. – 차 우림 준비 및 찻잔 데우기를 한다.	20′
전개	■ **첫 번째 차 – 팔보차** – 팔보차를 우리며 차의 특징과 개완의 사용법을 설명한다. – 차를 나누고 8단계 실천으로 다 함께 음미해본다. ■ **이야기 나누기** – 마음을 열고 미소 띤 얼굴로 차의 색 · 향 · 미 이야기를 나눈다. 　(예: 차의 말차 향을 맡으니 몸이 건강해지는 것 같아요) ■ **첫 번째 차 2포 우려 마시기**	20′
전개	■ **활동하기 – 컵과일 케이크** – 디저트 컵 안에 빵과 크림 과일을 넣어 만드는 컵과일 케이크 ① 카스텔라 빵을 정사각형으로 작게 잘라준다. ② 앙금과 생크림, 크림치즈를 넣고 잘 섞어 준 후 짤주머니에 담아 놓는다. ③ 과일도 적당한 크기로 잘라준다. ④ 디저트 컵 안에 크림을 짜고 빵, 과일을 순서대로 넣으며 컵 안을 채운다. ⑤ 마지막 맨 위에는 크림을 채워 마무리한 다음 과일로 장식한 후 완성한다. ⑥ 완성된 컵과일 케이크 중 차와 함께 음미할 것을 남겨두고 나머지는 포장한다. ※응용: 빵을 커피에 적셔서 넣거나 크림을 다른 맛으로 응용해도 좋다.	40′

전개	■ 두 번째 차 – 생강청 　– 두 번째 차 준비와 찻잔을 헹군다. 　– 생강청을 우리며 차의 특징을 설명한다. 　– 차를 나누고 8단계 실천으로 차를 음미하며 컵과일 케이크와도 함께 음미한다. 　– 차의 색·향·미를 표현해 보고 차와 티 푸드의 어울림에 관하여 이야기를 나눈다. 　　(예: 차만 마셨을 때와 티 푸드와 함께 마셨을 때의 차 맛의 차이점) ■ 두 번째 차 2포 우려 마시기	40′
마무리	■ 활동소감 나누기 ■ 차와 컵과일 케이크에 대한 요점 정리 ■ 마무리 인사 후 정리	10′
준비물	차, 다구, 카스텔라, 백앙금, 생크림, 크림치즈, 과일, 디저트컵, 스푼, 볼, 짤주머니, 접시	

 첫 번째 차: 팔보차

　팔보차는 여덟 가지 재료가 배합된 차다. 각 재료의 효능이 합해져 일반 차보다 약성(藥性)이 강화된 차다. 대체로 황산국화, 금은화, 구기자, 산사, 대추, 귤껍질, 얼음사탕, 이 여덟 가지의 재료가 혼합된다. 하지만 여덟 가지 재료는 항상 고정적이진 않고 한두 가지의 재료들은 다른 재료로 바뀌기도 한다. 국화는 청열해독작용이 있어서 여름철에 마시면 더위를 식혀준다. 구기자는 어지럼증이나 요통, 소갈증에 좋고, 산사는 식체, 복통, 설사, 생리통에 도움을 준다. 대추는 몸이 허해서 식은땀이 나거나 수면 장애가 있을 때 좋고, 귤껍질은 비장과 위장 기능을 도와주고 천식에 좋다.

● 팔보차 우림법(1명 기준)

1. 1인 개완에 팔보차 재료를 넣는다.
2. 95℃의 물을 가득 담고 2분 정도 우린다.
3. 개완 뚜껑을 조금 열고 마신다.
4. 3번 정도 우려 마실 수 있다.

두 번째 차: 생강청

한방에서 뿌리와 줄기 말린 것을 약재로 쓰는데 생강은 감기로 인한 오한, 발열, 두통, 구토, 해소, 가래를 치료하며 식중독으로 인한 복통 설사, 복부팽만에도 효과가 있다.

약리 작용으로 위액분비촉진, 소화력증진, 혈액순환촉진, 항균작용 등이 보고되었다. 항산화 성분인 진저롤로 인해 혈압과 혈당 수치를 낮춘다. 생강의 진저롤과 쇼가올의 성분 때문에 특유의 매운맛이 난다.

● 생강청 우림법(10명 기준)
1. 2L의 유리 우림 포트에 생강청 10T를 넣는다.
2. 95℃의 물 1.2L를 부어 잘 풀어준다.
3. 250~300ml 나눔 포트 4개에 농도를 맞추어 담아낸다.

📷 활동 사진

7장

차(茶)와 함께하는 컬러치유

한국지속가능문화교육개발원 | Korea Sustainable Culture Education Center

 *Tea Therapy*

1) 일상에서 차와 함께 컬러명상 즐기기
2) 빨간색 꽃잎으로 모자이크하기
3) 주황색으로 내 마음 표현하기
4) 노란색으로 집 꾸미기
5) 초록색으로 꽃반지 만들기
6) 파란색으로 좋아하는 사물 표현하기
7) 남색으로 차(茶)그림 그리기
8) 보라색으로 종이비행기 만들기
9) 풍선에 내 마음 담아보기
10) 조화로움으로 달라진 나 발견하기

7장 차(茶)와 함께하는 컬러치유

7-01 차(茶)와 함께하는 컬러치유

1차시	일상에서 차와 함께 컬러명상 즐기기

학습 목표	1. 차명상의 방법과 의미를 안다. 2. 컬러테라피의 종류와 호흡 명상 단계를 안다.

차(茶)	1. 노백차 2. 베르가모트 블렌딩차	명상	차 명상 유래와 특징

단계	내용	시간
도입	■ 인사 나누기 – 차와 명상으로 마음치유 프로그램 10차시 오리엔테이션 ■ 오늘의 차 소개 – 첫 번째 차: 노백차 – 두 번째 차: 베르가모트 오일블렌딩과 백차 ■ 차 우림 준비 및 찻잔 데우기	20′
전개	■ 첫 번째 차 – 노백차 – 노백차를 우리며 차의 특징을 설명한다. – 차를 나누고 8단계 실천으로 다 함께 음미한다. ① 눈에 담는다 ② 코를 간지럽힌다 ③ 입술을 적신다 ④ 입안 가득 머금는다 ⑤ 목에 길을 내준다 ⑥ 배를 따뜻하게 해준다 ⑦ 뇌를 깨운다 ⑧ 마음을 열어준다 ■ 이야기 나누기 – 마음을 열고 미소 띤 얼굴로 차의 색·향·미 이야기를 나눈다. (예: 노백차의 향이 고급스러워 우아한 백작 부인을 떠올리게 합니다.) ■ 첫 번째 차 2포 우려 마시기	20′
	■ 활동하기 ① 당신이 좋아하는 색은 무엇인가요? (빨강: 열정과 생명력을 상징 / 주황: 마음의 안정을 주는 / 노랑: 지식과 행복, 도전을 상징 / 초록: 여유와 너그러움을 상징 / 파랑: 평화와 보호, 소	30′

전개	통을 상징 / 남색: 평온함과 진실을 상징 / 보라: 감각적이고 자유로운 에너지 ② 컬러 별칭을 지어본다. 　18색 또는 36색인 사인펜이나 크레파스 중 본인이 맘에 드는 색을 고르게 하고 고른 색 이름을 별칭으로 하여 도화지에 적는다. ③ 컬러 별칭을 발표한다. 　컬러 선택의 이유와 별칭의 의미를 돌아가며 소개한다. ④ 컬러 테라피를 설명한다. 　컬러테라피는 개인의 건강상태나 기분에 따라 주변 사물의 색깔을 선택하면 인체에 긍정적인 에너지를 생성하고, 이는 신체, 정신, 감정이 적절하게 조화와 균형을 이루게 하는 긍정적인 효과를 가져올 수 있다. ⑤ 대표적 컬러테라피 '오라소마' 　대표적인 컬러테라피 법으로 '오라소마'가 있습니다. 오라소마는 1980년대 초 영국에서 등장한 컬러 케어 시스템으로 자신에게 맞는 색을 찾아 건강에 활용하는 방법입니다. ⑥ 복식호흡을 따라 해 본다. 　– 앞으로 차와 명상 프로그램에서는 여러분과 복식호흡을 하면서 호흡과 간단한 몸풀기 동작 등으로 몸과 마음을 이완시키고 힐링의 시간을 갖도록 합니다. 오늘은 복식호흡을 배워 보도록 하겠습니다. 　(복식호흡법 설명: 복식호흡은 우리가 의식하지 못하고 가슴으로 쉬는 숨을 배꼽 아래 단전이라는 곳까지 깊숙이 끌어내려 폐활량을 기르고 몸과 마음을 안정시키는 방법입니다.) 　– 두 손을 단전 위에 포개어 놓고 입을 다물고 코로 숨을 깊게 단전까지 내려간다는 생각을 하며 들이마십니다. 　★ 차명상 호흡 지도 시 주의할 점★ 　– 호흡 시, 원활한 수업 진행을 위해 강사가 8박자를 구령할 때, 학습자는 박자를 따라 호흡하는 것이 아니라 학습자 개개인의 상태에 일맞은 호흡을 할 수 있도록 주의시키고 강사는 아주 천천히 부드럽게 구령을 붙입니다. ■ **두 번째 차 – 노백차와 베르가모트 오일의 블렌딩** – 두 번째 차 준비와 찻잔을 헹군다. – 베르가모트 오일 블렌딩 차를 우리며 차의 특징을 설명한다. – 차를 나누고 차 8단계 실천으로 다 함께 음미한다. – 차의 색·향·미를 표현해본다. 　(예: 베르가모트 오일이 들어가니 노백차의 향이 더 산뜻해져서 20대 시절을 생각나게 합니다.) ■ **두 번째 차 2포 우려 마시기**	30′

마무리	■ 마음명상 싱잉볼을 준비하여 싱잉볼이 울리는 동안 두 손을 단전에 모으고 내면의 자신을 바라보며 복식호흡을 통해 몸을 이완시킨다. 복식호흡에 대하여 설명한다.(8박자 동안 단전호흡하며 내면 바라보기-2회 반복) – 강사는 싱잉볼을 울린다. ■ 마무리 인사 후 정리	20′
준비물	차, 다구, 36색 사인펜이나 크레파스, A4용지 또는 도화지, 싱잉볼	

 첫 번째 차: 노백차

노백차는 백차의 종류로 이름에서 느껴지듯이 '오래된 백차'라는 뜻이다. 백차는 유념을 하지 않는 차로 찻잎을 따는 시기에 따라 백호은침, 백모단, 수미라 부른다. 따라서 나중에 따는 수미는 잎이 크고 세며 묵직한 맛이 난다. 백차는 1년이 되면 차, 3년이 되면 약, 5년이 되면 보물이란 말이 있으며 오래된 백차는 주로 긴압하여 보관한다. 오래될수록 카페인이 줄어들어서 자극이 적다. 중국에서는 복건성의 정화, 복정 등이 백차의 주산지로 유명하다. 긴압이란 오래 보관하기 위해 찻잎을 단단하게 눌러놓은 것을 말한다. 대부분 375g으로 긴압하여 만든다.

● **노백차 우림법(10명 기준)**

1. 2L의 우림 포트에 노백차 8g을 넣는다.
2. 95℃의 물 1.2L에 3분간 우린다.
3. 250ml~300ml 나눔 포트 4개에 농도를 맞추어 담는다.

* 백차는 유념 과정이 없으므로 길게 우림 한다. 노백차는 1인용 개완에 우림 하여 마시면 더 좋다.

* 1인용 개완으로 우림 할 경우, 차 5g, 물 150ml 정도로 1회 10초 정도 세차 후, 1분 정도 우림 한다. 우림을 할수록 시간을 늘려간다. (계절에 따라 냉침차로 즐겨도 좋다)

두 번째 차: 베르가모트 오일 블렌딩 노백차

　베르가모트라는 오렌지 향이 나는 열매가 달리는 운향과 식물이 있다. 이 나무의 열매 껍질에서 오일을 추출한다. 베르가모트는 향이 짙으므로 많이 섞지 않는다. 베르가모트 오일을 차에 블렌딩하여 마시면 좋다. 노백차의 은은한 향과 베르가모트 오일의 어우러짐이 아주 고급스럽다.

● **베르가모트 블렌딩 노백차 우림법(10명 기준)**

1. 2L의 우림 포트에 노백차 8g을 넣는다.
2. 95℃의 물 1.2L에 3분간 우린다.
3. 베르가모트 향을 4~5방울 떨어뜨려 희석한 후, 함께 섞어서 마신다.
4. 250ml~300ml 나눔 포트 4개에 농도를 맞추어 담는다.

7-02 차(茶)와 함께하는 컬러치유

2차시 빨간색 꽃잎으로 모자이크하기

학습 목표
1. 녹차의 특징을 알고 차훈 명상을 통해 몸과 마음을 이완하다.
2. 빨간색의 열정 에너지의 특징을 알고 명상방법을 안다.

차(茶)
1. 세작 녹차
2. 히비스커스차

컬러와 명상 빨간색과 이완명상

단계	내용	시간
도입	■ 인사 나누기 ■ 오늘의 차 소개 　- 첫 번째 차: 세작 녹차 　- 두 번째 차: 히비스커스차 ■ 차 우림 준비 및 찻잔 데우기	20′
전개	■ 첫 번째 차 - 세작 녹차 　- 세작 녹차를 우리며 차의 특징을 설명한다. 　- 차를 나누고 8단계 실천으로 다 함께 음미한다. ■ 이야기 나누기 　- 마음을 열고 미소 띤 얼굴로 차의 색·향·미 이야기를 나눈다. 　　(예: 세작 녹차의 향이 산뜻하고 고소한 게 봄 초원에 누워 향기로운 봄 들판에 있는 듯한 상상을 하게 합니다.) ■ 첫 번째 차 2포 우려 마시기	20′
전개	■ 활동하기 ① 도화지에 목공풀을 이용하여 빨강 꽃잎을 붙여서 그림으로 표현하기 　　(예: 붉은 드레스를 입은 아가씨) ② 자기가 표현한 것을 소개하기 ③ 오늘의 컬러 - 빨간색: 빨간색은 열정과 생명력을 상징한다. 　　빨간색은 근성과 강한 정신력을 가진 색으로 무기력하거나 우울한 기분이 들 때 활용하면 신체의 활력과 행동력, 에너지 등을 끌어 올릴 수 있다. ④ 오늘의 명상 - 몸 이완하기 　- 몸의 긴장을 풀어주는 단계로 손목, 팔, 어깨, 머리, 허리, 다리, 발목, 발가락 순서대로 돌려주며 몸을 이완시켜준다. 　- 위 순서대로 털어주기로 몸을 이완시켜준다.	30′

전개	– 위 순서대로 두들겨 주기로 몸을 이완시켜준다. – 몸을 이완시킨 다음 8구령에 맞추어 복식호흡을 4세트 3회 반복한다. – 빨간색 에너지의 음식으로는 딸기, 파프리카, 장미 등이 있다. ■ 두 번째 차 – 히비스커스 – 두 번째 차 준비와 찻잔을 헹군다. – 열정 가득 히비스커스차를 우리며 차의 특징을 설명한다. – 차를 나누고 차 8단계 실천으로 다 함께 음미한다. – 차의 색·향·미를 표현해본다. (예: 빨강색 수색이 열정과 생명력을 느끼게 합니다.) ■ 두 번째 차 2포 우려 마시기 – 차를 마시고 복식호흡을 2회 한다. (들숨과 함께 빨간빛 히비스커스차 에너지가 온몸에 가득 차서 몸에 있는 탁기를 모아 날숨과 함께 몸 밖으로 나가는 상상을 하며 천천히 깊게 내쉽니다.)	30′
마무리	■ 히비스커스차 차훈 하기 잔에 뜨거운 히비스커스 차를 따르고 얼굴을 대고 뜨거운 김을 코로 길게 들이마시고 고개를 오른쪽으로 돌려서 길게 내쉰다. 다시 컵 위로 돌아와서 코로 길게 숨을 들이마시고 왼쪽으로 고개를 돌려 길게 내쉰다. 2회 반복한다. 차훈을 하며 빨간색의 에너지를 온 얼굴로 느껴 본다. ■ 마무리 인사 후 정리	20′
준비물	차, 다구, 빨강색 색연필, 빨간색 비누장미나 조화 꽃잎 및 종이, 문구류, A4용지나 흰색 도화지	

첫 번째 차: 세작 녹차

세작이란 녹차의 한 종류로 24절기 중 곡우에서 입하 사이(양력 4월 20일~5월 6일)에 채엽하여 제조한 녹차를 말한다. 이 시기에는 찻잎이 아주 어려서 마치 참새의 혀와 같다 하여 작설차라고도 부른다. 세작은 부드러운 맛과 향이 살아있는 아주 귀한 명품 차이다. 세작 녹차를 잘 우림 하면 아주 고소한 맛과 향을 느낄 수 있다.

● 세작 녹차 우림법(10명 기준)

1. 2L의 우림 포트에 세작녹차 8g을 넣는다.
2. 95℃의 물을 4–5회 정도 교반하여 75℃로 온도를 낮춘 후 1.2L에 3분간 우린다.

3. 250ml~300ml 나눔 포트 4개에 농도를 맞추어 담는다.

* 아주 여린 녹차이므로 되도록 짧게 우림하며, 횟수가 증가할수록 우리는 시간을 길게 한다. 2회 정도 더 우림 하여 마실 수 있다.

두 번째 차: 히비스커스차

히비스커스는 하와이를 대표하는 꽃으로 훌라춤을 줄 때 여성들이 목에 두르는 꽃이다. 그중 붉은 꽃을 차로 만든 것이다. 히비스커스는 붉은 수색과 새콤달콤한 맛이 특징이다.
히비스커스의 상큼함은 입맛을 돌게 하므로 웰컴 티로 많이 사용하고, 수색이 화려하여 찻자리를 빛내 준다. 남녀노소 누구나 좋아하는 대표적인 차이다.

● 히비스커스차 우림법(10명 기준)

1. 2L의 유리 우림 포트에 히비스커스차 티백 2개를 넣는다.
2. 95℃의 물 1.2L에 3분간 우린다.
3. 250ml~300ml 나눔 포트 4개에 농도를 맞추어 담는다.

* 히비스커스차는 침출성이 좋아서 커피 드립포트나 프렌치프레스를 이용해서 침출하여 마셔도 좋다.

활동 사진

7-03 차(茶)와 함께하는 컬러치유

3차시 주황색으로 내 마음 표현하기

학습 목표
1. 청차의 특징을 알고 차훈 명상을 통해 몸과 마음을 이완한다.
2. 주황색 에너지의 특징을 알고 관계형성에 도움을 주는 명상방법을 안다.

차(茶) 1. 밀키우롱차 2. 꿀자몽차

컬러와 명상 주황색과 관계형성을 위한 명상

단계	내용	시간

도입	■ 인사 나누기
	■ 오늘의 차 소개
	  – 첫 번째 차: 밀키우롱
	  – 두 번째 차: 꿀자몽차
	■ 차 우림 준비 및 찻잔 데우기
		20′

전개	■ 첫 번째 차 – 밀키우롱
	  – 밀키 우롱차를 우린다.
	  – 차가 우려지는 동안 밀키 우롱의 특징을 알아본다.
	  – 청차의 향을 잘 즐기기 위한 도구인 문향배의 사용법을 알려준다.
	■ 이야기 나누기
	  – 차 8단계 실천으로 다 함께 음미한다.
	  – 마음을 열고 미소 띤 얼굴로 차의 색 · 향 · 미 이야기를 나눈다.
	   (예: 세작 녹차의 향이 산뜻하고 고소한 게 봄 초원에 누워 향기로운 봄 들판에 있는 듯한 상상을 하게 합니다.)
		20′

	■ 첫 번째 차 2포 우려 마시기	
	■ 활동하기 ① 도화지에 여러 가지 재료의 주황색 펜으로 오늘의 나의 감정을 글씨로 적어보고 이유 소개하기 (예: 기쁘다 – 오늘 아침에 오랜 친구에게 전화가 와서 기뻤습니다.) ② 오늘의 컬러 – 마음의 안정을 주는 색으로 관계와 인연 본능, 통찰을 상징한다. 정과 유대감이 강한 사람이 주황색을 좋아하고, 주황색 과일은 장 기능을 활성화하고, 담석이나 생리통 치료에 효과가 있다고 한다. ③ 오늘의 명상 (원을 그려 앉는다) – 눈을 감고 두 손을 가슴에 놓고 복식호흡에 집중합니다. (8박자씩 2회 반복) 눈을 뜨고 좌, 우를 보며 눈인사를 한다.	30′

전개	– 눈을 감고 손을 단전 부위에 올리고 복식호흡에 집중한다. (8박자씩 2회 반복) 눈을 뜨고 좌, 우를 보며 눈인사를 한다. – 옆 사람과 손을 잡고, 눈을 감은 다음 복식호흡에 집중한다. (8박자씩 4회 반복) 눈을 뜨고 좌, 우를 보며 눈인사를 한다. – 2명씩 짝꿍과 함께 손을 잡고, 눈을 감은 다음 복식호흡에 집중한다. (8박자씩 4회 반복) 눈을 뜨고 짝꿍을 보며 눈인사를 한다. – 주황색 에너지를 주는 음식은 달걀, 견과류 등이 있습니다. ■ 두 번째 차 – 주황색 수색 꿀자몽차 – 차가 우려지는 동안 꿀자몽차 특징 알아보기 ■ 차 우리고 나누기 – 차 8단계 실천으로 다 함께 음미한다. – 두 번째 차의 색·향·미를 표현해본다. (예: 주황색 수색이 어린 시절 엄마가 사주신 원피스가 생각나게 합니다.) ■ 두 번째 차 2포 우려 마시기 – 차를 마시고 복식호흡을 2회 한다. (들숨과 함께 주황색 꿀 자몽차 에너지가 온몸에 가득 차서 몸에 있는 탁기를 모아 날숨과 함께 몸 밖으로 나가는 상상을 하며 천천히 깊게 내쉰다.)	30′
마무리	■ 꿀자몽차 차훈 하기 잔에 뜨거운 꿀자몽차를 따르고 얼굴을 대고 뜨거운 김을 코로 길게 들이마시고 고개를 오른쪽으로 돌려서 길게 내쉰다. 다시 컵 위로 돌아와서 코로 길게 숨을 들이마시고 왼쪽으로 고개를 돌려 길게 내쉰다. 2회 반복한다. 차훈을 하며 주황색의 에너지를 온 얼굴로 느껴본다) ■ 마무리 인사 후 정리	20′
준비물	차, 다구, A4용지나 흰색 도화지, 여러 가지 재료의 주황색 펜	

 첫 번째 차: 밀키우롱(베질루르)

  밀키우롱차로 베질루르 회사의 차를 사용하였다. 부드럽고 달콤한 우유 향이 매력적인 차로 청차 97%, 우유 3%를 섞은 차이다. 청차 중에 우유 향이 나는 중국의 금훤우롱을 생각나게 하는 가향차이다. 청차는 문향배를 사용하여 우림 하면 좋다.

  문향배는 차향을 즐기기 위해 고안된 전용 찻잔으로 주로 향이 좋은 청차를 마실 때 사용하며, 자사호와 함께 사용하면 좋다. 자사호에 차를 우린 후, 길쭉하게 생긴 문향배에 차를 따르고 품명배라 부르는 찻잔으로 뚜껑처럼 덮어두었다가, 문향배에 향이 배면 찻물을 잔에 따르고 문향배를 코앞에서 돌리며 향을 맡는다.

- 밀키 우롱차 우림법(10명 기준)

  1. 2L의 우림 포트에 밀키 우롱 8g을 넣는다.
  2. 95℃의 물 1.2L에 3분간 우린다.
  3. 250ml~300ml 나눔 포트 4개에 농도를 맞추어 담는다.

* 청차는 문향배를 사용하여 우림 하면 좋다. 문향배 사용 시 차의 양: 밀키우롱 3g, 물 200ml

 두 번째 차: 꿀자몽차

　꿀자몽차는 레드자몽을 설탕과 꿀에 재워놓은 차이다. 여름에는 냉차로, 겨울에는 따뜻한 차로도 즐길 수 있는 전천후 차이다. 꿀자몽차는 여러 브랜드에서 많이 나와 있으므로 구하기 쉬운 것을 구해서 시음한다. 또는 직접 속껍질을 제거하고 자몽:설탕 = 1:1 정도의 비율로 설탕에 재워 일주일 정도 냉장고에 두었다가 걸러낸 후, 차로 마시면 된다. 차로 마실 때 취향에 맞게 꿀을 타서 마시면 좋다.

- 꿀자몽차 우림법(10명 기준)

  1. 2L의 유리 우림 포트에 꿀자몽차 12스푼(100g)을 넣는다.
  2. 95℃의 물 1.2L에 3분간 우린다.
  3. 250ml~300ml 나눔 포트 4개에 농도를 맞추어 담는다.

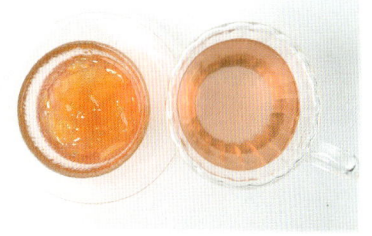

* 냉자로 마실 경우, 꿀자몽차 10스푼을 넣고 생수를 차가 잠길 정도만 부어 잘 섞은 후, 얼음을 용기의 반 정도 채우고 생수를 부어 잘 섞어 마신다. (탄산수와 설탕을 적절히 붓거나 사이다를 섞어 마셔도 좋다)

📷 활동 사진

7-04 차(茶)와 함께하는 컬러치유

4차시   노란색으로 집 꾸미기

학습목표
1. 공예차의 특징을 알고 차훈 명상을 통해 몸과 마음을 이완하다.
2. 노란색 에너지의 특징을 알고 노란색 스마일 명상방법을 안다.

차(茶)
1. 자스민 공예화차
2. 목련꽃잎차

컬러와 명상   노란색과 스마일 명상

단계	내용	시간

도입	■ 인사 나누기
	■ 오늘의 차 소개
	  – 첫 번째 차: 자스민 공예화차
	  – 두 번째 차: 목련꽃잎차
	■ 차 우림 준비 및 찻잔 데우기
		20′

전개	■ 첫 번째 차 – 자스민 공예화차
	  – 자스민 공예화차를 우리며 차의 특징을 설명한다.
	  – 차를 나누고 8단계 실천으로 다 함께 음미한다.
	■ 이야기 나누기
	  – 차 8단계 실천으로 다 함께 음미한다.
	  – 마음을 열고 미소 띤 얼굴로 차의 색·향·미 이야기를 나눈다.
	    (예: 자스민 공예 화차의 잎이 풀어지는 모습이 드레스를 입은 여인처럼 정말 아름다워요.)
	■ 첫 번째 차 2포 우려 마시기
		20′

	■ 활동하기
	① 노란색 도화지에 여러 가지 색의 골판지로 나무를 표현해 보고 소개한다.
	② 오늘의 컬러–노란색은 지식과 행복, 도전을 상징한다.
	    밝고 낙천적인 마음과 다양한 것들을 잘 받아들이는 열린 마음 등을 의미하기도 한다. 노란색은 피부 트러블에도 도움을 주며, 좌뇌를 자극해 지적 탐구나 학식을 추구하는 이미지를 가지기도 한다. 자존감이 낮은 사람에게도 도움이 된다.
	③ 오늘의 명상–스마일 명상
	  – 양손을 뜨겁게 10을 세는 동안 비벼준 다음 눈에 대고 호흡한다. (8박자씩 2회 반복) 눈을 뜨고 '하' 소리와 함께 스마일
	  – 양손을 뜨겁게 10을 세는 동안 비벼준 다음 귀에 대고 호흡한다.
		20′

전개	(8박자씩 2회 반복) 눈을 뜨고 '하' '하' 스마일 – 양손을 뜨겁게 10을 세는 동안 비벼준 다음 양쪽 볼에 대고 호흡한다. (8박자씩 2회 반복) 눈을 뜨고 '하' '하' '하' 스마일 – 양손을 뜨겁게 10을 세는 동안 비벼준 다음 얼굴에 대고 호흡한다. (8박자씩 2회 반복) 눈을 뜨고 '하' '하' '하' '하' 스마일 – 노란색 에너지를 주는 음식은 시리얼, 곡식류 등이 있다. ■ **두 번째 차 – 노란색 목련꽃잎차** – 두 번째 차 준비와 찻잔을 헹군다. – 목련꽃잎차를 우리며 차의 특징을 설명한다. – 차를 나누고 차 8단계 실천으로 다 함께 음미한다. – 차의 색·향·미를 표현해본다. (예: 노란색 수색을 보니 어릴 적 학교 앞에서 팔던 노랗고 귀여운 병아리가 생각납니다.) ■ **두 번째 차 2포 우려 마시기** – 차를 마시고 복식호흡을 2회 한다.(들숨과 함께 노란색 목련 꽃잎차 에너지가 온몸에 가득 차서 몸에 있는 탁기를 모아 날숨과 함께 몸 밖으로 나가는 상상을 하며 천천히 깊게 내쉰다.)	20′
마무리	■ **목련꽃잎차 차훈 하기** 잔에 뜨거운 목련꽃잎차를 따르고 얼굴을 대고 뜨거운 김을 코로 길게 들이마시고 고개를 오른쪽으로 돌려서 길게 내쉰다. 다시 컵 위로 돌아와서 코로 길게 숨을 들이마시고 왼쪽으로 고개를 돌려 길게 내쉰다. 2회 반복한다. 차훈을 하며 주황색의 에너지를 온 얼굴로 느껴본다) ■ **마무리 인사 후 정리**	20′
준비물	차, 다구, A4용지나 노란색 도화지, 목공풀, 여러 가지 색 골판지	

첫 번째 차: 자스민 공예화차

자스민은 중국어로 모리화라고 부른다. 자스민 공예화차는 모리화와 녹차나 백차 등을 엮어 찻잎과 꽃의 향기가 어우러지도록 만든 공예차이다. 찻잎에 꽃향기가 흡수가 잘 되도록 잎과 꽃을 하나씩 엮는 수작업으로 만든다고 한다. 공예차는 차 맛도 좋지만, 찻잎과 꽃잎이 피어나는 것을 보는 즐거움이 큰 차이다.

● 자스민공예화차 우림법(10명 기준)

1. 2L의 우림 포트에 끓인 물 200ml를 붓는다.
2. 공예차를 차 집게로 살포시 넣는다.
3. 꽃이 중간 정도 피었을 때 95℃의 물 1L를 우림 포트 벽면을 타고 흐르게 붓고 3분간 우린다.
4. 꽃이 다 피어나면 250~300ml 나눔 포트 4개에 농도를 맞추어 담는다.
5. 찻잔에 따라서 차의 색·향·미를 음미하며 마신다.

* 꽃잎이 펼쳐지는 모양을 감상하도록 유리 다관에 우림하면 좋다.

 두 번째 차: 목련꽃잎차

봄이면 크고 탐스러운 흰 꽃이 소복한 목련나무를 본 적이 있을 것이다. 봄을 알리는 목련은 북쪽을 보면서 피는데. 그래서 '북향화', 붓끝처럼 생겨서 '목필화'라고도 부른다. 예부터 봉우리째 말려서 매운맛이 난다는 뜻의 '신이(辛夷)'라는 이름으로 한약재로도 쓰이고 있다. 마셔보면 시원하고 상쾌한 맛과 노란색 수색이 일품이다.

● 목련꽃잎차 우림법(10명 기준)

1. 2L의 유리 우림 포트에 목련 꽃잎 16개를 넣는다.
2. 95℃의 물 1.2L에 3분간 우린다.
3. 250ml~300ml 나눔 포트 4개에 농도를 맞추어 담는다.

* 목련꽃잎차는 3~4회 더 우림 하여 마실 수 있다

📷 활동 사진

7-05 차(茶)와 함께하는 컬러치유

5차시 초록색으로 꽃반지 만들기

학습 목표
1. 꽃차의 특징을 알고 차훈 명상을 통해 몸과 마음을 이완한다.
2. 초록색 에너지의 특징을 알고 스트레스 완화 명상방법을 안다.

차(茶)
1. 죽통차
2. 레몬그라스 팬지꽃차

컬러와 명상 초록색과 스트레스 완화 명상

단계	내용	시간
도입	■ 인사 나누기 ■ 오늘의 차 소개 　– 첫 번째 차: 죽통차(죽향 보이차) 　– 두 번째 차: 레몬그라스 팬지꽃차 ■ 차 우림 준비 및 찻잔 데우기	20′
전개	■ 첫 번째 차 – 죽통차 　– 죽통차를 우리며 차의 특징을 설명한다. 　– 차를 나누고 8단계 실천으로 다 함께 음미한다. ■ 이야기 나누기 　– 차 8단계 실천으로 다 함께 음미한다. 　– 마음을 열고 미소 띤 얼굴로 차의 색·향·미 이야기를 나눈다. 　　(예: 대나무향이 향긋하게 밴 향이 마치 시원한 대숲에 있는 듯합니다.) ■ 첫 번째 차 2포 우려 마시기	20′
전개	■ 활동하기 　① 초록색 습자지와 고무줄을 이용하여 대형 꽃반지를 만든다. 　② 오늘의 컬러 – 초록색은 조화와 공간을 상징한다. 　　초록색을 좋아하는 사람은 여유와 너그러움이 넘치는 사람이다. 초록색은 스트레스를 받는 사람에게 좋다. 심장과 폐의 건강에 도움이 된다. 　③ 오늘의 명상– 꽃반지로 스트레스 완화 명상 　　– 초록색 꽃반지를 끼고 명상음악에 맞추어 천천히 호흡하며, 오른손으로 원을 크게 그려 본다. 반대 동작과 함께 2회 반복 　　– 오른손 왼손 위아래를 천천히 호흡과 함께 반복 　　– 가슴 앞에서 양손으로 물결 만들기 　　– 나비가 되어 훨훨 날아보기, 별 만들기 등 　　– 초록색 에너지를 주는 음식은 녹차, 녹색 채소 등이 있습니다.	30′

전개	■ 두 번째 차 – 레몬그라스 팬지꽃차 – 레몬그라스 팬지꽃차를 준비하며 차의 특징을 설명한다. – 두 번째 차의 색·향·미를 표현해본다. (예: 팬지꽃차와 레몬그라스차의 어우러짐이 푸른 청보리밭을 보듯 상쾌하네요) – 차를 마시고 복식호흡을 2회 한다. (들숨과 함께 초록색 레몬그라스 팬지꽃차 에너지가 온몸에 가득 차서 몸에 있는 탁기를 모아 날숨과 함께 몸 밖으로 나가는 상상을 하며 천천히 깊게 내쉽니다.)	30′
마무리	■ 레몬그라스 팬지꽃차 차훈 하기 초록색 레몬그라스 팬지꽃차가 심장으로 잘 전달되는 상상을 하며 잔에 뜨거운 차를 따르고 얼굴을 대고 뜨거운 김을 코로 길게 들이마시고 고개를 오른쪽으로 돌려서 길게 내쉰다. 다시 컵 위로 돌아와서 코로 길게 숨을 들이마시고 왼쪽으로 고개를 돌려 길게 내쉰다. 2회 반복한다. 차훈을 하며 초록색의 에너지를 온 얼굴로 느껴 본다. ■ 마무리 인사 후 정리	20′
준비물	차, 다구, 여러 가지 초록색 습자지, 고무줄	

 첫 번째 차: 죽통차

죽통차는 대나무 통 안에 보이차를 채워 넣어 보이차에 은은한 대나무 향을 입힌 차이다.

● 죽통차 우림법(10명 기준)

1. 2L의 유리 우림 포트에 죽통차 속의 보이차만 꺼내어 넣는다.
2. 95℃의 물 1.2L에 3분간 우린다.
3. 250ml~300ml 나눔 포트 4개에 농도를 맞추어 담는다.

* 내포성이 좋아 5~6회 정도 우림 할 수 있으며, 우릴 때마다 시간을 점차 늘려간다.

두 번째 차: 레몬그라스 팬지꽃차

레몬그라스 팬지꽃차는 봄을 알리는 대표적인 팬지꽃차에 향이 좋은 허브차 레몬그라스차를 블렌딩한 것이다. 팬지꽃차의 노란색, 청색 수색을 감상하기에도 좋고 팬지의 두 가지 꽃 색을 섞으면 초록색이 되므로 다양한 천연색을 감상하기에 좋다. 여기에 레몬그라스차를 섞으면 구수한 팬지꽃차의 향과 달콤하고 상큼한 레몬그라스 향의 어울림이 아주 좋다.

● **레몬그라스 팬지꽃차 우림법(10명 기준)**

1. 2L의 유리 우림 포트에 레몬그라스 팬지꽃차 8g을 넣는다.
2. 95℃의 물 1.2L에 3분간 우린다.
3. 250ml~300ml 나눔 포트 4개에 농도를 맞추어 담는다.

* 꽃잎이 펼쳐지는 모양을 감상하도록 유리포트에 우림 하면 좋다.
* 2-3회 더 우림 하여 마실 수 있다.

활동 사진

7-06 차(茶)와 함께하는 컬러치유

6차시 파란색으로 좋아하는 사물 표현하기

학습 목표
1. 철관음의 특징을 알고 차훈 명상을 통해 몸과 마음을 이완한다.
2. 파란색 에너지의 특징을 알고 파란색 지압 명상방법을 안다.

차(茶)
1. 안계 철관음차
2. 파란색 팬지꽃차

컬러와 명상 파란색과 단전 호흡 명상

단계	내용	시간
도입	■ 인사 나누기 ■ 오늘의 차 소개 – 첫 번째 차: 안계철관음 – 두 번째 차: 파란색 팬지꽃차	20′
	■ 첫 번째 차 – 철관음 – 철관음차를 우리며 차의 특징을 설명한다. – 차를 나누고 8단계 실천으로 다 함께 음미한다. ■ 이야기 나누기 – 마음을 열고 미소 띤 얼굴로 차의 색·향·미 이야기를 나눈다. 　(예: 향긋한 꽃 향이 봄을 맞은 듯 설레게 하네요.) ■ 첫 번째 차 2포 우려 마시기	20′
전개	■ 활동하기 ① 파란색 폼폼이로 가장 좋아하거나 갖고 싶은 사물을 표현해 보고 발표한다. ② 오늘의 컬러– 평화와 보호, 소통을 상징 　파란색은 고요한 내적 평화와 선하고 순수한 양심을 소중하게 여긴다. 파란색은 신체를 이완시키고 차분하게 만들어줘 불면증에 도움을 주며, 파란색 식기나 식탁 매트 등은 식욕을 감퇴시켜 다이어트에도 도움이 된다. ③ 오늘의 명상– 단전호흡 명상 – 좌선 자세에서 양손을 무릎 위에 올려놓고 4박자 동안 들숨과 동시에 손을 꼭 쥔다.(항문도 같이 조여 준다)/ 다시 4박자 동안 날숨과 동시에 꼭 쥔 손을 풀어준다.(항문도 같이 풀어준다) – 위 동작을 4회에서 6회를 반복한다. – 파란색 에너지를 주는 음식은 해조류, 수박, 소금 등이 있습니다. ■ 두 번째 차 – 파란색 팬지꽃차 – 파란색 팬지꽃차를 준비하며 차의 특징을 설명한다.	30′

전개	– 두 번째 차의 색 · 향 · 미를 표현해본다.
	  (예: 팬지꽃차의 파란 수색이 여름철 아이들과 파란 야외 수영장에서 재미
	  있게 놀던 때를 생각나게 하네요.)
	– 차를 마시고 복식호흡을 2회 한다. (들숨과 함께 파란색 팬지꽃차 에너지가
	  온몸에 가득 차서 몸에 있는 탁기를 모아 날숨과 함께 몸 밖으로 나가는 상
	  상을 하며 천천히 깊게 내쉽니다.)
		30′

마무리	■ 파란색 팬지꽃차 차훈 하기
	  파란색 차인 팬지꽃차가 목과 어깨로 잘 전달되는 상상을 하며 잔에 뜨거운
	  차를 따르고 얼굴을 대고 뜨거운 김을 코로 길게 들이마시고 고개를 오른쪽
	  으로 돌려서 길게 내쉰다. 다시 컵 위로 돌아와서 코로 길게 숨을 들이마시
	  며 왼쪽으로 고개를 돌려 길게 내쉰다. 2회 반복한다. 차훈을 하며 초록색의
	  에너지를 온 얼굴로 느껴 본다.
	■ 마무리 인사 후 정리
		20′

준비물	차와 차 도구, 파란색 폼폼이, 목공풀, 싱잉볼, A4용지나 흰색 도화지, 감정카드	

첫 번째 차: 안계 철관음차

안계 철관음은 청차 중에 유명한 차이다. 중국 복건성 안계현에서 생산되는 차로 맛이 달고 향이 좋으며 입안을 감싸는 과일 향이 매력적이다. 철관음은 다 자란 잎을 반 발효시켜서 만드는데, 찻잎의 가운데는 푸르고 잎 가장자리는 붉은빛이 돈다. 잎 가장자리의 붉은빛은 발효도에 따라 넓이가 다르다.

● 안계 철관음차 우림법(10명 기준)

1. 2L의 유리 우림 포트에 안계 철관음 8g을 넣는다.
2. 85~90℃의 물 1.2L에 3분간 우린다.
3. 250ml~300ml 나눔 포트 4개에 농도를 맞추어 담는다.

* 잎이 펼쳐지는 아름다운 모습을 감상할 수 있도록 유리다관에 우린다. 팔팔 끓인 물을 한 김 식힌 후 85~90℃ 정도로 우림 하는 것이 좋다.
* 우림 횟수를 반복할수록 15초 정도 늘려가며 우리면 된다. 3회 이상 반복하여 우림 할 수 있으며

시간을 조금씩 늘려서 우림 한다. (문향배를 사용하여 우림하면 좋다.)

두 번째 차: 파란색 팬지꽃차

봄을 대표하는 꽃으로 팬지꽃이 있다. 팬지는 노랑, 청보라 외에도 다양한 색의 꽃이 있는데 차로 우림 하여 마시면 그 맛과 향이 구수하고 색깔과 아름다움을 감상하기에 좋다. 색깔마다 수색이 다르니 각각의 색을 따로따로 우려서 마셔 봐도 좋다. 차를 진하게 우려 청으로 만들어서 여름 음료의 블렌딩 재료로 사용할 수도 있다.

● **파란색 팬지꽃차 우림법(10명 기준)**

1. 2L의 유리 우림 포트에 파란색 팬지꽃차 7~8 송이를 넣는다.
2. 95℃의 물 1.2L에 3분간 우린다.
3. 250ml~300ml 나눔 포트 4개에 농도를 맞추어 담는다.

* 꽃잎이 펼쳐지는 모양을 감상하도록 유리 다관에 우림 하면 좋다. 다구를 미리 예열한다. 꽃이 활짝 피어나고 꽃에서 나오는 천연색소가 빠지는 것을 감상해 보자. 물감이 2~3회 더 우림 하여 마실 수 있다.
* 팬지차는 설탕과 허브를 적절히 섞어 코디얼로 만들어서 여름용 냉차로 마셔도 좋다.

활동 사진

7-07 차(茶)와 함께하는 컬러치유

7차시 남색으로 차(茶) 그림 그리기

학습 목표
1. 발효차의 특징을 알고 차훈 명상을 통해 몸과 마음을 이완한다.
2. 남색 에너지의 특징을 알고 남색 명상방법을 안다.

차(茶)
1. 잭살차
2. 월계수 팬지청차

컬러와 명상   남색과 뇌호흡 명상

단계	내용	시간
도입	■ 인사 나누기 ■ 오늘의 차 소개 　– 첫 번째 차: 잭살차 　– 두 번째 차: 월계수 팬지청차	20′
전개	■ 첫 번째 차 – 잭살차 　– 잭살차를 우리며 차의 특징을 설명한다. 　– 차를 나누고 8단계 실천으로 다 함께 음미한다. ■ 이야기 나누기 　– 마음을 열고 미소 띤 얼굴로 차의 색·향·미 이야기를 나눈다. 　　(예: 구수한 잭살차의 향이 엄마가 끓여 주시던 누룽지탕이 생각나게 하네요.)	20′
	■ 첫 번째 차 2포 우려 마시기	
	■ 활동하기 ★안찬티청으로 그림 그리기 ① 안찬티청과 붓 대신 나뭇가지를 사용하여 도화지 위에 그림을 그리고 발표하기 ② 오늘의 컬러– 남색은 평온함과 진실을 상징한다. 　– 영적인 성질이나 지혜와 연결되어 있으며, 남색은 차가움, 우울함과 같은 의미로도 쓰인다. 하지만 많은 이들이 절망, 이별, 고독 등으로 고통받을 때 상실감을 치유하고 회복을 가져오는 색으로서 선호하는 성향이 있다. ③ 오늘의 명상– 뇌 호흡명상 　– 양손으로 손끝 박수 16박자 치기 　– 주먹박수 16박자 치기 　– 양손 손끝으로 머리 두드리기 16박자 　– 양손 손끝으로 목뒤 두드리기 16박자 　– 양손 엄지는 관자 나머지 손가락은 뒤통수를 꾸욱 누른다. 　　(호흡은 복식호흡으로 4박자 들숨/4박자 날숨 4회 반복)	30′

전개	■ 두 번째 차 – 월계수 팬지꽃차 – 월계수 팬지꽃차를 준비하며 차의 특징을 설명한다. – 두 번째 차의 색·향·미를 표현해본다. (예: 남색 수색이 깊은 바닷속을 떠오르게 하네요.) ■ 두 번째 차 2포 우려 마시기 – 차를 마시고 복식호흡을 2회 한다.(들숨과 함께 남색 월계수 팬지청차 에너지가 미간을 지나 온몸에 가득 차서 몸에 있는 탁기를 모아 날숨과 함께 몸 밖으로 나가는 상상을 하며 천천히 깊게 내쉽니다.)	30′
마무리	■ 월계수 팬지꽃차 차훈 하기 뜨거운 월계수 팬지청차를 따르고 얼굴을 대고 뜨거운 김을 코로 길게 들이마시고 고개를 오른쪽으로 돌려서 길게 내쉰다. 다시 컵 위로 돌아와서 코로 길게 숨을 들이마시고 왼쪽으로 고개를 돌려 길게 내쉰다. 2회 반복한다. 차훈을 하며 남색의 에너지를 온 얼굴로 느껴 본다. ■ 마무리 인사 후 정리	20′
준비물	차, 다구, 여러 가지 종류의 남색 펜, A4용지나 흰색 도화지, 안찬티청, 싱잉볼, 나뭇가지	

첫 번째 차: 잭살차

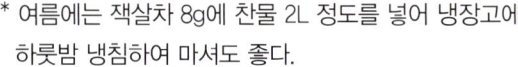

잭살차는 지리산 할머니가 손주를 위해 달여주던 속이 편하고 따뜻하며 정성스러운 차를 재현한 것이다. 특히 한국에서 개발된 발효차로 한국 사람 입맛에 맞게 구수한 맛이 특징이다. 일반적인 홍차보다 오래 우려도 쓰지 않고 구수한 맛이 매력적인 발효차이다.

● 잭살차 우림법(10명 기준)

1. 2L의 유리 우림 포트에 잭살차 8g을 넣는다.
2. 95℃의 물 1.2L에 3분간 우린다.
3. 250ml~300ml 나눔 포트 4개에 농도를 맞추어 담는다.

* 여름에는 잭살차 8g에 찬물 2L 정도를 넣어 냉장고에 하룻밤 냉침하여 마셔도 좋다.

두 번째 차: 월계수 팬지청차

옛날 올림픽에서 우승한 사람에게 왕관을 만들어 수여하던 월계수로 그 잎은 이탈리아 요리에 잘 쓰인다. 우리나라에서도 고기 삶을 때 누린내 제거를 위해 잘 쓰이는데, 차로 마셔 보면 정말 매력적이다. 특히, 향이나 맛이 별로 없는 차에 섞어서 마셔도 좋다. 월계수 팬지청차는 파란색 팬지청에 월계수잎차를 10:1 비율로 섞어 만든다.

● 팬지 코디얼 우림법(10명 기준)

1. 2L의 유리 우림 포트에 팬지 코디얼 100ml를 넣는다.
2. 95℃의 물 900ml를 넣어 섞는다.
3. 250ml~300ml 나눔 포트 4개에 농도를 맞추어 담는다.

* 얼음을 가득 채운 다관에 팬지 코디얼 150ml, 물 1L를 넣어 잘 섞은 후 냉차로 마셔도 좋다.

활동 사진

7-08 차(茶)와 함께하는 컬러치유

8차시 보라색으로 종이비행기 만들기

학습 목표
1. 홍차의 특징을 알고 차훈 명상을 통해 몸과 마음을 이완한다.
2. 보라색 에너지의 특징을 알고 보라색 자유 명상방법을 안다.

차(茶)
1. 블렌딩홍차
2. 흑구기자차

컬러와 명상 보라색 자유 명상

단계	내용	시간
도입	■ 인사 나누기 ■ 오늘의 차 소개 – 첫 번째 차: 타워오브런던 – 두 번째 차: 흑구기자차	20′
전개	■ 첫 번째 차 – 타워오브런던 – 타워오브런던차를 우리며 차의 특징을 설명한다. – 차를 나누고 8단계 실천으로 다 함께 음미한다. ■ 이야기 나누기 – 마음을 열고 미소 띤 얼굴로 차의 색·향·미 이야기를 나눈다. (예: 향긋한 시트러스 계열의 향이 제주도 귤밭에 와 있는 느낌이네요.) ■ 첫 번째 차 2포 우려 마시기	20′
전개	■ 활동하기 ① 자유로운 에너지 보라색 색종이에 나쁜 기억이나 버리고 싶은 것들을 적고 종이비행기로 접어 함께 날려보기 ② 오늘의 컬러– 보라색은 감각적이고 자유로운 에너지를 상징한다. 보라색은 직관적인 정신활동에 도움을 주며 현실보다는 이상적이고 예술적인 세계를 추구하는 성향의 사람들이 좋아한다. 우울증이나 슬플 때 제비꽃, 라일락 등의 보라색 허브를 복용하거나 자수정을 착용하면 몸과 마음의 균형을 회복할 수 있다. ③ 오늘의 명상– 자유 명상 (잔잔한 명상 음악과 함께하면 더 좋다.) – 좌선 자세에서 양손을 모아 단전에서부터 머리위로 올려 원을 그리며 호흡한다. (8박자씩 4회) – 선 자세에서 눈을 감고 몸을 좌. 우 흔들흔들 / 발은 뒤꿈치만 들었다. 놓았다 반복한다. (8박자씩 4회) – 선 자세에서 천천히 호흡을 가다듬고 오른쪽으로 크게 원을 그려 걷는다. 왼쪽도 반복	30′

전개	■ 두 번째 차 – 흑구기자차 　– 흑구기자차를 준비하며 차의 특징을 설명한다. 　– 두 번째 차의 색·향·미를 표현해본다. 　　(예: 검보라 구기자의 수색과 향이 온몸을 감싸고 건강해지는 느낌이네요.) ■ 두 번째 차 2포 우려 마시기 　– 차를 마시고 복식호흡을 2회 한다. (들숨과 함께 보라색 흑구기자차 에너지가 온몸에 가득 차서 몸에 있는 탁기를 모아 날숨과 함께 몸으로 나가는 상상을 하며 천천히 깊게 내쉽니다.)	30′
마무리	■ 흑구기자차 차훈 하기 　검보라 흑구기자차를 따르고 얼굴을 대고 뜨거운 김을 코로 길게 들이마시고 고개를 오른쪽으로 돌려서 길게 내쉰다. 다시 컵 위로 돌아와서 코로 길게 숨을 들이마시고 왼쪽으로 고개를 돌려 길게 내쉰다. 2회 반복한다. 차훈을 하며 보라색의 에너지를 온 얼굴로 느껴 본다. ■ 마무리 인사 후 정리	20′
준비물	차, 다구, 보라색 색종이와 다양한 색깔의 펜, A4용지나 흰색 도화지	

첫 번째 차: 베질루르 타워오브런던

블렌딩 홍차로 베질루르 타워오브런던을 사용하였다. 베질루르 타워오브런던은 잉글리쉬 블랙퍼스트와 비슷한 개념의 홍차로 스리랑카의 베질루르에서 나오는 차이다. 베질루르는 세계 3대 홍차 생산지인 스리랑카의 홍차 브랜드로 스리랑카에서 생산과 가공을 직접하고 있다. 차의 수색이 진하면서 베르가모트와 꿀의 조합이 달콤하면서도 중후하고도 깔끔한 맛이 매력적인 차이다. 이 차는 스트레이트 차로 마셔도 좋고 밀크티로 만들어 마셔도 좋다.

● 베질루르 타워오브런던 우림법(10명 기준)

1. 2L의 우림 포트에 베질루르 타워오브런던차 8g을 넣는다.
2. 95℃의 물에 3~4분 우린다.
3. 250ml~300ml 나눔 포트 4개에 농도를 맞추어 담는다.

두 번째 차: 흑구기자차

　흑구기자차는 흔히 알고 있는 구기자와는 다르다. 흑구기자는 열매가 검은색을 띠며 5~12개의 열매가 모여서 달린다. 흑구기자는 차로 만들었을 때 빨간 구기자보다 매운맛이 없어서 좋다.

　흑구기자차는 물의 성질에 따라 수색이 달라지기도 하므로 몇 가지 물로 우려내어 수색을 비교해 보아도 좋다.

● **흑구기자차 우림법(10명 기준)**
1. 2L의 유리 우림 포트에 흑구기자 8g을 넣는다.
2. 60℃ 정도의 물에 3~4분 우린다.
3. 250ml~300ml 나눔 포트 4개에 농도를 맞추어 담는다.

* 흑구기자차는 낮은 온도로 우려 마시면 좋으므로 물 온도가 60℃를 넘지 않도록 주의한다.

활동 사진

7-09 차(茶)와 함께하는 컬러치유

9차시 풍선에 내 마음 담아보기

학습 목표
1. 대용차의 특징을 알고 관다(觀茶) 명상을 통해 몸과 마음을 이완한다.
2. 명상의 7단계를 일상생활에서 활용할 수 있도록 숙지한다.

차(茶)
1. 평창 메밀차
2. 공예차

컬러와 명상 흰색과 검정 / 관다명상

단계	내용	시간
도입	■ 인사 나누기 ■ 오늘의 차 소개 – 첫 번째 차: 평창 메밀차 – 두 번째 차: 공예차차	20′
전개	■ 첫 번째 차 – 평창 메밀차 – 평창 메밀차를 우리며 차의 특징을 설명한다. – 차를 나누고 8단계 실천으로 다 함께 음미한다. ■ 이야기 나누기 – 마음을 열고 미소 띤 얼굴로 차의 색·향·미 이야기를 나눈다. (예: 고급스럽고 부드러운 향이 마치 밍크 담요를 덮은 것 같아요.) ■ 첫 번째 차 2포 우려 마시기	20′
	■ 활동하기 ① 풍선 얼굴 꾸미기 각자 풍선을 하나씩 나눠주고 풍선 위에 여러 가지 스티커를 이용하여 또 다른 나를 꾸며보고 발표한다. (예: 하루에 한 번 크게 웃는 연정샘이 되고 싶다.) ② 오늘의 컬러– 흰색과 검은색 – 흰색은 무죄와 순결을 상징하며, 처음부터 새로운 것을 시작할 의지를 나타낸다. – 검정색은 우아함 은밀함 신비함 등 힘과 관련이 깊다. 강한 감정을 생성하고 권위 있는 색이다. ③ 오늘의 명상– 관다(觀茶) 명상 (준비물: 큰 찻사발) – 큰 찻사발에 95℃의 물을 넣고 사발을 데워준다. – 1차 공예차를 넣고 95℃의 물을 반 정도 넣는다. – 양손으로 사발을 잡고 따뜻한 온기를 느껴본다. 얼굴은 사발 가까이에 대고 들숨과 날숨을 반복하며 차향의 기운을 가득 느껴본다.	30′

전개	– 눈은 사발 속에 있는 꽃잎, 찻잎이 풀어지는 모습과 탕색의 변화도 관다(觀茶) 한다. (약 5분간) – 나의 에너지를 함께한 공예차를 천천히 마셔본다. – 2차 95℃의 물을 찻사발에 2/3 정도를 넣고 다시 관다(觀茶) 명상을 한다. (약 5분간) – 양손을 모아 호흡과 함께 단전에서부터 위로 올려 크게 원을 그려 돌아온다. (4회 반복) ■ 두 번째 차 – 공예차 – 백합 공예차를 준비하며 차의 특징을 설명한다. – 두 번째 차의 색·향·미를 표현해본다. (예: 공예차의 아름다움과 조화로움을 느끼고, 차의 향이 온몸을 감싸고 온몸의 노폐물이 다 빠지는 느낌입니다.)	30′
마무리	■ 관다(觀茶) 명상에 대하여 소감 나누기 ■ 마무리 인사 후 정리	20′
준비물	차, 다구, 풍선, 여러 가지 색깔의 펜 및 다양한 색깔의 스티커, 표정 스티커	

 첫 번째 차: 평창메밀차

평창의 메밀차는 청정지역 평창의 다원에서 자란 국내산 타타리메밀로 만든다. 평창의 타타리메밀차는 맛과 향이 뛰어나다. 인공 향을 첨가하지 않고 영양소 파괴도 최소화하여 누구나 편하게 즐길 수 있는 차이다.

● 평창 타타리 메밀차 우림법(10명 기준)

1. 2L의 우림 포트에 평창 메밀차 티백 3개를 넣는다.
2. 95℃의 물에 3~4분 우린다.
3. 250ml~300ml 나눔 포트 4개에 농도를 맞추어 담는다.

* 2~3회 더 우려서 마실 수 있다.

두 번째 차: 백합공예화차

꽃차 예술의 최고봉이라는 공예화차는 복건성 복안 지역에서 시작되었다고 전해진다.

공예차는 녹차와 천연 생화를 이용해 용주(龍珠) 또는 공 모양으로 건조시켜 만든 차로 녹차 대신 백차를 사용하기도 한다. 찻잎 안에 생화 꽃을 무명실로 고정하여 하나의 작품처럼 만든다.

● 백합공예화차 우림법(10명 기준)

1. 2L의 우림 포트에 끓인 물 200ml를 붓는다.
2. 백합공예화차를 차 집게로 조심히 넣는다.
3. 꽃이 중간 정도 피었을 때 95℃의 물 1L를 포트의 벽을 따라 붓고 3분간 우린다.
4. 꽃의 개화한 모습을 보여준 후 나눔 포트 4개에 농도를 맞추어 나누어 담아낸다.

활동 사진

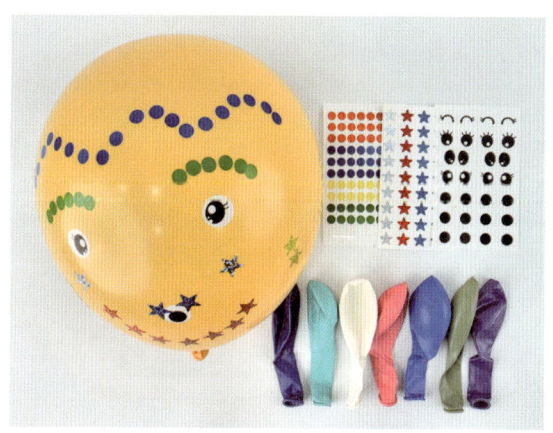

7-10 차(茶)와 함께하는 컬러치유

10차시 조화로움으로 달라진 나 발견하기

학습 목표
1. 보이차의 특징을 알고 차훈 명상을 통해 몸과 마음을 이완한다.
2. 차명상을 통해 변화된 마음을 살펴보고 표현한다.

차(茶)
1. 보이생차
2. 백화차

컬러와 명상 무지개 컬러 / 만다라 명상

단계	내용	시간

도입	■ 인사 나누기
	■ 오늘의 차 소개
	  – 첫 번째 차: 보이생차
	  – 두 번째 차: 백화차
		20′

전개	■ 첫 번째 차 – 보이생차
	  – 보이생차를 우리며 차의 특징을 설명한다.
	  – 차를 나누고 8단계 실천으로 다 함께 음미한다.
	■ 이야기 나누기
	  – 마음을 열고 미소 띤 얼굴로 차의 색·향·미 이야기를 나눈다.
	    (예: 보이생차의 깊은 향이 마음을 편안하게 하네요.)
	■ 첫 번째 차 2포 우려 마시기
		20′

전개	■ 활동하기
	① 명상과 차 마시기 수업을 통해 변화한 마음을 살펴보고 여러 가지 색연필을 이용하여 내 마음 표현하고 발표하기
	  – 눈을 감고 2-3분 정도 9회의 수업을 통해 변화된 내 마음을 관찰한다.
	  – 도화지와 색연필을 나누어준다.
	  – 도화지 가운데에 하트모양을 그리고 내 마음이라고 적도록 한다.
	  – 하트 주변에 색연필을 이용하여 현재 마음을 표현할 수 있는 그림을 그린다.
	  – 돌아가며 발표한다.
	② 오늘의 컬러 – 무지개 컬러
	  각각의 컬러의 장점을 생각해 보고, 다양한 컬러의 조화로움을 무지개로 표현해본다.
	■ 두 번째 차 – 백화차
	  – 백화차를 준비하며 차의 특징을 설명한다.
		30′

전개	– 두 번째 차의 색·향·미를 표현해본다. (예: 여러 가지 색깔의 꽃잎들이 마치 파티하는 것 같네요.) ■ 두 번째 차 2포 우려 마시기 – 차를 마시고 복식호흡을 2회 한다. (들숨과 함께 백화차 에너지가 온몸에 가득 차서 몸에 있는 탁기를 모아 날숨과 함께 몸 밖으로 나가는 상상을 하며 천천히 깊게 내쉽니다.)	30′
마무리	■ 백화차 차훈 하기 백화차를 잔에 따르고 얼굴을 대고 뜨거운 김을 코로 길게 들이마시고 고개를 오른쪽으로 돌려서 길게 내쉰다. 다시 컵 위로 돌아와서 코로 길게 숨을 들이마시고 왼쪽으로 고개를 돌려 길게 내쉰다. 2회 반복한다. 차훈을 하며 모든 색의 에너지가 온몸을 정화시켜주는 상상을 하며 차의 에너지를 느껴 본다. ■ 1회~10회 차의 활동 소감 나누기 및 인사	20′
준비물	차, 다구, A4용지나 흰색 도화지, 여러 가지 색연필 및 크레파스, 색칠도구	

☕ 첫 번째 차: 보이생차

보이차는 만드는 방법에 따라 생차와 숙차로 나뉘는데, 그동안은 숙차를 많이 접했을 것이다. 보이생차는 녹차의 가공과정과 유사하게 만든 모차를 자연적으로 미생물에 의해 발효가 되도록 만든 차이다. 보이생차는 숙차처럼 인위적인 '악퇴' 과정을 거치지 않아 맛이 더 깔끔하다. 보이생차도 산차와 덩이차가 있다.

● 보이생차 우림법(10명 기준)

1. 2L의 우림 포트에 베질루르 보이생차 8g을 넣는다.
2. 95℃의 물에 3~4분 우린다.
3. 250ml~300ml 나눔 포트 4개에 농도를 맞추어 담는다.

* 내포성이 좋아 5~6회 정도 우림 할 수 있으며, 우릴 때마다 시간을 점차 늘려간다.

☕ 두 번째 차: 백화차

　백화차란 여러 가지 꽃차를 섞어서 다시 덖어 음용하는 차로 보기에도 좋고 마시기에도 구수한 고급차이다. 일반적으로 10개 이상의 꽃차를 블렌딩한 것을 백화차라고 한다.

● **백화차 우림법(10명 기준)**

1. 2L의 유리 우림 포트에 베질루르 백화차 8g을 넣는다.
2. 95℃의 물에 3~4분 우린다.
3. 250ml~300ml 나눔 포트 4개에 농도를 맞추어 담는다.

📷 활동 사진

8장

차(茶)와 함께하는 시(詩)와 노래

한국지속가능문화교육개발원 | Korea Sustainable Culture Education Center

 *Tea Therapy*

1) 꽃을 만나는 시간
2) 보고 싶은 사랑
3) 시(詩)로 표현하는 마음놀이
4) 동심의 세계로
5) 별 헤는 밤
6) 추억을 그리다
7) 두근두근 설레임
8) 다섯 글자 예쁜 말
9) 즐거운 나의 집
10) 차(茶)를 노래하다

8장 차(茶)와 함께하는 시(詩)와 노래

8-01 차(茶)와 함께하는 시(詩)와 노래

1차시	꽃을 만나는 시간

학습 목표	1. 백차와 베르가모트 오일의 특징을 알고 블렌딩(blending)한다. 2. 내가 좋아하는 꽃 별칭을 만든다.

차(茶)	1. 수미백차 2. 베르가모트오일	시(詩)	꽃(김춘수)

단계	내용	시간
도입	■ 인사 나누기 – 오늘의 시(詩).「꽃」의 주제 이야기하기 – 좋아하는 꽃으로 인사 나누기 　(예: 저는 장미를 좋아합니다. 앞으로 저를 부를 때 장미 선생님이라고 불러주세요.) – 오늘의 차 소개 및 활동 영역 소개하기 ■ 차 소개 – 첫 번째 차: 수미백차 – 두 번째 차: 베르가모트오일 블렌딩(blending) ■ 차 우림 준비 및 찻잔 데우기	20′
전개	■ 첫 번째 차 – 수미백차 – 수미백차를 우리며 차의 특징을 설명한다. – 차를 나누고 8단계 실천으로 다 함께 음미한다. 　① 눈에 담는다. ② 코를 간지럽힌다. ③ 입술을 적신다. 　④ 입 안 가득 머금는다. ⑤ 목에 길을 내준다. 　⑥ 배를 따뜻하게 해준다. ⑦ 뇌를 깨운다. ⑧ 마음을 열어준다. ■ 이야기 나누기 – 마음을 열고 미소 띤 얼굴로 차의 색·향·미를 이야기 나눈다. 　(예: 달콤하며 시원한 귀한 리치 향에 취하듯 사랑스런 연미색에 빠져드네요.) ■ 첫 번째 차 2포 우려 마시기	20′

- **활동하기**: 「꽃」, 시(詩)를 진행자가 낭독한다.

「꽃」

내가 그의 이름을 불러주기 전에는
그는 다만 하나의 몸짓에 지나지 않았다.
내가 그의 이름을 불러주었을 때,
그는 나에게로 와서 꽃이 되었다.
내가 그의 이름을 불러준 것처럼
나의 이 빛깔과 향기에 알맞은 누가 나의 이름을 불러 다오.
그에게로 가서 나도 그의 꽃이 되고 싶다.
우리들은 모두 무엇이 되고 싶다.
너는 나에게 나는 너에게 잊혀지지 않는 하나의 눈짓이 되고 싶다.

전개

- 진행자가 꽃에 관해 이야기한다.
  진행자가 먼저 좋아하는 꽃과 그 이유 꽃말 등을 이야기한다.
  (예: 장미(사랑), 코스모스(순정), 국화(진실), 작약(수줍음) 등을 이야기한다.)
- 「꽃」 별칭 짓기
  별칭을 진행자부터 이야기하고 한 사람씩 이야기한다.
  (예: 저는 장미꽃을 좋아하고 꽃말처럼 사랑받고 싶어 장미꽃이라 했습니다.
- 꽃 별칭으로 인사를 나눈다.
  (예: 예쁜 장미 꽃님 안녕하세요.)
- 짝을 지어 별칭으로 인사 한다.
  (예: 꽃 별칭 찾아 악수로 인사하기 등)
- 그룹별 상대방 팀 꽃 별칭 맞추고 꽃의 특징을 이야기 한다.
  (예: 코스모스님 맞으시죠? 한들한들 코스모스님 아름답습니다!)
- 「꽃」 시(詩)를 함께 낭독한다.
- 난락을 수거니 받거ㅣ 낭독하기.
- "무궁화꽃이 피었습니다." 놀이를 응용하여 학습자들의 꽃 별칭을 불러 본다.
  (예: "장미꽃이 피었습니다." 장미 꽃님이 일어나 활짝 웃으며 인사한다.)

30′

- **두 번째 차 – 수미백차 + 베르가모트오일 블렌딩(blending)**
  - 2번째 차 준비와 찻잔을 헹군다.
  - 베르가모트오일 블렌딩(blending)을 우리며 차의 특징을 설명한다.
  - 차를 나누고 8단계 실천으로 다 함께 음미한다.
  - 차의 색·향·미를 표현해본다.
    (예: 베르가모트 향이 마음을 설레게 하네요.)

전개	■ 두 번째 차 2포 우려 마시기	30′
마무리	■ 오늘 활동 소감 나누기 ■ 마음 전하기 「꽃」 별칭으로 마무리 인사 후 정리	20′
준비물	차, 다구 세트	

 첫 번째 차: 수미백차

수미는 굵은 차청으로 제작한 것으로 차(茶) 맛이 진하다.

백차는 곡우 이전의 첫 잎으로 만들었다. 백차 중의 수미는 1창2기보다 큰 잎으로 위조한 중엽 종으로 만든 백엽차를 말한다. 백차의 유래를 살펴보면 송나라 휘종 황제가 저술한 《대관다론(大觀茶論)》에서 말하고 있듯이 백차는 저절로 생긴 차나무의 한 종류로 원시적인 차로 장시간 시들리기만으로 약 발효시켜 흰 솜털이 보이게 만든 약차이다.

● **수미백차 우림 법 (10명 기준)**

1. 우림 포트에 수미백차 10g 넣고 빠르게 세차한다.
2. 80~90℃의 물 1.2L을 부어 3분간 우린다.
3. 다 우려낸 찻물은 250~300ml 나눔 포트 4개에 농도를 맞추어 나누어 담아낸다.

 두 번째 차: 수미백차+베르가모트 오일

랍상소우총(Lapsang souchong)이 중국에서 생산되는 과일인 용안의 향을 입힌다는 잘못된 정보에 입각해서 용안과 비슷한 크기의 구슬 모양의 과일을 찾았는데, 그것이 베르가모트이다.

베르가모트는 오렌지 향이 나는 꽃과 운향과 식물의 열매가 있다. 수미백차와 베르가모트 오일을 활용한 환상적인 새로운 맛을 느껴본다. 나만의 블렌딩(blending)을 접해보는 경험을 할 수 있다.

- **수미백차 10g + 베르가모트 오일차(10명 기준)**

1. 우림 포트에 수미백차 10g 넣고 빠르게 세차한다.
2. 80~90℃의 물 1.2L를 부어 3분간 우린다.
3. 다 우려낸 찻물에 베르가모트 오일 4~5방울을 넣는다.
4. 베르가모트 오일을 넣은 찻물을 250~300ml 나눔 포트 4개에 농도를 맞추어 나누어 담아낸다.

8-02 차(茶)와 함께하는 시(詩)와 노래

2차시 보고 싶은 사랑

학습 목표
1. 하동 녹차의 차별화된 성분과 맛의 특징 알아본다.
2. 사랑에 관련된 시를 이해하고 낭독한다.

차(茶)
1. 하동 녹차
2. 임페리얼 라벨

시(詩) 사랑(작자미상)

단계	내용	시간
도입	■ 인사 나누기 – 오늘의 사랑 「시(詩)」 주제 이야기하기 – 추억의 사랑 이야기로 인사 나누기 (예: 첫사랑, 사제 간의 사랑, 부모와 자식 간의 사랑, 동물사랑 등) – 오늘의 차 소개 및 활동 영역 소개하기 ■ 차 소개 – 첫 번째 차: 하동 녹차 – 두 번째 차: 임페리얼 라벨 ■ 차 우림 준비 및 찻잔 데우기	20′
전개	■ 첫 번째 차 – 하동 녹차 – 하동 녹차를 우리며 차의 특징을 설명한다. – 차를 나누고 8단계 실천으로 다 함께 음미한다. ■ 이야기 나누기 – 마음을 열고 미소 띤 얼굴로 차의 색·향·미를 이야기 나눈다. (예: 맑고 은은한 푸른 녹차 향이 마음을 심쿵하게 하네요.) ■ 첫 번째 차 2포 우려 마시기	20′
전개	■ 활동하기: 「사랑」 시(詩)를 진행자가 낭독한다. 「사랑」 꽃은 피어도 소리가 없고 새는 울어도 눈물이 없고 사랑은 불타도 연기가 없더라 꽃이 좋아서 꺾었더니 가시가 있고 친구가 좋아서 사귀었더니 이별이 있고 세상이 좋아서 태어났더니 죽음이 있더라	30′

전개	나 시인이라면 그대에게 한 편의 시를 드리겠고 나 목동이라면 그대에게 한 잔의 우유를 드리겠건만 나 가진 것 없는 가난한 자이기에 그대에 드릴 것은 오로지 사랑 사랑뿐입니다. – 시(詩)「사랑」에 대해 알아보기 – 시(詩)「사랑」을 읽고 느꼈던 감정을 이야기한다. – 요즘 빠진 사랑은 무엇이 있는지 알아본다. 　(예: 연인·부모·가족·친구·애완견·운동·취미 등에 대해 이야기한다.) – 사랑 노래 또는 가사에 사랑이 들어간 노래 이야기하기 　(예: 사랑가. 사랑밖에 난 몰라. 사랑을 할 거야 등) – 시(詩)「사랑」시 함께 낭독하기 – 단락을 주거니 받거니 낭독한다. ■ **두 번째 차 – 수미백차 + 베르가모트오일 블렌딩(blending)** – 두 번째 차 준비와 찻잔을 헹군다. – 임페리얼 라벨을 우리며 차의 특징을 설명한다. – 차를 나누고 8단계 실천으로 다 함께 음미한다. ■ **이야기 나누기** – 차의 색·향·미를 표현한다 　(예: 노란 수색의 맛은 달콤하고 상큼한 맛이 납니다.) ■ **두 번째 차 2포 우려 마시기**	30′
마무리	■ **오늘 활동 소감 나누기** ■ **마음 전하기로 사랑 시(詩)를 들려준 후 마무리 인사 후 정리**	20′
준비물	차, 다구 세트	

☕ 첫 번째 차: 하동 녹차

하동 녹차는 다른 지역에서 생산되는 녹차보다 내용 성분과 맛, 품질 등이 우수하다.

오래전부터 내려오는 '덖음' 기술을 활용하여 고급 녹차가 생산되며, 다른 지역 녹차와 차별화를 추구하고 있다.

하동지역 차밭은 자연을 그대로 활용한 것이 특징이며, 또한 지역적 특색을 고려하여 자생하고 있는 하동지역 야생 차나무는 중국 차나무, 일본 차나무 공통의 조상에서 유래하였다.

● **하동 녹차 우림법(10명 기준)**

1. 우림 포트에 하동녹차 10g 넣고 빠르게 세차한다.
2. 70~75℃의 물 1.2L를 부어 2분간 우린다.
3. 다 우려낸 찻물은 250~300ml의 나눔 포트 4개에 농도를 맞추어 나누어 담아낸다.

* 녹차 우림 시 95℃ 끓인 물을 2개의 나눔 포트로 4~5회 정도 교반하여 온도를 내려서 우린다.

☕ 두 번째 차: 임페리얼 라벨

러시아의 혹독한 겨울을 위한 차로 녹차를 베이스 한 감초 뿌리·산자 나무뿌리·생강·오렌지 필·시나몬·아니씨드 등 녹차·허브·향신료가 블렌딩(blending) 되어 있다. 단맛과 함께 향신료 맛이 강하게 느껴지는 차로 일반적인 차보다는 달리 느낄 수 있는 매력적인 차이다.

● **임페리얼 라벨 우림법(10명 기준)**

1. 우림 포트에 임페리얼 라벨 10g을 넣고 빠르게 세차한다.
2. 95℃의 물 1.2L 부어 2분간 우린다.
3. 다 우려낸 찻물은 250~300ml의 나눔 포트 4개에 농도를 맞추어 나누어 담아낸다.

8-03 차(茶)와 함께하는 시(詩)와 노래

3차시	시(詩)로 표현하는 마음 놀이

학습 목표	1. 청차의 특징과 색·향·미를 표현할 줄 안다. 2. 본인의 이름으로 삼행시를 짓기.

차(茶)	1. 동방미인 2. 자스민 녹차	시(詩)	삼행시, 창작 시

단계	내용	시간
도입	■ **인사 나누기** – 오늘의 「창작」 시(詩) 주제 이야기하기 – 삼행시로 인사 나누기 　(예: 이 – 이 세상에 단 하나뿐인 당신과 　　　계 – 계속 함께할 수 있어서 　　　자 – 자랑스럽습니다. – 오늘의 차 소개 및 활동 영역 소개 ■ **차 소개** – 첫 번째 차: 동방미인 – 두 번째 차: 자스민 녹차 ■ **차 우림 준비 및 찻잔 데우기**	20′
전개	■ **첫 번째 차 – 동방미인** – 동방미인을 우리며 차의 특징을 설명한다. – 차를 나누고 8단계 실천으로 다 함께 음미한다. ■ **이야기 나누기** – 마음을 열고 미소 띤 얼굴로 차의 색·향·미를 이야기 나눈다. 　(예: 그윽한 꽃향기와 과일 향에 미인의 향기에 빠졌네요.) ■ **첫 번째 차 2포 우려 마시기**	20′
	■ **활동하기 – 삼행시** – 본인 이름으로 삼행시를 지어본다. – 한 단어를 주고 돌아가며 이행시, 삼행시를 지어본다. 　(예: 홍 – 홍조 띤 얼굴로 　　　길 – 길가를 걷다 보니 어느새 　　　동 – 동네 한 바퀴를 돌았다. – 릴레이로 한 사람씩 돌아가며 본인 이름으로 삼행시를 짓는다.	30′

전개	– 각자가 생각하는 삼행시(이행시)를 표현한다. – 삼행시는 그룹/개인, 「운」을 띄워 함께 삼행시를 지어본다. – 창작시에 대해 알아본다. 　(예: 계절, 날씨, 친구, 연인, 동물 등) – 릴레이 창작시 짖기 　(예: 주제–봄 　학습자1– 화창한 봄날에 아지랑이 　학습자2– 꼬물꼬물 피어나네. 　학습자3– 향기 가득한 꽃도 나를 반기는데 　학습자4– 내 ○○님은 어디에… 　학습자5– 오늘도 나는 햇살 가득한 길 외로이 걷고 있네.) – 그룹으로 완성된 시를 읽어본다. – 서로의 창작 시를 공감해준다. ■ **두 번째 차 – 자스민 녹차** – 두 번째 차 준비와 찻잔을 헹군다. – 자스민 차를 우리며 차의 특징을 설명한다. – 차를 나누고 8단계 실천으로 다 함께 음미한다. – 차의 색·향·미를 표현해본다. 　(예: 자스민의 은은한 향에 여왕이 된 느낌입니다.) ■ **두 번째 차 2포 우려 마시기**	30′
마무리	■ **오늘 활동 소감 나누기** ■ **삼행시, 창작「시(詩)」를 마음으로 표현하며 마무리 인사 후 정리**	20′
준비물	차, 다구 세트, A4용지, 볼펜	

☕ 첫 번째 차: 동방미인

우롱차 중 가장 섬세하고 향이 단아하고 그윽한 과일 향과 꽃 향이 어울려 맛과 향이 일품인 차이다. 복건성 무이산(武夷山)에서 생산하던 차를 타이완의 신죽현(新竹縣)으로 가져가 재배한 차로 '부진자 혹은 소록엽선(小綠葉蟬)'이라는 벌레를 이용해 유기농으로 재배한 이 벌레는 농약에 약하기 때문에 동방미인의 생산량은 적고 생산이 까다롭기로 유명한 동방의 아름다운 미인이 연상된다고 찬탄하면서 동방미인(Oriental beauty)이란 별명이 붙었다고 한다.

● 동방미인 우림법(10명 기준)

1. 우림 포트에 동방미인 10g 넣고 빠르게 세차한다.
2. 90~95℃의 물 1.2L를 부어 3분간 우린다.
3. 다 우려낸 찻물은 250~300ml의 나눔 포트 4개에 농도를 맞추어 나누어 담아낸다.
4. 유리 우림 포트 속에서 춤추는 찻잎을 상상하며 입안에 향기를 가득 머금어 본다.

☕ 두 번째 차: 자스민 녹차

자스민은 꽃은 향유의 왕으로 불리며 사랑의 묘약으로 향수와 아로마오일에 사용되고 있다. 독특한 향에 반한 젊은 여성들이 즐겨 찾는 차(茶)이며 우롱차 98%에 2%의 자스민 꽃잎이 첨가되어 감미로운 향과 은은한 맛이 조화를 이루어 우울한 기분을 전환해 준다.

● 자스민 녹차 10g 우림법(10인 기준)

1. 우림 포트에 자스민 녹차 10g 넣고 빠르게 세차한다.
2. 70~80℃의 물 1.2L 넣고 2분간 우린다.
3. 다 우려낸 찻물은 250~300ml의 나눔 포트 4개에 농도를 맞추어 나누어 담아낸다.
4. '찻잎 속 꽃' 나만의 시간에 차와 꽃의 향기를 느껴본다.

8-04 차(茶)와 함께하는 시(詩)와 노래

4차시 동심의 세계로~

학습 목표
1. 꽃차의 색·향·미를 관찰하고 꽃차를 우림 할 줄 안다.
2. 추억이 있는 동요 시(동시)를 노래 또는 활동으로 표현한다.

차(茶)
1. 목련꽃잎차
2. 공예 화차

시(詩) 동요 시, 짧은 시

단계	내용	시간
도입	■ 인사 나누기 – 오늘의 동요 시(詩) 주제 이야기하기 – 응답하라 나의 어린 시절 까꿍 하고 싱글벙글 동요로 인사 나누기 　(예: 싱글벙글 노래를 부르며 옆 사람과 인사 나눈다.) – 오늘의 차 소개 및 활동 영역 소개 ■ 차 소개 – 첫 번째 차: 목련꽃잎차 – 두 번째 차: 공예 화차 ■ 차 우림 준비 및 찻잔 데우기	20′
전개	■ 첫 번째 차 – 목련꽃잎차 – 목련꽃잎차를 우리며 차의 특징을 설명한다. – 차를 나누고 8단계 실천으로 다 함께 음미한다. ■ 이야기 나누기 – 마음을 열고 미소 띤 얼굴로 차의 색·향·미를 이야기 나눈다. 　(예: 물속에서 꽃잎이 춤을 추니 내 마음도 춤을 추네요.) ■ 첫 번째 차 2포 우려 마시기	20′
전개	■ 활동하기 – 초록 바다 함께 노래하기 「초록 바다」 초록빛 바닷물에 두 손을 담그면 초록빛 바닷물에 두 손을 담그면 파란 하늘빛 물이 들지요 어여쁜 초록빛 손이 되지요 초록빛 여울물에 (초록빛) 두 발을 담그면 (담그면)	30′

물결이 살랑 어루만져요
물결이 살랑 어루만져요 (반복)

- 자 ~~ 지금부터 바다로 여행을 떠나 볼까요?
- 바다! 하면 생각나는 것을 알아본다.
  (예: 여행, 수영, 배, 파도, 조개, 물결, 파랑, 튜브, 파라솔 등)
- 수영: 수영 동작에 맞춰 다 함께 동심의 세계로~초록 바다를 노래한다.
  ① 자유영 – 두 팔 오른쪽/왼쪽 어깨를 돌려 박수치고.
  ② 평영 – 두 팔을 앞으로 돌려 박수치고
  ③ 배영 – 두 팔을 뒤로 돌려 박수치고
  ④ 접영 – 두 팔을 앞으로 동시 돌려 박수치며 노래한다.
- 바닷속에는 무슨 일이 일어나고 있을까요?
- 눈을 감고 산호초가 흔들거리는 바닷물에 손과 발을 담그고 있는 나의 모습을 상상해보아요.

■ **나비야(동요)**

나비야 나비야 이리 날아오너라.
노랑나비 흰나비 춤을 추며 오너라
봄바람에 꽃잎도 방긋방긋 웃으며
참새도 짹 짹짹 노래하며 춤춘다.

- 나비의 종류 알아보고, 나비 이름 바꿔 넣어 춤을 추듯 노래한다.
  (예: 호랑나비(흔들거리며), 공작나비(예쁘게 춤추듯, 네발나비 등)

■ **두 번째 차 – 공예 화차**
- 두 번째 차 준비와 찻잔을 헹군다.
- 공예 화차를 우리며 차의 특징을 설명한다.
- 차를 나누고 8단계 실천으로 다 함께 음미한다.
- 차의 색·향·미를 표현해본다.
  (예: 찻잔 속에 피어난 국화꽃 한 송이가 마음을 설레게 하네요.)

■ **활동하기 – 풀꽃(나태주)**

「풀꽃」

자세히 보아야 예쁘다
오래 보아야 사랑스럽다.
너도 그렇다.

■ **두 번째 차 2포 우려 마시기**
- 풀꽃 시(詩)를 낭독/낭송한다.
- 주변에 예쁘고 사랑스럽게 보이는 것 찾아보기

전개	– 짝꿍에게 「예쁘다, 사랑스럽다」를 표현해본다. (예: 짝꿍에게 눈이 예쁘다. 눈웃음이 사랑스럽다. 등)	30′
마무리	■ 오늘 활동 소감 나누기 ■ 초록 바다를 부르며 마무리 인사 후 정리	20′
준비물	차, 다구 세트	

 첫 번째 차: 목련꽃잎차

봄을 알리는 꽃으로 은은한 맛과 향이 뛰어나고 기관지에 좋아 오래전부터 목련 꽃차 효능이 인정받고 있다. 한의학에선 코 막힘을 뚫는 가장 좋은 약으로 오랫동안 힘을 응축해 막 열리려는 목련꽃 봉오리를 사용하며, 목련의 꽃봉오리는 신이화(辛夷花)이다.

추운 날씨를 뚫고 뜨거운 꽃을 피워 찬란한 봄을 일깨운다는 의미이다. 못다 한 사랑은 눌린 스프링처럼 큰 폭발력을 함축하는데 확 뚫어 소통을 암시한다.

● **목련꽃잎차 우림법**

1. 2L의 유리 우림 포트에 목련 꽃잎 차 6g 넣고 빠르게 세차한다.
2. 95~100℃의 물 1.2L를 부어 목련 꽃잎을 스웰링(swirling)하여 꽃잎이 춤추는 것을 보며 2분간 우린다.
3. 다 우려낸 찻물은 250~300ml의 나눔 포트 4개에 농도를 맞추어 나누어 담아낸다.
4. 춤추는 꽃 향이 입 안 가득 머금고 색·향·미를 느껴본다.

* 꽃잎이 펼쳐지는 모양을 감상하도록 유리포트에 우림 하면 좋다.
* 2-3회 더 우림 하여 마실 수 있다.

두 번째 차: 공예차(출수부용, 出水芙蓉)

물속에 부용꽃이 피어났다. 부용은 아름다운 여인을 의미, 무궁화와 접시꽃의 중간 형태이다.

화차: 화차 가운데 꽃을 찻잎으로 잘 감쌌다가 물을 부으면 꽃의 원형이 그대로 되살아나는 차를 특별히 공예차(茶)라고도 하고, 일종의 예술작품으로 여겨진다.

공예차: 녹차와 천연 생화를 이용해 용주 또는 공 모양으로 건조하여 만든 차로 녹차 대신 백차를 사용하기도 한다.

● **공예차 출수부용(出水芙蓉) 우림법(10명 기준)**

1. 우림 포트에 끓인 물 200ml 붓는다.
2. 공예차 1개를 집게로 살포시 넣는다.
3. 꽃이 중간 정도 피었을 때 95℃의 물 1L를 우림 포트 벽면을 타고 흐르게 부어 3분간 우린다.
4. 꽃이 피어나면 250~300ml의 나눔 포트 4개에 농도를 맞추어 담아낸다.
5. 찻잔에 따라서 차의 색·향·미를 음미하며 마신다.

* 공예차가 피어나면 꽃이 되어 우림 포트 속이 꽃밭이 된다.
* 꽃잎이 펼쳐지는 모양을 감상하도록 유리포트에 우림 하면 좋다.

8-05 차(茶)와 함께하는 시(詩)와 노래

5차시 별 헤는 밤

학습목표
1. 운남타차(云南沱茶)의 특징과 자연환경, 제다법, 음용방법 등을 알아본다.
2. 별 헤는 밤의 별의 의미를 알아차리기

차(茶)
1. 하관타차(생차生茶)
2. 감초차

시(詩) 별 헤는 밤(윤동주)

단계	내용	시간
도입	■ 인사 나누기 – 오늘의 시(詩), 「별 헤는 밤」 주제 이야기하기. – 짧은 시(詩)짓기. – "작은 별" 동요로 인사 나누기. (예: 우리 모두 다 같이 인사해 반짝.) ■ 오늘의 차 소개 및 활동영역 소개 – 별이 주는 의미를 간략하게 설명한다. ■ 차 소개 – 첫 번째 차: 하관타차(생차生茶) – 두 번째 차: 감초차 ■ 차 우림 준비 및 찻잔 데우기	20′
전개	■ 첫 번째 차 – 하관타차(沱茶)생차(生茶) – 하관타차(沱茶)생차(生茶)를 우리며 차의 특징을 설명한다. – 차를 나누고 8단계 실천으로 다 함께 음미한다. ■ 이야기 나누기 – 마음을 열고 미소 띤 얼굴로 차의 색·향·미를 이야기 나눈다. (예: 차 향과 차 맛이 감동이네요.) 「별 헤는 밤」 (생략) 별 하나에 추억과 별 하나에 사랑과 별 하나에 쓸쓸함과 별 하나에 동경과 별 하나에 시와 별 하나에 어머니, 어머니 (생략)	20′

	– 눈을 감고 그리운 사람 생각해보기 ■ **첫 번째 차 2포 우려 마시기**	20′

전개	■ **활동하기 – 짧은 시(詩)짓기**
	– 짧은 시(詩)에 대해 알아본다.
	– 주변에서 소재를 정해본다.
	  (예: 과거 · 현재 · 미래 · 가족 · 연인 · 친구 · 계절 · 날씨 등)
	– 각자가 쓰고 싶은 감정들을 짧게 표현해본다.
	  (예: 창밖의 햇살이 눈부시다.)
	– 완성된 짧은 시(詩)를 소개한다.
	
	                 주제: 찻잔
	
	              하얀 찻잔에
	            붉은 꽃물이 들었네
	              하얀 찻잔에
	            그리움 한가득 담겼네
	              붉은 꽃물과
	             그리움 한가득
	          내 몸속으로 들어왔네
	
	■ **두 번째 차 – 감초차**
	– 두 번째 차 준비와 찻잔을 헹군다.
	– 감초를 우리며 차의 특징을 설명한다.
	– 차를 나누고 8단계 실천으로 다 함께 음미한다.
	– 차의 색 · 향 · 미를 표현해본다.
	
	■ **두 번째 차 2포 우려 마시기**
	– 짧은 「시(詩)」에 대해 좋았던 점, 공감했던 이야기 등을 이야기해 본다.
	– 서로에게 잘했다고 칭찬하고 공감을 해준다.
	– 서로에게 칭찬하기(넌 정말 잘했어! 넌 정말 멋져! 등)
		30′

마무리	■ **별 헤는 밤에 느꼈던 소감 듣기** ■ **마무리 인사 후 정리**	20′
준비물	차, 다구 세트. A4용지, 볼펜	

 첫 번째 차: 하관타차(生茶)

하관차창은 타차(沱茶, 반으로 자른 공 모양)로 유명한 차로 운남(云南)의 타차(沱茶)는 하관에서 처음 만들어져서 하관타차(沱茶)라고도 한다. 2006년 하관타차(沱茶)는 사발 또는 잔처럼 둥근 모양으로 속이 움푹 파이게 긴압된 차(茶)다. 타차 또한 병차(餠茶)와 마찬가지로 숙차(熟茶)와 생차(生茶)가 있는데 타차(沱茶)를 이름 지을 때 일반적으로 숙차(熟茶)는 '보이타차(普洱沱茶)', 생차(生茶)는 운남타차(云南沱茶)라고 한다.

● 화관타차 우림법(10인 기준)

1. 우림 포트에 화관타차 8g 넣고 빠르게 세차한다.
2. 95~100℃의 물 1.2L를 부어 3분간 우린다.
3. 다 우려낸 찻물은 250~300ml의 나눔 포트 4개에 농도를 맞추어 나누어 담아낸다.
4. 싱그러운 맛을 느낄 수 있는 타차로 색·향·미를 느껴본다.

두 번째 차: 감초차(茶)

감초는 모든 약의 독성을 조화시켜서 약효가 잘 나타나게 하며 장부의 한열과 사기를 다스리고 모든 혈맥의 소통을 잘 시키며 근육과 뼈를 튼튼히 한다.

● 감초차 우림법

1. 우림 포트에 감초차 8g 넣어 빠르게 세차한다.
2. 95℃의 물 1.2L 부어 2분간 우린다.
3. 다 우려낸 찻물은 250~300ml의 나눔 포트 4개에 농도를 맞추어 나누어 담아낸다.

8-06 차(茶)와 함께하는 시(詩)와 노래

6차시 추억을 그리다

학습목표
1. 정산소종(正山小種)의 특징인 훈연 향에 대해 알아본다.
2. 시(詩)로 나와 너를 표현하고 감정을 나눈다.

차(茶)
1. 정산소종(正山小種)
2. 제주발효 블렌딩 차

시(詩) 향수(정지용)

단계	내용	시간
도입	■ 인사 나누기 – 오늘의 시(詩), 「향수」 주제 이야기하기 – 「고향의 봄」 동요 노래 부르며 인사 나누기 　(예: 추억을 생각하며 나의 살던 고향은~~ 　그 속에서 놀던 때가 그립습니다.) ■ 차 소개 – 첫 번째 차: 정산소종(正山小種) – 두 번째 차 : 오설록 달빛걷기 ■ 차 우림 준비 및 찻잔 데우기	20′
전개	■ 첫 번째 차 – 정산소종(正山小種) – 정산소종(正山小種)을 우리며 차의 특징을 설명한다. – 차를 나누고 8단계 실천으로 다 함께 음미한다. ■ 이야기 나누기 – 마음을 열고 미소 띤 얼굴로 차의 색·향·미를 이야기 나눈다. 　(예: 순수하고 농후함이 감미롭고 입안을 감도네요.) ■ 첫 번째 차 2포 우려 마시기	20′
전개	■ 활동하기 – 「향수」 시(詩)를 다 함께 낭독하고 노래하기 「향수」 넓은 벌 동쪽 끝으로 옛이야기 지줄대는 실개천이 휘돌아 나가고 얼룩빼기 황소가 해설피 금빛 게으른 울음을 우는 곳 그곳이 차마 꿈엔들 잊힐 리야	30′

전개	질화로에 재가 식어지면
	비인 밭에 밤바람 소리 말을 달리고
	엷은 졸음에 겨운 늙으신 아버지가
	짚베개를 돋아 고이시는 곳
	그곳이 차마 꿈엔들 잊힐 리야
	
	흙에서 자란 내 마음
	파아란 하늘빛이 그리워
	함부로 쏜 화살 찾으러
	풀 섶 이슬에 함초롬 휘적시던 곳
	그곳이 차마 꿈엔들 잊힐 리야
	
	전설 바다에 춤추는 밤물결 같은
	검은 귀밑머리 날리는 어린 누이와
	아무렇지도 않고 예쁠 것도 없는
	사철 발 벗은 아내가
	따가운 햇살을 등에 지고 이삭 줍던 곳
	그곳이 차마 꿈엔들 잊힐 리야
	
	하늘에는 성근 별
	알 수도 없는 모래성으로 발을 옮기고
	서리 까마귀 우지 짖고 지나가는 초라한 지붕
	흐릿한 불빛에 둘러앉아 도란도란 거리는 곳
	그곳이 차마 꿈엔들 잊힐 리야
	
	– 향수에 관한 이야기를 한다.
	  (예1: 향수 하면 생각나는 것. 그리운 것
	  고향, 추억, 여행, 사랑, 시골, 기차, 소소한 행복, 일상 등)
	  예2: 어릴 적 부모님과의 여행 중 기차 안에서 삶은 계란 먹었던 기억, 시골 외할머니 집에 가서 물고기 잡고 놀았던 기억 등)
	– 향수를 듣고 난 후 한 사람씩 이야기해 본다.
	– 향수 시를 듣고 다 함께 노래한다.
	  (예: 두 그룹으로 나누어 돌아가며 단락별로 낭독하고 노래한다.)
	
	■ **두 번째 차 – 오설록 달빛걷기**
	  – 두 번째 차 준비와 찻잔을 헹군다.
	  – 오설록 달빛걷기를 우리며 차의 특징을 설명한다.
	  – 차를 나누고 8단계 실천으로 다 함께 음미한다.
		30′

전개	– 차의 색·향·미를 표현해본다. ■ 두 번째 차 2포 우려 마시기 – 오설록 달빛걷기 차의 맛을 이야기해 본다. (예: 제주의 향기가 느껴지네요. 시원하고 달콤한 배향에 빠지게 되네요.) – 시(詩)를 노래로 듣는 것과 낭독으로 듣는 전·후의 감정을 이야기해 본다.	30′
마무리	■ 오늘의 활동 소감 나누기 ■ 차와 함께한 시간여행으로 시(詩)를 들으면서 인사하고 마무리	20′
준비물	차, 다구 세트	

첫 번째 차: 정산소종

정산소종은(正山小種) 홍차의 시조로 불린다. 밀 향이 나며 공부차(工夫茶)라고도 한다. 정산(正山)이란 진정한 고산지역의 생산을 의미하며 우이산(武夷山)에서 생산되는 홍차를 정산이라 불린다. 그 외 지역에서 나는 차를 '외산'이라 한다.

소종은 차나무의 품종인 소엽종으로 찻잎은 두껍고 고동색을 띤다. 정산소종의 형태는 가늘고 긴밀하게 말려있으며, 향은 높고 오래 지속되고 윤기 있는 검은색이다. 탕색은 홍색이고 맛은 달고 두터우며 마신 후 단맛이 되돌아오며 건조 과정에서 송박이라고도 한다.

● 정산소종(正山小種) 차 우림법

1. 우림 포트에 정산소종 10g 넣고 빠르게 세차한다.
2. 95℃의 물 1.2L를 부어 2분간 우린다.
3. 다 우려낸 찻물은 250~300ml의 나눔 포트 4개에 농도를 맞추어 나누어 담아낸다.
4. 소나무 훈제 향(smoke flavor)을 부여시켜 송연향을 느낄 수 있는 홍차 중의 홍차를 맛볼 수 있다.

두 번째 차: 오설록 달빛걷기

달무리처럼 은은하게 달콤한 배향과 밤하늘 별빛 같은 별사탕이 환상적인 조화를 이룬다. 돌배의 시큼한 맛이 살짝 스치고 지나가며 부드러운 블렌딩한 차다.

● 오설록 달빛걷기 우림법(10인 기준)

1. 우림 포트에 8g(티백은 3개)을 넣는다.
2. 95℃의 물 1.2L 부어 3분간 우린다.
3. 다 우려낸 찻물은 250~300ml의 나눔 포트 4개에 농도를 맞추어 나누어 담아낸다.
4. 제주도의 달무리처럼 은은하게 달달한 배향이 더해져 환상적인 조화를 이루는 차로 색·향·미를 느껴본다.

* 제주발효 블렌딩 차로 오설록 달빛걷기 차로 하였다.

8-07 차(茶)와 함께하는 시(詩)와 노래

7차시	두근두근 설레임
학습 목표	1. 홍차가 가지고 있는 맛과 향을 알아본다. 2. 「시(詩)」를 마음으로 표현해본다.
차(茶)	1. 스리랑카s, t실론티 2. 겨우살이차
시(詩)	황홀한 고백(이해인)

단계	내용	시간
도입	■ 인사 나누기 　– 황홀한 고백 주제 이야기하기 　– 고백했던 추억을 떠올리며 인사 나누기 　　(예: 사랑 고백. 감사 고백. 슬픈 고백, 실수 고백 등) ■ 차 소개 　– 첫 번째 차: 스리랑카s, t실론티 　– 두 번째 차: 겨우살이차 ■ 차 우림 준비 및 찻잔 데우기	20′
전개	■ 첫 번째 차 – 스리랑카s, t실론티 　– 스리랑카s, t실론티를 우리며 차의 특징을 설명한다. 　– 차를 나누고 8단계 실천으로 다 함께 음미한다. ■ 이야기 나누기 　– 마음을 열고 미소 띤 얼굴로 차의 색·향·미를 이야기를 나눈다. 　　(예: 순하고 달콤함이 있는 향이 입안에서 맴도는 느낌이 있네요) 　– 좋아하는 홍차가 있는지 이야기해 본다. ■ 첫 번째 차 2포 우려 마시기	20′
	■ 활동하기 –「황홀한 고백」시(詩)를 다 함께 낭독하기 「황홀한 고백」 사랑한다는 말은 가시덤불 속에 핀 하얀 찔레꽃의 한숨 같은 것 내가 당신을 사랑한다는 말은 한자락 바람에도	30′

전개	흔들리는 나뭇가지
	당신이 나를 사랑한다는 말은
	무수한 별들을 한꺼번에 쏟아내는
	거대한 밤하늘이다
	어둠속에서도 환히 얼굴이 빛나고
	절망 속에서도 키 크는 한마디 말
	얼마나 놀랍고도 황홀한 고백인가
	우리가 서로 사랑한다는 말은
	
	– 다 같이 황홀한 고백을 낭독한다.
	– 「황홀한 고백」의 시(詩)에 넣고 싶은 단어를 넣어 바꾸어 본다.
	  (예: 사랑한다는 말은 –〉 좋아한다는 말은
	  하얀 찔레꽃 –〉 빨강 장미꽃
	  무수한 별들을 한꺼번에 쏟아내는 –〉 수줍은 미소를 조금씩 전해주는 등)
	– 황홀한 고백, 감사 고백, 슬픈 고백, 실수 고백이 있다면 이야기한다.
	
	■ **두 번째 차 – 겨우살이차**
	  – 두 번째 차 준비와 찻잔을 헹군다.
	  – 겨우살이차를 우리며 차의 특징을 설명한다.
	  – 차를 나누고 8단계 실천으로 다 함께 음미한다.
	  – 차의 색·향·미를 표현해본다.
	    (예: 겨우살이의 은은함과 담백함을 느껴요.)
	
	■ **두 번째 차 2포 우려 마시기**
		30′

마무리	■ **오늘의 활동 소감 나누기** ■ **마무리 인사 후 정리**	20′
준비물	차, 다구 세트	

첫 번째 차: 스리랑카s, t 실론 티

스리랑카는「빛의 도시」라는 의미를 가진 누아라엘리야라는 홍차도 유명하며 스리랑카 홍차 중에서는 가장 맛과 향이 좋은 것으로 알려져 있다. 실론의 낮은 내륙에서 이 세련된 차는 프리미엄 제품으로 높은 평가를 받고 있다. 찻잎을 잘라 비벼 만든 조금 무겁고 부드러운 차로 탕색은 붉은빛 황금색을 띤다.

● 스리랑카s, t 실론 티 우림법(10인 기준)

1. 우림 포트에 스리랑카 & 실론티 10g 넣고 빠르게 세차한다.
2. 95℃의 물 1.2L를 부어 2분간 우린다.
3. 다 우려낸 찻물은 250~300ml의 나눔 포트 4개에 농도를 맞추어 나누어 담아낸다.

* 실론티 중 티컨트리 컬렉션(FBOP)을 선택했다.

두 번째 차: 겨우살이차

겨울 하면 생각나는 식물로 크리스마스트리에 쓰이는 덩굴 식물이다. 말린 겨우살이를 오래 두면 황금빛으로 변해 황금가지라는 별명을 가지고 있다. 겨우살이는 다른 생명에 붙어 자신의 삶을 일구는 질긴 생명력을 가지고 있는 만큼 약리작용도 뛰어나다.

● 겨우살이차 우림법(10인 기준)

1. 우림 포트에 겨우살이 차 10g 넣고 빠르게 세차한다.
2. 95℃의 물 1.2L 부어 3분간 우린다.
3. 다 우려낸 찻물은 250~300ml의 나눔 포트 4개에 농도를 맞추어 나누어 담아낸다.

8-08 차(茶)와 함께하는 시(詩)와 노래

8차시 다섯 글자 예쁜 말

학습 목표
1. 가향 홍차의 특징을 알고 블렌딩에 대해 알아본다.
2. 좋은 글이나 명언으로 마음을 표현한다.

차(茶)
1. 얼그레이
2. 블렌딩 녹차

시(詩)
1. 명언
2. 좋은 글

단계	내용	시간
도입	■ 인사 나누기 – 명언 좋은 글 주제 이야기하기 – 명언으로 인사 나누기 (예: 행복해서 웃는 게 아니라, 웃어서 행복하다고 합니다.) – 짧은 시(詩), 명언으로 엽서 쓰기 – 다섯 글자 예쁜 말(예: 다섯 글자로 표현하기) ■ 차 소개 – 첫 번째 차: 얼그레이 – 두 번째 차: 그린 티 크림 판타지 ■ 차 우림 준비 및 찻잔 데우기	20′

전개	■ 첫 번째 차 – 얼그레이
	– 얼그레이를 우리며 차의 특징을 설명한다.
	– 차를 나누고 8단계 실천으로 다 함께 음미한다.
	■ 이야기 나누기
	– 마음을 열고 미소 띤 얼굴로 차의 색·향·미를 이야기를 나눈다.
	  (예: 차에서 나는 꽃 향이 마음을 설레게 하네요.)
	– 차와 함께 좋은 글이나 명언을 소개한다.
	  (예: 내일은 내일의 태양이 뜬다.)
	■ 첫 번째 차 2포 우려 마시기
		20′

	■ 활동하기 – 다섯 글자 예쁜 말, 예쁜 엽서 만들기 – 다섯 글자 예쁜 말을 읽어보고 노래로 불러 본다. 「다섯 글자 예쁜 말」 한 손만으로도 세어 볼 수 있는 아름다운 말 정겨운 말	30′

전개	한 손만으로도 세어 볼 수 있는 다섯 글자 예쁜 말 사랑합니다. 고맙습니다. 감사합니다. 안녕하세요. 아름다워요. 노력할게요. 마음의 약속 꼭 지켜볼래요. 한 손만으로도 세어 볼 수 있는 다섯 글자 예쁜 말 – '다섯 글자 예쁜 말'을 옆 사람에게 전달한다. – 고마운 분께 다섯 글자 엽서 만들어 소개한다. ■ **두 번째 차 – 그린 티 크림 판타지** – 두 번째 차 준비와 찻잔을 헹군다. – 그린 티 크림 판타지를 우리며 차의 특징을 설명한다. – 차를 나누고 8단계 실천으로 다 함께 음미한다. – 차의 색 · 향 · 미를 표현해본다. (예: 달달하고 부드러운 향기가 입 안 가득 채우고 있어 행복합니다.) ■ **두 번째 차 2포 우려 마시기**	30′
마무리	■ **오늘의 활동 소감 나누기** – 차를 마시고 좋았던 글귀로 인사한다. ■ **마무리 인사 후 정리**	20′
준비물	차, 다구 세트, 엽서, 필기도구(A4용지, 볼펜) 필요에 따라 쓰고 싶은 도구 사용(색연필 · 붓), 엽서에 장식하고 싶은 것(낙엽, 꽃 등), 좋은 글, 명언 프린트 활용	

첫 번째 차: 얼그레이

얼그레이는 가장 쉽게 접할 수 있는 홍차 종류다. 대표적인 홍차 중 하나로, 실론산 홍차와 인도산 찻잎을 블렌딩(blending)하여 만들어진다. 잎에 베르가모트 나무오일 향을 입힌 가향 홍차로, 독특한 향이 매력적이며 진한 구릿빛 탕색이 특징이다. 스트레이트로, 아이스로, 우유와 잘 어울려 밀크티로 즐겨 먹는다.

- **얼그레이 차 우림법(10인 기준)**

  1. 우림 포트에 얼그레이 차 10g 넣고 세차한다.
  2. 95℃의 물 1.2L를 부어 2분간 우린다.
  3. 다 우려낸 찻물은 250~300ml의 나눔 포트 4개에 농도를 맞추어 나누어 담아낸다.

 두 번째 차: 그린 티 크림 판타지

녹차에 스토로베리와 바닐라 향을 블랜딩(blending)한 차이다. 신선하면서 은은한 감미로운 향이 나는 부드러운 차이다.

- **그린 티 크림 판타지 우림법(10인 기준)**

  1. 우림 포트에 그린티크림판타지 티백 3개를 넣는다.
  2. 70~80℃의 물 1.2L 부어 2분간 우린다.
  3. 다 우려낸 찻물은 250~300ml의 나눔 포트 4개에 농도를 맞추어 나누어 담아낸다.

  *블렌딩 녹차로 베질루르티의 그린티크림판타지로 하였다.

📷 활동사진

8-09 차(茶)와 함께하는 시(詩)와 노래

9차시	즐거운 나의 집

학습 목표	발효차 제다 과정을 알고 풍부한 맛과 향을 알아본다.

차(茶)	1. 보성 발효차 2. 돼지감자차	시(詩)	즐거운 나의 집

단계	내용	시간
도입	■ 인사 나누기 　– 즐거운 나의 집 주제 이야기하기 　– 나에게 집이란? 인사 나누기 　　(예: 가족, 편안함, 안식처, 잠자는 곳, 등) ■ 차 소개 　– 첫 번째 차: 보성 발효차 　– 두 번째 차: 돼지감자차 ■ 차 우림 준비 및 찻잔 데우기	20′
전개	■ 첫 번째 차 – 보성 발효차 　– 보성 발효차를 우리며 차의 특징을 설명한다. 　– 차를 나누고 8단계 실천으로 다 함께 음미한다. ■ 이야기 나누기 　– 마음을 열고 미소 띤 얼굴로 차의 색·향·미를 이야기를 나눈다. 　　(예: 보성의 녹차밭 향기를 느껴 보네요.) 　– 즐거운 나의 집 소개하고 집의 의미 이야기하기 　– 각자가 좋아하는 가곡 알아보기 　　(예: 산유화, 그리운 금강산, 보리밭 등) ■ 첫 번째 차 2포 우려 마시기	20′
	■ 활동하기 – 즐거운 나의 집 　– 즐거운 나의 집 다 함께 낭독하고 노래 부른다. 　　　　　「즐거운 나의 집」 　　1. 즐거운 곳에서는 날 오라 하여도 　　　내 쉴 곳은 작은 집 내 집뿐이리 　　　내 나라 내 기쁨 길이 쉴 곳도	30′

전개	꽃피고 새 우는 집 내 집뿐이리 오 사랑 나의 집 즐거운 나의 벗 내 집뿐이리 2. 고요한 밤 달빛도 창 앞에 흐르면 내 푸른 꿈길도 내 잊지 못하리 저 맑은 바람아 가을이 어디뇨 벌레 우는 곳에 아기 별 눈 뜨네 오 사랑 나의 집 즐거운 나의 벗 내집 뿐이리. – 함께 부르기 두 그룹으로 나누어 부르기 – 1절 2절 나누어 부르기 – 나의 집 꾸미고 소개하기 ■ **두 번째 차 – 돼지감자차** – 두 번째 차 준비와 찻잔을 헹군다. – 돼지감자차를 우리며 차의 특징을 설명한다. – 차를 나누고 8단계 실천으로 다 함께 음미한다. – 차의 색·향·미를 표현해본다. ■ **두 번째 차 2포 우려 마시기**	30′
마무리	■ **차와 함께 옛 생각 하며 두 곡을 연이어 함께 부른다.** ■ **나의 집을 부르며 인사 후 마무리**	20′
준비물	차, 다구 세트, A4용지, 펜, 색연필 등	

첫 번째 차: 보성 발효차

 국내 최대 녹차 생산지인 전남 보성군의 발효차이다. 보성의 대표적인 발효차인 홍차는 찻잎의 80% 이상을 산화시켜 만드는데, 제다 과정에 꼬박 하루 동안 공을 들여야 한다. 먼저 찻잎을 15시간가량 그늘에서 시들게 한 후, 바람으로 수분을 제거한다. 수분이 제거된 찻잎을 손으로 쓱쓱 비벼 2~3시간 발효를 거친다. 발효차는 잘 묵힌 찻잎이 묵직하며 독특한 풍미가 입안에 깊은 여운을 남긴다.

- **보성 발효차 우림법(10인 기준)**

  1. 우림 포트에 보성 발효차 10g 넣고 빠르게 세차한다.
  2. 90~95℃의 물 1.2L를 부어 3분간 우린다.
  3. 다 우려낸 찻물은 250~300ml의 나눔 포트 4개에 농도를 맞추어 나누어 담아낸다.

 두 번째 차: 돼지감자차

돼지감자는 순우리말로 뚱딴지란 이름을 갖고 있다. 예쁜 꽃에 비해 뿌리가 감자처럼 생겨서 어울리지 않다는 뜻으로 뚱딴지라고 불렸다고 한다. 우엉보다도 이눌린이 풍부하다. 이눌린이라는 천연 인슐린 역할을 하는 성분이다. 콜레스테롤 개선, 장 환경 개선, 변비 완화 등의 다양한 효능이 있다고 한다.

- **돼지감자차 우림법(10인 기준)**

  1. 우림 포트에 돼지감자차 10g 넣고 끓는 물에 세차한다.
  2. 95~100℃의 물 1.2L 부어 3~5분간 우린다.
  3. 다 우려낸 찻물은 250~300ml의 나눔 포트 4개에 농도를 맞추어 나누어 담아낸다.

📷 활동 사진

8-10 차(茶)와 함께하는 시(詩)와 노래

10차시 　차(茶)를 노래하다

학습 목표	1. 칠완다가(七碗茶歌)에 대해 읽고 내용을 안다. 2. 나만의 차를 알아보고 여러 가지 차의 맛으로 나를 표현한다.

차(茶)	1. 팔보차 2. 오미자청(코디얼)	시(詩)	칠완다가(七碗茶歌)

단계	내용	시간
도입	■ 인사 나누기 　– 차(茶)시(詩). 주제 이야기하기 　– 나에게 차(茶)란? 인사 나누기 　　(예: "차는 만남이라고 생각합니다.", "차는 소통이라고 생각합니다." 등) ■ 차 소개 　– 첫 번째 차: 팔보차 　– 두 번째 차: 오미자청(코디얼) ■ 차 우림 준비 및 찻잔 데우기	20′
전개	■ 첫 번째 차 – 팔보차 　– 팔보차를 우리며 차의 특징을 설명한다. 　– 차를 나누고 8단계 실천으로 다 함께 음미한다. ■ 이야기 나누기 　– 마음을 열고 미소 띤 얼굴로 차의 색·향·미를 이야기를 나눈다. 　　(예: 따뜻한 팔보차를 마시니 내 몸이 건강해지는 느낌이 드네요.) ■ 첫 번째 차 2포 우려 마시기	20′
전개	■ 활동하기 – 칠완다가 차시를 다 함께 읽어보기 　– 노동의 '칠완다가(七碗茶歌) 차시를 읽고 뜻 알아본다. 「칠완다가」 **일완후문윤(一碗喉吻潤)** 첫 번째 잔은 목과 입술을 적시고 **이완파독민(二碗破孤悶)** 두 번째 잔으로 외로움과 번민을 부순다. **삼완수고장, 유유문자오천권(三碗搜枯腸, 惟有文字五千卷)** 세 번째 잔이 빈속을 찾으니 오직 문자 오천 권	30′

전개	**사완발경한, 평생불평사, 진향모공산(四碗發輕汗, 平生不平事, 盡向毛孔散)**
	네 번째 잔은 가벼운 땀을 발산하니 평생 불공평이 모공으로 일들이 흩어지네.
	오완기골청(五碗肌骨淸)
	다섯 번째 잔은 살과 뼈가 맑아지고,
	육완통선령(六碗通仙靈)
	여섯 번째 잔은 선령과 통하네.
	칠완계불득, 유각두액습습경풍생(七碗契不得, 惟覺兩腋習習輕風生)
	일곱 번째 잔은 마셔도 얻을 게 없는지라, 오직 겨드랑이에 시원한 청풍이 일어남을 알 뿐이다.
	
	– 차시를 듣고 한 줄씩 낭독하기.
	– 차시를 듣고 공감이 되는 부분 이야기하기.
	
	■ **두 번째 차 – 오미자청**
	– 청(코디얼) 종류에 대해 알아본다.
	– 가족과 함께 마시고 싶은 청(코디얼) 이야기하기
	  (예: 5가지 맛으로 표현해본다. 내 마음은 심쿵(아이셔) 하네요.)
	– 두 번째 차 준비와 찻잔을 헹군다.
	– 오미자청을 우리며 차의 특징을 설명한다.
	– 차를 나누고 8단계 실천으로 다 함께 음미한다.
	– 차의 색·향·미를 표현해본다.
	
	■ **두 번째 차 오미자 진액 맛보기**
	– 5가지 맛을 가진 오미자청(코디얼)을 마신 후 느낌을 표현해본다.
	  (예: 오미가 하나가 되었네요. 입안 속 향기에 흠뻑 빠져듭니다!)
		30′

마무리	■ **오늘의 활동 소감 나누기** ■ **즐거운 나의 집을 부르며 마무리 후 정리**	20′
준비물	차, 다구 세트, 개인 개완	

첫 번째 차: 팔보차

팔보차는 여덟 가지 재료가 배합된 차이다. 각 재료의 효능이 합해져 일반 차보다 약성(藥性)이 강화된 차이다. 여덟 가지 재료는 항상 고정적이진 않고 한두 가지의 재료로 대체해 활용할 수 있다.

산사, 녹차, 빙당, 대추, 구기자, 국화, 금은화, 진피, 구기자, 등의 여러 가지의 재료를 혼합해 나만의 차를 만들 수 있다.

● 팔보차 우림법(1인 기준 팔보차 1개)

1. 1인 개완에 팔보차를 넣는다.
2. 95℃ 물을 넣고 뚜껑을 덮어 2분 정도 우린다.
3. 개완 뚜껑을 들어 뚜껑에 스며든 차향을 마신다.
4. 개완에서 개인 찻잔에 부어 색·향·미를 음미한다.
5. 다 마시면 다시 물을 넣어 2~3번 우려 마신다.

두 번째 차: 오미자청

이 열매가 오미자(五味子)라 하여 단맛, 신맛, 매운맛, 쓴맛, 짠맛의 다섯 가지 맛을 내며 그중 신맛이 가장 강하다. 오미자는 여러 종류의 약리적 작용을 하는 물질이 들어있어서 천식 치료에 효능이 탁월하고, 강장제로 이용되며, 눈을 밝게 해줄 뿐 아니라 장을 따뜻하게 해준다고 한다.

● 오미자청 우림법: 오미자청(10명 기준)

1. 우림 포트에 오미자청 약 400ml 정도 넣는다.
2. 95℃의 물 1.2L를 부어 차 수저로 저어 희석한다.
3. 250~300ml 나눔 포트 4개에 농도를 맞춰 나누어 담아낸다.

* 얼음을 넣어 냉음료 가능. 물 대신 탄산음료로 대체가능

9장

차(茶)와 함께하는 아로마 테라피

한국지속가능문화교육개발원 | Korea Sustainable Culture Education Center

Tea Therapy

1) 몸과 맘 치얼업 베르가모트 아로마
2) 상쾌하고 유쾌하게 페퍼민트 아로마
3) 스트레스 물러가라!! 뿔 향 솔솔
4) 허브의 여왕 리벤더 목걸이
5) 피부에 수분 팍팍! 미스트
6) 추억으로 가는 향 놀이
7) 건강지킴이 침향환
8) 기분UP 향기UP 나만의 향
9) 몸도 정화 마음도 정화 대나무 선향
10) 아기자기 허브 향낭

9장 차(茶)와 함께하는 아로마 테라피

9-01 차(茶)와 함께하는 아로마 테라피

1차시	몸과 맘 치얼 업 베르가모트 아로마
학습 목표	1. 백차와 베르가모트 오일의 특징을 안다. 2. 베르가모트 오일을 시향하고 블렌딩 방법을 안다.
차(茶)	1. 복정백차 2. 복정백차&베르가모트 오일 블렌딩
활동	베르가모트 오일 마사지

단계	내용	시간
도입	■ 인사 나누기 　– 차 아로마 몸과 맘 치얼업 10차시 오리엔테이션 　– 허브 별칭 짓기(예–허브 관련 이름) – 별칭으로 인사 나누기 ■ 차 소개 　– 첫 번째 차: 복정백차 　– 두 번째 차: 베르가모트 오일 블렌딩 ■ 차 우림 준비 및 찻잔 데우기	20′
전개	■ 첫 번째 차 – 복정백차 　– 복정백차를 우리며 차의 특징을 설명한다. 　– 차를 나누고 8단계 실천으로 다 함께 음미한다. 　　① 눈에 담는다 ② 코를 간지럽힌다 ③ 입술을 적신다 　　④ 입안을 머금는다 ⑤ 목에 길을 내준다 　　⑥ 배를 따뜻하게 해 준다 ⑦ 뇌를 깨운다 ⑧ 마음을 열어준다 ■ 이야기 나누기 　– 마음을 열고 미소 띤 얼굴로 차의 색·향·미를 이야기를 나눈다. 　　(예: 연한 연두빛 탕색이 레몬빛깔을 닮았네요.) ■ 첫 번째 차 2포 우려 마시기 　– 오늘의 활동을 소개한다.	20′

전개	■ 활동하기 – 베르가모트 오일 ① 베르가모트 오일을 손바닥에 한 방울 떨어뜨려 손바닥을 비벼서 눈을 감고 향을 들숨으로 길게 맡고 내뱉을 땐 날숨으로 전체인원이 오른쪽으로 고개를 돌려 숨을 천천히 내뱉는다. (5회 반복) – 항우울증 효과 ② 손바닥에 오일 한 방울을 다시 한번 떨어뜨려 손바닥을 비벼 열감을 준 다음 눈에다 대고 10초간 있는다. (2회 반복) ③ 손바닥을 비벼 열감을 낸 다음 귀에다 대고 10초간 있는다. (2회 반복) 손바닥 열감을 이용해 눈과 귀에 댄다. (방향요법) ④ 엄지손가락으로 반대편 손바닥을 전체 마사지해 준다. ■ 두 번째 차 – 베르가모트 오일 블렌딩 – 두 번째 차 준비와 찻잔을 헹군다. – 차를 우리고 차가 우려지는 동안 베르가모트 오일 특징을 설명한다. – 차를 나누고 8단계 실천으로 다 함께 음미한다. – 차의 색·향·미를 표현해본다. (예: 새콤달콤한 오렌지 향이 기분을 상쾌하게 하네요) ■ 두 번째 차 2포 우려 마시기 – 복정백차를 우린 후 베르가모트 오일 3~4방울 넣어 잘 블렌딩한 다음 우림 한다.	30′
마무리	■ 활동 소감 나누기 ■ 마음 체조 ■ 마무리 인사 후 정리	20′
준비물	복정백차, 베르가모트 오일, 블렌딩 재료, 차우림 도구	

첫 번째 차: 복정백차

복정백차(龍舟白茶)는 긴압차 형태를 사용했다. 약발효차이며 찻잎에 백색과 은호가 가득하여 백차라고 한다. 해독 작용, 통증 완화, 열을 내려주는 역할을 하는 차이다. 1년 된 백차는 '차', 3년 된 백차는 '약', 6년 이상 된 차는 '보물'이라 한다.

● 복정백차 우림법(10명 기준)

1. 2L의 우림 포트에 긴압형태의 복정백차(6g) 2개를 넣는다.
2. 90~95℃ 물 200ml로 바로 세차를 한 후 같은 온도의 물 1.2L로 2분간 우린다. (스월링을 해준다)
3. 250~300ml 나눔 포트 4개에 우린 차를 나누어 담아낸다.

두 번째 차: 복정백차와 베르가모트 블렌딩

베르가모트는 과일 향과 꽃 향을 함께 지니고 있으며 에너지 순환과 우울증에 도움을 준다.

베르가모트는 향이 짙으므로 많이 섞지 않는다. 베르가모트 오일을 활용하여 블렌딩하여 마시면 좋다.

● 복정백차와 베르가모트 블렌딩 우림법(10명 기준)

1. 복정백차 6g을 끓인 물로 1차 세차한다.
2. 90~95℃의 물 1L로 1.2L의 우림 포트에 2~3분간 우린다.
3. 95℃의 물 200ml에 베르가모트 오일 1방울을 떨어뜨려 희석한다.
4. 우려놓은 복정백차 ②와 ③을 희석하여 350ml 나눔 포트 4개에 나누어 담아낸다.

활동 사진

9-02 차(茶)와 함께하는 아로마 테라피

2차시 상쾌하고 유쾌하게 페퍼민트 아로마

학습 목표
1. 벽라춘과 페퍼민트의 특징을 안다.
2. 페퍼민트 오일을 시향하고 도구를 통해 향기를 다루는 방법을 안다.

차(茶)
1. 벽라춘
2. 페퍼민트

활동 페퍼민트 오일

단계	내용	시간
도입	■ 인사 나누기 – 별칭으로 인사 나누기 ■ 차 소개 – 첫 번째 차: 벽라춘 – 두 번째 차: 페퍼민트 ■ 차 우림 준비 및 찻잔 데우기	20′
전개	■ 첫 번째 차 – 벽라춘 – 차가 우려지는 동안 벽라춘 특징을 설명한다. – 차 우리고 마셔본다. – 차 8단계 실천으로 다 함께 음미한다. ■ 이야기 나누기 – 마음을 열고 미소 띤 얼굴로 차의 색·향·미를 이야기를 나눈다. (예: 맑은 초록빛이 기분을 상쾌하게 하네요.) ■ 첫 번째 차 2포 우려 마시기 – 오늘의 활동을 소개한다.	20′
	■ 활동하기 – 페퍼민트 오일 ① 페퍼민트 오일을 손바닥에 한 방울 떨어뜨려 손바닥을 비빈 후 코에 대고 향을 맡아본다. ② 손바닥에 오일 한 방울을 떨어뜨려 손으로 비벼서 눈 가까이 대고(얼굴엔 대지 말 것) 눈동자 굴리기 ③ 손가락 사이사이와 손목, 손등을 부드럽게 쓰다듬는다. (3회 반복) ④ ②번의 오일 묻힌 손으로 뒷목에 발라주기(핸드 터치) ⑤ 인헤일러 도구 분리 – 인헤일러 겉마개와 속마개를 각각 열어 옆에 둔다.	30′

전개	– 제일 안쪽에 있는 코튼스틱에 윗부분과 아랫부분에 페퍼민트 오일을 각각 3방울씩 떨어뜨린다. – 속마개와 겉마개를 차례로 씌워 하나로 다시 합체해준다. ⑥ 마지막으로 인헤일러 스티커를 붙여준다.(완성) ⑦ 겉뚜껑을 열고 속튜브의 상단에 구멍이 있는 부분을 코 가까이 대고 깊이 흡입한다. (비염이 있을 경우엔 한쪽 코를 막고 흡입 시 깊은 흡입에 도움이 된다) ■ 두 번째 차 – 페퍼민트 – 차가 우려지는 동안 페퍼민트 특징을 설명한다. – 차 우리고 마셔본다. – 차 8단계 실천으로 다 함께 음미한다. – 두 번째 차 색·향·미로 이야기 나누기 (예: 달달한 박하사탕 맛이 생각나게 합니다) ■ 두 번째 차 2포 우려 마시기	30′
마무리	■ 활동 소감 나누기 ■ 마음 체조 ■ 마무리 인사 후 정리	20′
준비물	벽라춘, 차우림도구, 페퍼민트, 페퍼민트 오일, 인헤일러	

 첫 번째 차: 벽라춘

 벽라춘은 중국에서 생산되는 고급 녹차로 중국 강소성의 태호 연안의 동동정산과 서동정산 일대에서 생산되며 말려있는 입 모양이 비취색과 고둥을 닮았다 하여 벽라라 이름하고 봄에 생산하므로 벽라춘이라는 이름이 붙여졌다.

 구수한 맛이 일품이고 어린잎을 사용하여 만들어진다. 맛은 부드럽고 꽃향기가 은은히 풍기며 중국의 10대 명차로 손꼽힌다.

- 벽라춘 우림법(10명 기준)

    1. 벽라춘 8g을 2L의 우림 포트에 넣고 85℃~90℃의 물 1.2L로 1분 30초간 우린다.
    2. 우린 차를 350ml의 나눔 포트 4개에 나누어 낸다.
    3. 뚜껑을 조금만 열고 차의 색·향·미를 음미하며 마신다.
    4. 다 마시면 다시 물을 부어서 우려 마신다.

두 번째 차: 페퍼민트

　페퍼민트는 대략 90cm까지 자라는 쌍떡잎식물로 멘톨이 주성분이라서 피부 점막을 시원하게 해주는 특징을 가진다.

　페퍼민트는 차로 마시면 체온을 높여주고 마음을 안정시키며 감기, 해열, 소염 기능이 있고 위장을 튼튼하게 하며 그 외에도 다양한 효능이 있다.

- 페퍼민트 우림법(10명 기준)

    1. 페퍼민트 8g을 우림 포트에 넣고 95℃ 물 1.2L로 1분 정도 우린다.
    2. 우린 차를 350ml의 나눔 포트 4개에 나누어 담아낸다.

활동 사진

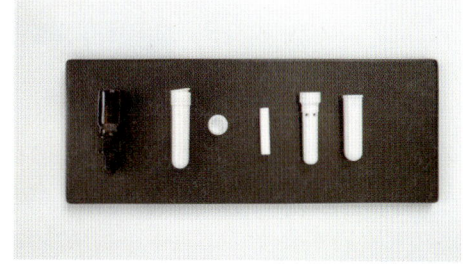

9-03 차(茶)와 함께하는 아로마 테라피

3차시 스트레스 물러가라!! 뿔 향 솔솔

학습 목표
1. 금훤과 감로다반의 특징을 안다.
2. 뿔 향에 들어가는 재료를 알고 만들어 사용하는 방법을 안다.

차(茶)
1. 금훤
2. 감로다반(침향발효)

활동 백단향, 자단향, 유백피(유근피)

단계	내용	시간
도입	■ 인사 나누기 　– 별칭으로 인사 나누기 ■ 차 소개 　– 첫 번째 차: 금훤 　– 두 번째 차: 감로다반(침향발효) ■ 차 우림 준비 및 찻잔 데우기	20′
전개	■ 첫 번째 차 – 금훤 　– 차가 우려지는 동안 금훤 특징을 설명한다. 　– 차 우리고 마셔본다. 　– 차 8단계 실천으로 다 함께 음미한다. ■ 이야기 나누기 　– 마음을 열고 미소 띤 얼굴로 차의 색·향·미를 이야기를 나눈다. 　　(예: 옅은 청색이 청귤처럼 새콤함이 느껴져요.) ■ 첫 번째 차 2포 우려 마시기 　– 오늘의 활동을 소개한다.	20′
	■ 활동하기 – 뿔 향 만들기 ① 미리 준비한 뿔 향을 향 피우는 도구(향로, 돌멩이 등)를 이용하여 먼저 시연해본다. ② 뿔 향의 시연을 통해 뿔 향의 효용성과 사용법을 설명한다. ③ 뿔 향 만들기 재료 준비 　– 뿔 향 재료의 특징 알아보기 　– 백단향, 자단향, 유백피 가루를 준비한다. ④ 뿔 향 재료들을 함께 섞은 다음 뿔 향 재료 15g(백단향 6g, 자단향 6g, 유백피 3g)과 인센스베이스 30ml를 함께 섞어 잘 반죽해 준다.	30′

	(포인트 – 기포 발생을 방지하기 위해 잘 반죽한다)	
전개	⑤ ④의 반죽 재료들을 ▲모양으로 만든다. ⑥ ▲의 모양 밑둥을 나무젓가락으로 가운데를 눌러서 구멍을 만들어 준다 – 1주일간 그늘에서 말린다. ※주의–나무젓가락이 최대한 들어갈 수 있게 한다.(구멍 뚫림 주의) ■ 두 번째 차 – 감로다반(침향발효차) – 차가 우려지는 동안 감로다반 특징을 설명한다. – 차를 나누고 8단계 실천으로 다 함께 음미한다. – 차의 색·향·미를 표현해본다. (예: 침향이 숲에 온 느낌을 주는 듯합니다.) ■ 두 번째 차 2포 우려 마시기	30′
마무리	■ 활동 소감 나누기 ■ 마음 체조 ■ 마무리 인사 후 정리	20′
준비물	금훤, 감로다반, 차 우림도구, 향재료(가루로 된 한약재로 구입), 인센스 베이스	

 첫 번째 차: 금훤

금훤은 대만의 우롱차로 담백한 맛이 느껴지며 탕색은 맑은 황금색이며 돌돌 말린 찻잎이 특징이다.

특히 집중력과 다이어트에 도움을 준다. 수한 감칠맛이 특징이기도 하며, 여름엔 금훤차를 냉차로 마시면 차의 영양섭취와 갈증 해소에 도움을 준다.

● **금훤 우림법(10명 기준)**

1. 금훤 8g을 우림 포트에 넣는다(찻잎이 풀어지는 모양을 감상하도록 유리다관에 우림하면 좋다).
2. 85℃~90℃ 물을 1.2L 우림 포트에 넣는다.
3. 뚜껑을 열어 한 김 내보낸 후 2분 정도 우려낸다.
4. 우린 차를 350ml 나눔 포트 4개에 나누어 낸다.

두 번째 차: 감로다반(액상침향발효차)

우리나라 지리산(하동)의 유기농 찻잎을 침향으로 발효시켜 만들었다. 액상침향 발효차는 깊고 온유한 침향이 느껴지며 맛이 일품이다.

감로다반은 파우치 형태여서 물만 있으면 장소 불문하고 간편하게 희석해서 마실 수 있다. 침향이 어우러진 찻잎은 항당뇨, 항비만, 항고지혈, 간 및 신장 보호에 도움을 준다.

- **액상침향발효차 우림법(10명 기준)**
  1. 2L의 유리 우림 포트를 이용해 감로다반 2봉지를 넣는다.
  2. 90℃의 끓인 물 1L를 부어서 희석한 다음 350ml 나눔 포트 4개에 나누어 낸다.

활동 사진

9-04 차(茶)와 함께하는 아로마 테라피

4차시 허브의 여왕 라벤더 목걸이

학습 목표
1. 라벤더차와 백합공예차의 특징을 안다
2. 라벤더의 효능을 알고 도구를 통해 발향(發香)을 이용할 줄 안다

차(茶)
1. 라벤더차
2. 백합공예화차

활동 라벤더 목걸이 만들기

단계	내용	시간
도입	■ 인사 나누기 　– 별칭으로 인사 나누기 ■ 차 소개 　– 첫 번째 차: 라벤더 　– 두 번째 차: 백합공예화차 ■ 차 우림 준비 및 찻잔 데우기	20′
전개	■ 첫 번째 차 – 라벤더 　– 차가 우려지는 동안 라벤더 특징을 설명한다. 　– 차 우리고 마셔본다. 　– 차 8단계 실천으로 다 함께 음미한다. ■ 이야기 나누기 　– 마음을 열고 미소 띤 얼굴로 차의 색·향·미를 이야기를 나눈다. 　　(예: 달콤하고 후레쉬한 향이 마음의 안정을 줍니다.) ■ 첫 번째 차 2포 우려 마시기 　– 오늘의 활동을 소개한다.	20′
	■ 활동하기 – 라벤더 목걸이 만들기 ① 라벤더 오일 효능에 대하여 이야기 나눈다. ② 라벤더를 각자 손에 티스푼으로 1스푼씩 손바닥에 담아준다. ③ 양손을 비벼 열감을 낸 다음 라벤더 향을 느껴본다. ④ 향목걸이 만들기에 들어간다. ⑤ 향목걸이 작은 병 안에 라벤더 오일 3방울을 넣고 나머지는 베이스 오일로 채운다. ⑥ 목걸이 병의 뚜껑을 닫는다. ⑦ 향 목걸이를 착용한다.	30′

전개	■ 두 번째 차 – 백합공예화차 　– 두 번째 차 준비와 찻잔을 헹군다. 　– 차가 우려지는 동안 백합공예화차 특징을 설명한다. 　– 차를 나누고 8단계 실천으로 다 함께 음미한다. 　– 차의 색·향·미를 표현해본다. 　　(예: 백합공예화차 색의 조합이 너무 아름다워요.) ■ 두 번째 차 2포 우려 마시기	30′
마무리	■ 활동 소감 나누기 ■ 마음 체조 ■ 마무리 인사 후 정리	20′
준비물	라벤더, 라벤더 오일, 베이스오일, 백합공예화차, 향 목걸이 도구, 차 우림 도구	

첫 번째 차: 라벤더

라벤더는 심신안정과 수면장애 등 여러 기능을 가진 허브이다. 향이 특히 좋아 다양한 곳에 쓰이며 차로도 많이 우려 마시기도 한다.

효능으로는 피부 주름 방지와 탄력 증진에 도움이 되어 여성들에게 인기 있다.

● 라벤더 우림법(10명 기준)

1. 2L의 우림 포트에 8g을 넣고 95℃의 물 1.2L를 넣은 후 1분 정도 우림 한다.
2. 우린 차를 350ml의 나눔 포트 4개에 나누어 담아낸다.

두 번째 차: 백합공예화차

공예차는 자스민차의 일종이며 원하는 꽃을 넣어 꽃과 함께 향을 느낄 수 있도록 블렌딩 할 수 있다. 자스민 향이 은은하게 풍기는 가운데 블렌딩 할 꽃의 아름다운 모습도 함께 느낄 수 있다.

● 백합공예화차 우림법(10명 기준)

1. 2L의 우림 포트에 끓인 물 200ml를 붓는다.
2. 공예차를 차 집게로 살포시 넣는다.
3. 꽃이 중간 정도 피었을 때 95℃의 물 1L를 우림 포트 벽면을 타고 흐르게 붓는다.
4. 꽃이 다 피면 350ml 나눔 포트 4개에 나누어 담아낸다.

활동 사진

9-05 차(茶)와 함께하는 아로마 테라피

5차시   피부에 수분 팍팍! 오렌지 아로마

학습 목표
1. 고수차와 유자차의 특징을 안다.
2. 오렌지 오일의 효능을 알고 활용법을 안다.

차(茶)
1. 고수차
2. 유자차

활동   미스트 만들기

단계	내용	시간
도입	■ **인사 나누기** – 별칭으로 인사 나누기 ■ **차 소개** – 첫 번째 차: 고수차 – 두 번째 차: 유자차 ■ **차 우림 준비 및 찻잔 데우기**	20′
전개	■ **첫 번째 차 – 고수차** – 차가 우려지는 동안 고수차 특징을 설명한다. – 차 우리고 마셔본다. – 차 8단계 실천으로 다 함께 음미한다. ■ **이야기 나누기** – 마음을 열고 미소 띤 얼굴로 차의 색·향·미를 이야기를 나눈다. (예: 풀내음이 느껴져요.) ■ **첫 번째 차 2포 우려 마시기** – 오늘의 활동을 소개한다.	20′
	■ **활동하기 – 미스트 만들기** ① 오렌지 오일의 효능을 설명한다. ② 알코올로 병을 소독한다. ③ 소독된 스프레이 10ml 공병에 오렌지 오일을 10방울 넣는다. ④ 플로럴 워터를 10ml 병(스프레이병)에 채우고 흔들어 준다. ⑤ 얼굴과 손등에 뿌리고 느낌을 나눈다. ■ **두 번째 차 – 유자차** – 두 번째 차 준비와 찻잔을 헹군다. – 차가 우려지는 동안 유자차 특징을 설명한다.	30′

전개	– 차를 나누고 8단계 실천으로 다 함께 음미한다. – 차의 색·향·미를 표현해본다. (예: 새콤달콤한 오렌지 향이 기분을 상쾌하게 하네요.) ■ 두 번째 차 2포 우려 마시기	30′
마무리	■ 활동 소감 나누기 ■ 마음 체조 ■ 마무리 인사 후 정리	20′
준비물	고수차, 유자청, 오렌지 오일, 플로럴 워터, 스프레이 병	

 첫 번째 차 : 고수차

고수차는 100년 혹은 그 이상 된 차나무에서 생산된 것을 말하며 30년 된 차는 소수차, 70~80년 된 차는 중수차, 100년 이하를 대수차로 본다. 고수차는 차의 산지와 차나무에 따라 독특한 향미를 가진다.

● 고수차 우림법(10명 기준)

1. 2L의 우림 포트에 고수차 8g을 넣는다.
2. 95℃의 물 1.2L를 넣고 3분 정도 우림한 후, 350ml의 나눔 포트 4개에 나누어 담아낸다.

* 여기에서는 우림 고수차를 사용했다.

두 번째 차: 유자차

유자는 향기뿐 아니라 맛도 좋다.

유자는 다양한 영양소를 함유하고 있으며 특히 기관지, 숙취해소, 피부미용, 피로회복에 도움을 주는 효능이 있다.

● 유자차 우림법(10명 기준)

1. 2L의 우림 포트에 티스푼으로 유자차를 듬뿍 10TS를 넣은 후 95℃의 물 1.2L를 넣고 잘 저어준다.
2. 유자청과 끓인 물이 잘 섞이도록 스푼으로 잘 저어준 다음 350ml의 나눔 포트 4개에 나누어 담아낸다.

활동 사진

9-06 차(茶)와 함께하는 아로마 테라피

6차시 추억으로 가는 향 놀이

학습목표
1. 캔디차와 솔잎차의 특징을 안다.
2. 3가지 향의 특징을 알고 전기 훈향기 또는 워머를 통해 훈향기법을 안다.

차(茶)
1. 캔디
2. 솔잎차

활동 향 놀이

단계	내용	시간

도입	■ 인사 나누기
	  – 별칭으로 인사 나누기
	■ 차 소개
	  – 첫 번째 차: 캔디(스리랑카)
	  – 두 번째 차: 솔잎차
	■ 차 우림 준비 및 찻잔 데우기
		20′

전개	■ 첫 번째 차 – 캔디(스리랑카)
	  – 차가 우려지는 동안 캔디의 특징을 설명한다.
	  – 차 우리고 마셔본다.
	  – 차 8단계 실천으로 다 함께 음미한다.
	■ 이야기 나누기
	  – 마음을 열고 미소 띤 얼굴로 차의 색·향·미를 이야기를 나눈다.
	    (예: 풀내음이 느껴져요.)
	■ 첫 번째 차 2포 우려 마시기
	  – 오늘의 활동을 소개한다.
		20′

	■ 활동하기 – 향놀이(목향·자단향·백단향)
	  ① 3가지의 향의 특징을 설명한다.
	  ② 전기 훈향기 또는 워머에 목향가루 0.5g을 올려놓는다
	    낮은 온도를 이용해 목향을 흡입 후 옆 사람에게 전달한다.
	    (흡입방법: 코로 들이마시고 고개를 왼쪽으로 돌려 입으로 천천히 내뱉는다)
	  ③ 자단향, 백단향을 ②와 같은 방법으로 훈향기에 올린 후 옆 사람에게 전달하는 방법을 취한다.
	    (인원이 많은 경우 3~4명 전달 시점에서 두 번째, 세 번째 향을 각각 릴레이 형식으로 전달한다)
		30′

전개	■ 두 번째 차 – 솔잎차 – 두 번째 차 준비와 찻잔을 헹군다. – 차가 우려지는 동안 솔잎차 특징을 설명한다. – 차를 나누고 8단계 실천으로 다 함께 음미한다. – 차의 색·향·미를 표현해본다. 　(예: 솔잎 향이 기분을 향기롭게 하네요.) ■ 두 번째 차 2포 우려 마시기	30′
마무리	■ 활동 소감 나누기 ■ 마음 체조 ■ 마무리 인사 후 정리	20′
준비물	캔디 차, 솔잎차, 목향, 자단향, 백단향, 전기 훈향기 또는 유리워머	

 첫 번째 차: 스리랑카-캔디

캔디는 스리랑카 중부에 위치한 제1의 관광도시이며 이 지명의 이름을 따서 지은 홍차의 이름이다.

코코아 향과 훈연의 향이 살짝 느껴진다.

캔디차는 기호에 따라 아이스티로도 즐길 수 있을 만큼 맛과 향이 뛰어나다.

● 캔디차 우림법(10명 기준)

1. 2L의 우림 포트에 캔디차 5g을 넣는다.
2. 95℃의 물 1.2L를 우림 포트에 넣어 2분 30초 우려낸다.
3. 우린 차를 350ml의 나눔 포트 4개에 나누어 농도 조절해서 담아낸다.

두 번째 차: 솔잎차

솔잎은 ≪동의보감≫에 기록될 만큼 귀중하게 쓰이는 재료이다. 솔잎차는 단백질, 지방, 탄수화물, 무기질, 수분 등의 영양성분이 함유되어 있으며, 몸의 염증을 가라앉혀 신진대사에도 도움을 주며, 심신안정에도 도움을 준다고 전해지고 있다. 이처럼 우리 몸 건강에 전반적으로 도움이 되는 성분을 함유하고 있다.

● 솔잎차 우림법(10명 기준)

1. 2L의 우림 포트에 솔잎 10스푼을 넣고 끓인 물 200ml 정도의 물로 가볍게 세차해 준다.
2. 세차한 솔잎에 95℃의 물 1.2L를 넣어 5분간 우린다.
3. 우린 솔잎차를 350ml 나눔 포트 4개에 나누어 낸다.

활동 사진

9-07 차(茶)와 함께하는 아로마 테라피

7차시   건강지킴이 침향환

학습목표
1. 구곡홍매와 어진향차의 특징을 안다.
2. 침향을 주원료로 침향환을 만드는 방법을 안다.

차(茶)   1. 구곡홍매   **활동**   침향환 만들기
        2. 어진향차

단계	내용	시간

도입	■ 인사 나누기
	  – 별칭으로 인사 나누기
	
	■ 차 소개
	  – 첫 번째 차: 구곡홍매
	  – 두 번째 차: 어진향차
	
	■ 차 우림 준비 및 찻잔 데우기
		10′

전개	■ 첫 번째 차 – 구곡홍매
	  – 차가 우려지는 동안 구곡홍매 특징을 설명한다.
	  – 차 우리고 마셔본다.
	  – 차 8단계 실천으로 다 함께 음미한다.
	
	■ 이야기 나누기
	  – 마음을 열고 미소 띤 얼굴로 차의 색·향·미를 이야기를 나눈다.
	
	■ 첫 번째 차 2포 우려 마시기
	  – 오늘의 활동을 소개한다.
		20′

전개	■ 활동하기 – 침향환 만들기
	① 침향 5g 당귀 5g 천궁 5g 산수유 5g
	② 꿀 20g을 준비한다.
	③ ①의 재료를 한곳에 넣고 먼저 잘 섞어준다.
	   (뭉침 없이 잘 섞어주는 것이 중요하다)
	④ ③의 섞은 재료에 꿀을 넣어 잘 반죽한다.
	   (꿀을 처음부터 다 넣지 말고 15g을 먼저 넣어 반죽한 후 점성에 따라 꿀을 추가로 넣어 반죽한다)
	⑤ 잘 반죽된 재료를 10개로 소분한다.
	⑥ 양쪽 손바닥을 이용하여 환을 잘 굴려서 깔끔하게 마무리한다.
	⑦ 환종이에 만든 환을 올려놓고 잘 포장해준다.
		30′

전개	■ 두 번째 차 – 어진향차 – 두 번째 차 준비와 찻잔을 헹군다. – 차가 우려지는 동안 어진향차의 특징을 설명한다. – 차를 나누고 8단계 실천으로 다 함께 음미한다. – 차의 색·향·미를 표현해본다. 　(예: 달콤함과 따뜻한 시원함이 느껴져요.) ■ 두 번째 차 2포 우려 마시기	30′
마무리	■ 활동 소감 나누기 ■ 마음 체조 ■ 마무리 인사 후 정리	20′
준비물	구곡홍매, 어진향차, 침향, 당귀, 천궁, 산수유, 꿀	

☕ 첫 번째 차: 구곡홍매

중국 절강성 항주 지방의 홍차이며 진득하고 진한 구수함과 고구마 향이 느껴지기도 하고 마신 뒤에 목에서 느껴지는 달달한 꿀향은 찻잔 안에까지 가득 맴돈다.

차를 처음 대하는 사람도 거부감 없이 잘 먹을 수 있는 차이다.

● 구곡홍매 우림법(10명 기준)

1. 2L의 우림 포트에 구곡홍매 8g을 넣는다.
2. 95℃의 물을 우림 포트에 1.2L를 넣어 3분간 우린다.
3. 350ml의 나눔 포트 4개에 우린 차를 나누어 담아낸다.

두 번째 차: 어진향차(곽향, 정향, 회향)

어진향은 3개의 향이 혼합된 차이다. 곽향은 맵고 따뜻한 성질로 위와 장에 기운을 보충하는 데 도움을 준다. 정향은 매운 향이 강하며 기관지, 폐렴, 순환기계에 도움이 된다. 회향은 단맛과 매운맛이 혼합되었고 따뜻한 성질이며 신경계통에 좋다. 어진향은 할아버지 냄새를 순화시키는 것으로 잘 알려져 있으며 일반적으로 몸의 냄새를 제거한다.

● 어진향차 우림법(10명 기준)

1. 어진향 티백 4개(약 7g)를 2L의 우림 포트에 담는다.
2. 95℃의 물을 1.2L 부어 1~2분간 우림 한다.
2. 350ml의 나눔 포트 4개에 나누어 담아낸다.

* 어진향차는 향과 맛이 진하므로 선호도에 따라 양을 더 추가 또는 줄여도 된다.

활동 사진

9-08 차(茶)와 함께하는 아로마 테라피

8차시 기분UP 향기UP 나만의 향

학습 목표
1. 애프터눈 티와 육계의 특징을 안다.
2. 여러가지 향을 통해 나만의 향을 찾는 방법을 안다.

차(茶)
1. 애프터눈 티(Afternoon Tea)
2. 육계

활동 자연물 아로마 아트

단계	내용	시간
도입	■ 인사 나누기 – 별칭으로 인사 나누기 ■ 차 소개 – 첫 번째 차: 애프터눈 티 – 두 번째 차: 육계 ■ 차 우림 준비 및 찻잔 데우기	10′
전개	■ 첫 번째 차 – 애프터눈 티(얼그레이) – 차가 우려지는 동안 얼그레이 특징을 설명한다. – 차 우리고 마셔본다. – 차 8단계 실천으로 다 함께 음미한다. ■ 이야기 나누기 – 마음을 열고 미소 띤 얼굴로 차의 색·향·미를 이야기를 나눈다. (영국의 애프터눈 티에 대해서 이야기해줌) ■ 첫 번째 차 2포 우려 마시기 – 오늘의 활동을 소개한다.	20′
전개	■ 활동하기 – 자연물 아로마 아트 ① 리트머스지를 활용하여 베르가못, 라벤더, 페퍼민트의 향을 각각 맡아보는 시연을 통해 나만의 향을 찾아보는 활동임을 설명한다. ② 색도화지를 펼치고 그림 작품을 연필로 스케치한다. (이때 향과 연결되는 추억의 한 장면을 그림으로 표현하면 좋다) ③ 스케치한 그림 위에 준비한 자연물의 위치를 미리 정한다. ④ 자연물의 위치가 정해지면 글루건으로 그림 위에 자연물을 붙여준다. (글루건이 뜨거우므로 손에 닿지 않도록 안전에 유의한다) ⑤ 완성된 작품에 대한 이야기를 나눈 후 ①에서 선택한 나만의 향을 선택해서 원하는 위치 3~4곳에 1~2방울씩 떨어트린다. ⑥ 느낌을 이야기한다.	30′

전개	■ 두 번째 차 – 육계 – 두 번째 차 준비와 찻잔을 헹군다. – 차가 우려지는 동안 육계의 특징을 설명한다. – 차를 나누고 8단계 실천으로 다 함께 음미한다. – 차의 색·향·미를 표현해본다. 　(예: 시원한 맛과 미네랄의 단맛이 느껴집니다.) ■ 두 번째 차 2포 우려 마시기	30′
마무리	■ 활동 소감 나누기 ■ 마음 체조 ■ 마무리 인사 후 정리	20′
준비물	애프터눈 티, 육계, 향(베르가모트, 라벤더, 페퍼민트), 색도화지, 자연물(나뭇잎, 말린 꽃, 나무가지 등), 글루건, 가위, 붓펜, 연필	

 첫 번째 차: 애프터눈 티(Afternoon Tea)

　19세기경 영국에서 시작된 귀족들의 티타임에 등장하는 홍차를 말하며, 영국에서는 애프터눈 티를 오후 3시~5시경에 마셨다.
　이때에는 주로 샌드위치, 케이크, 쿠키 등을 차와 함께 즐긴다.

● **애프터눈 티 우림법(10명 기준)**
　1. 2L의 우림 포트에 애프터눈 티 6g을 넣는다.
　2. 90~95℃의 물 1.2L로 2분 30초 우린다.
　3. 350ml의 나눔 포트 4개에 우린 차를 나누어 낸다.

두 번째 차: 육계

육계는 청차(靑茶)의 한 종류로 오룡차로 분류되는 차이다.

무이암차의 특징 중 하나인 시원한 맛은 미네랄의 단맛과 잘 어우러져 독특한 향을 느낄 수 있다. 계피 향을 닮았다고 해서 육계라 불리며 무이암차 애호가들에게 사랑받는 차이다.

● 육계 우림법(10명 기준)

1. 2L의 우림 포트에 육계 10g을 넣는다.
2. 95℃의 물을 1.2L를 넣고 3분간 우린다.
2. 우린 차를 나눔 포트 4개에 각각 나누어 낸다.

* 여기에서는 정암 육계를 사용하였다.

활동 사진

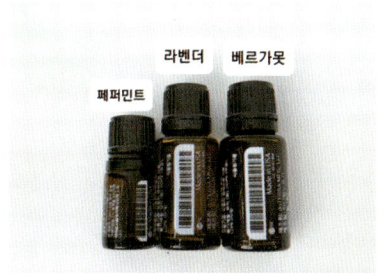

9-09 차(茶)와 함께하는 아로마 테라피

9차시 몸도 정화 마음도 정화, 대나무 선향

학습 목표
1. 보이산차와 산죽차의 특징을 안다.
2. 선향에 들어가는 재료를 알고 선향을 만드는 방법을 안다.

차(茶)
1. 보이산차
2. 산죽차

활동 대나무 선향 만들기

단계	내용	시간
도입	■ 인사 나누기 – 별칭으로 인사 나누기 ■ 차 소개 – 첫 번째 차: 보이산차 – 두 번째 차: 산죽차 ■ 차 우림 준비 및 찻잔 데우기	10′
전개	■ 첫 번째 차 – 보이산차 – 차가 우려지는 동안 보이산차의 특징을 설명한다. – 차 우리고 마셔본다. – 차 8단계 실천으로 다 함께 음미한다. ■ 이야기 나누기 – 마음을 열고 미소 띤 얼굴로 차의 색 · 향 · 미를 이야기를 나눈다. ■ 첫 번째 차 2포 우려 마시기 – 오늘의 활동을 소개한다.	20′

전개	■ 활동하기 – 대나무 선향 만들기
	① 미리 준비한 선향을 향 피우는 향 받침을 이용하여 먼저 시연해 본다.
	② 선향의 시연을 통해 선향의 효용성과 사용법을 설명한다.
	③ 선향 만들기 재료 준비
	  – 선향 재료의 특징 알아보기
	  – 백단향, 자단향, 곽향, 목향, 유백피 가루를 준비한다.
	④ 선향 재료들을 함께 섞은 다음 선향 재료 15g(백단향 4g, 자단향 4g, 곽향 4g, 유백피 3g)과 인센스베이스 30ml을 함께 섞어 잘 반죽해준다.
	※기포 발생을 방지하기 위해 잘 반죽한다.
	⑤ ④의 반죽을 10개의 단위로 일정량을 소분한다.
	⑥ 소분한 향반죽을 대나무선에 5cm 길이(손잡이)를 남겨놓고 남은 부분을 전체 감싸서 잘 붙여준다.
		30′

전개	■ 두 번째 차 – 산죽차 – 두 번째 차 준비와 찻잔을 헹군다. – 차가 우려지는 동안 산죽차의 특징을 설명한다. – 차를 나누고 8단계 실천으로 다 함께 음미한다. – 차의 색·향·미를 표현해본다. (예: 구수한 맛과 유황의 맛이 느껴집니다.) ■ 두 번째 차 2포 우려 마시기	30′
마무리	■ 활동 소감 나누기 ■ 마음 체조 ■ 마무리 인사 후 정리	20′
준비물	선향 재료(자단향, 목향, 유백피, 백단향, 곽향) 보이산차, 산죽차, 차우림 도구, 향꽂이	

 첫 번째 차: 보이산차

　입차 형태로 된 보이차를 말하며 중국 운남성 보이 지역에서 생산된다. 과일 향이 느껴지며 차에서 풍기는 단향이 기분을 업 시킨다.
　비타민과 미네랄을 많이 함유하고 있으며 혈액 순환과 콜레스테롤 조절에도 도움을 준다.

● 보이산차 우림법
1. 2L의 우림 포트에 산차 8g을 넣는다.
2. 95℃의 물 1.2L를 넣고 2분 30초 우린다.
3. 우린 차를 350ml 나눔 포트 4개에 각각 나누어 낸다.

두 번째 차: 산죽차

산죽차는 일명 조릿대라고도 하며 대나무의 가는 줄기를 이용해 차를 만든다. 살짝 단맛이 일고 구수한 맛도 있어서 누구나 거부감 없이 마실 수 있다.

산죽차는 진정기능과 간경화, 암세포 억제 효능과 함께 다양한 효능을 가지고 있다.

● 산죽차 우리법(10명 기준)

1. 2L의 우림 포트에 10g의 조릿대를 넣는다.
2. 95℃의 물 1.2L로 3분간 우린다.
3. 350ml의 나눔 포트 4개에 우린 산죽차를 담아낸다.

활동 사진

9-10 차(茶)와 함께하는 아로마 테라피

10차시 아기자기 허브 향낭

학습 목표
1. 보이숙차와 팔보차의 특징을 안다.
2. 향낭의 재료와 그 특징을 알고 향낭 만드는 방법을 안다.

차(茶)
1. 보이숙차
2. 팔보차

활동 허브 향낭 만들기

단계	내용	시간
도입	■ 인사 나누기 – 별칭으로 인사 나누기 ■ 차 소개 – 첫 번째 차: 보이숙차 – 두 번째 차: 팔보차 ■ 차 우림 준비 및 찻잔 데우기	10′
전개	■ 첫 번째 차 – 보이산차 – 차가 우려지는 동안 보이산차의 특징을 설명한다. – 차 우리고 마셔본다. – 차 8단계 실천으로 다 함께 음미한다. ■ 이야기 나누기 – 마음을 열고 미소 띤 얼굴로 차의 색 · 향 · 미를 이야기를 나눈다. ■ 첫 번째 차 2포 우려 마시기 – 오늘의 활동을 소개한다.	20′
전개	■ 활동하기 – 허브 향낭 만들기 ① 5가지 향 재료를 선보이고 특징을 알아본다. ② 5가지 향을 맡아보고 내가 좋아하는 향 3~4가지를 선택한다. ③ 선택한 향을 향주머니에 담는다. ④ 내가 선택한 향에 대하여 이유를 말해본다. ⑤ 일상생활에서 허브 향낭의 활용법에 대하여 이야기해준다. ■ 두 번째 차 – 팔보차 – 두 번째 차 준비와 찻잔을 헹군다. – 차가 우려지는 동안 산죽차의 특징을 설명한다. – 차를 나누고 8단계 실천으로 다 함께 음미한다. – 차의 색 · 향 · 미를 표현해본다.	30′

전개	(예: 건강한 기운이 느껴집니다.) ■ 두 번째 차 2포 우려 마시기	30′
마무리	■ 활동 소감 나누기 ■ 마음 체조 ■ 마무리 인사 후 정리	20′
준비물	보이숙차, 팔보차, 향낭 원료(페퍼민트, 라벤더, 솔잎, 진피, 계피), 복주머니	

첫 번째 차: 보이숙차

  보이차는 중국 운남성에서 생산되는 찻잎으로 만드는데 찻잎 중 대엽종 차나무 잎으로 만들어진 차를 말한다. 보이차는 일반 차와 달리 일정량의 수분을 가지고 있어 공기중의 미생물과 반응해 장기적으로 꾸준히 후발효를 일으키는데 보이숙차는 이러한 장기간의 자연 발효과정을 생략하고, 보이차의 발효과정을 단시간에 강제로 유도시킨 차를 말한다. 보이차에는 갈산 성분이 함유되어 체지방 감소에 도움을 줄 뿐 아니라 혈중 콜레스테롤 개선에도 도움을 주는 효능이 있다.

● 보이숙차 우림법(10명 기준)

1. 2L의 우림 포트에 보이차 7g을 놓고 200ml 정도의 끓인 물을 넣은 후 차를 한번 세차해 준다.
2. 95℃ 물 1.2L로 2분 30초 우려준다.
3. 350ml의 나눔 포트 4개에 우린 차를 나누어 담아낸다.

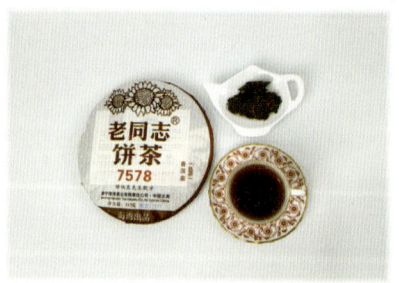

두 번째 차: 팔보차

팔보차는 여덟 가지 재료가 배합된 차이다. 각 재료의 효능이 합해져 일반 차보다 약성(藥性)이 강화된 차이다. 즉 차처럼 편하게 마실 수 있지만 약의 기능을 갖춘 것이다.

여덟 가지 재료는 항상 정해져 있지는 않고 한두 가지의 재료는 다른 재료로 바뀌기도 하는데 대체로 황산국화, 청차, 금은화, 구기자, 산자, 대추, 진피, 빙당 여덟 가지의 재료가 혼합된다.

● 팔보차 우림법(1명 기준)

1. 1인 개완에 팔보차 재료를 넣는다.
2. 95℃의 물을 가득 담고 2분 정도 우린다.
3. 개완 뚜껑을 조금 열고 마신다.
4. 3번 정도 우려 마실 수 있다.

활동 사진

10장

차(茶)와 함께하는 힐링원예

한국지속가능문화교육개발원 | Korea Sustainable Culture Education Center

 *Tea Therapy*

1) 투명하게 마음 보기 꽃 한 송이 물주머니
2) 결의 아름다움 나만의 차탁
3) 매너 있는 손길 다건 만들기
4) 다른 만남이 만들어낸 조화 비누꽃 종이 화분
5) 함께 하는 행복! 나만의 반려 식물
6) 눈으로만 봐주세요 스칸디아모스 액자
7) 향에 취해보자! 드라이플라워 방향제
8) 자연을 몸에 담다 메타세콰이어 팔찌
9) 변하지 않는 아름다움 미니센터피스
10) 가장 아름다운 순간 유칼립투스 화관

10장 차(茶)와 함께하는 힐링원예

10-1 차(茶)와 함께하는 힐링원예

1차시	투명하게 마음 보기 꽃 한 송이 물주머니
학습 목표	1. 백차의 특징 및 베르가모트 오일의 티 블렌딩 방법을 안다. 2. 꽃 한 송이를 활용하여 물주머니 화분을 만든다.
차(茶)	1. 복정노백차 2. 베르가모트 오일 블렌딩
원예	꽃 한 송이 물주머니

단계	내용	시간
도입	■ 인사 나누기 　– 차와 함께 힐링원예 10차시 오리엔테이션을 소개한다. 　　(10차시 내용을 간략히 설명한다.) 　– 나만의 식물로 별칭을 짓고 소개한다. ■ 오늘의 차 소개 및 활동 영역 소개하기 ■ 차 소개 　– 첫 번째 차: 복정노백 　– 두 번째 차: 베르가모트 오일 블렌딩 ■ 차 우림 준비 및 찻잔 데우기	20′
전개	■ 첫 번째 차 – 복정노백차 　– 복정노백차를 우리며 차의 특징을 설명한다. 　– 차를 나누고 8단계 실천으로 다 함께 음미한다. 　　① 눈에 담는다 ② 코를 간지럽힌다 ③ 입술을 적신다. 　　④ 입안 가득 머금는다 ⑤ 목에 길을 내준다 　　⑥ 배를 따뜻하게 해 준다 ⑦ 뇌를 깨운다 ⑧ 마음을 열어 준다 ■ 이야기 나누기 　– 마음을 열고 미소 띤 얼굴로 차의 색·향·미를 이야기를 나눈다. 　　(예: 온몸에 흰 털이 가득하고 은빛이 곧은 바늘과 같네요.) ■ 첫 번째 차 2포 우려 마시기 　– 오늘의 활동을 소개한다.	20′

	■ 활동하기 – 꽃 한 송이 물주머니 만들기 ① 꽃 한 송이씩 잡고 색과 향을 즐긴다. ② 투명비닐에 줄기가 담길 수 있도록 물을 담는다. ③ 투명비닐 물주머니 안에 꽃 한 송이를 넣고 지철사로 묶는다. ④ 작은 리본을 묶는다. ■ 두 번째 차 – 복정노백차 + 베르가모트 오일 블렌딩 – 두 번째 차 준비와 찻잔을 헹군다. – 베르가모트 오일 블렌딩을 우리며 차의 특징을 설명한다. – 차를 나누고 8단계 실천으로 다 함께 음미한다. – 차의 색·향·미를 표현해본다. ■ 두 번째 차 2포 우려 마시기	30′
마무리	■ 활동 소감 나누기 ■ 마음 체조 ■ 마무리 인사 후 정리	20′
준비물	차와 차 도구, 꽃, 비닐, 리본, 가위, 지철사	

첫 번째 차: 복정노백차

전체적으로 고급스럽고 우아한 난향에 달콤한 과일 향이 섞여 있는 듯하다. 산뜻하면서 깔끔한 맛을 즐기는 분들에게 추천한다. 또한 높은 온도에 오랫동안 우려도 쓰고 떫지 않기에 차를 처음 마시는 초보자들에게도 많이 추천하는 차이다.

● 복정노백차 우림법(10인 기준)

1. 2L의 유리 우림 포트에 복정노백차 8g을 넣는다.
2. 95℃의 물 1.2L에 3분간 우린다.
3. 유리 우림 포트를 들고 골고루 섞일 수 있도록 스월링(swirling)한다.
3. 250~300ml 나눔 포트 4개에 농도를 맞추어 담아낸다.

두 번째 차: 복정노백차 + 베르가모트 오일

　베르가모트는 가향 차를 만들 때 인기 있는 재료로 기존에 많은 차에 활용되고 있으며, 용안의 열매에서 추출된다. 불안증과 스트레스 완화에도 도움이 된다.

　백호은침에 약간의 베르가모트 향을 가미하면 매력적이고 고급스러운 가향 백차의 풍미를 즐길 수 있다.

● **복정노백차 + 베르가모트 오일차 우림법(10인 기준)**

1. 2L의 우림 포트에 복정노백차 8g을 넣는다.
2. 95℃의 물 1.2L를 넣고 3분간 우린다.
3. 다 우려낸 찻물에 베르가모트 오일 4~5방울을 넣는다.
4. 250~300ml 나눔 포트 4개에 농도를 맞추어 담아낸다.

📷 **활동 사진**

10-2 차(茶)와 함께하는 힐링원예

2차시 결의 아름다움 나만의 차탁

학습 목표
1. 녹차의 특징과 산수유차의 우림법을 안다.
2. 압화를 이용한 나만의 차탁을 만든다.

차(茶)
1. 육안과편
2. 산수유차

원예 차탁 만들기

단계	내용	시간
도입	■ 인사 나누기 – 별칭으로 인사 나누기 ■ 오늘의 차 소개 및 활동 영역 소개하기 ■ 차 소개 – 첫 번째 차: 육안과편 – 두 번째 차: 산수유차 ■ 차 우림 준비 및 찻잔 데우기	20′
전개	■ 첫 번째 차 – 육안과편 – 차가 우려지는 동안 육안과편의 특징을 알아본다. – 차를 나누고 8단계 실천으로 다 함께 음미한다. ■ 이야기 나누기 – 마음을 열고 미소 띤 얼굴로 차의 색·향·미를 이야기를 나눈다. (예: 푸릇한 녹색의 잎에서 달콤, 고소함이 느껴지네요.) ■ 첫 번째 차 2포 우려 마시기 – 오늘의 활동을 소개한다.	20′
전개	■ 활동하기 – 자연물로 나만의 차탁 만들기 ① 코르크 재질 컵 받침을 준비한다. OR 나무 컵 받침 / 투명 플라스틱 재질 컵 받침을 준비한다. ② 주변을 사인펜으로 꾸민다. ③ 압화를 올린다. ④ 목공풀로 압화를 붙여준다. ■ 두 번째 차 – 산수유차 – 두 번째 차 준비와 찻잔을 헹군다. – 산수유차를 우리며 차의 특징을 설명한다. – 차를 나누고 8단계 실천으로 다 함께 음미한다.	30′

전개	– 차의 색·향·미를 표현해본다. ■ 두 번째 차 2포 우려 마시기	30′
마무리	■ 활동 소감 나누기 ■ 마음 체조 ■ 마무리 인사 후 정리	20′
준비물	차와 차 도구, 꽃, 비닐, 리본, 가위, 지철사	

첫 번째 차: 육안과편

명대에 최고급 차로 인정받았고, 청나라 때는 나라에 공물로 바치던 차다. 더위 극복과 갈증 해소에 좋고 독소 배출과 피로회복, 미용에도 도움이 된다. 암 예방과 심혈관 질환에 좋다는 이야기가 있어 건강을 위해 육안과편을 마시기도 한다. 특별히 잎이 어린잎처럼 연하지 않기 때문에 찻잎에 물을 나중에 붓는 하투법으로 우려 마시는 것이 차의 감칠맛을 더욱 잘 표현해 준다.

● 육안과편 우림법(10명 기준)

1. 2L의 우림 포트에 육안과편 8g을 넣는다.
2. 차는 95℃의 물을 4~5회 교반한다.
3. 75℃의 물 1.2L에 50초간 우린다.
4. 250~300ml 나눔 포트 4개에 농도를 맞추어 담아낸다.

두 번째 차: 산수유

산수유나무의 붉은 열매로 약간의 단맛과 함께 떫고 강한 신맛이 난다. 육질과 씨앗을 분리하여 육질은 술과 차 및 한약의 재료로 사용한다. 각종 비타민과 무기질 등 다양한 영양이 풍부하고 따뜻한 성질을 가지고 있다. 신장 기능 강화, 정력 강화, 당뇨병 개선, 면역력 향상, 갱년기 증상 완화, 피부미용, 노화 방지, 눈 건강, 청력 보호, 혈관질환 예방, 요실금, 야뇨증 증상 완화에 도움이 된다.

● 산수유 우림법(10명 기준)

1. 2L의 우림 포트에 산수유 8g을 넣는다.
2. 95℃의 물 1.2L에 3분간 우린다.
3. 250~300ml 나눔 포트 4개에 농도를 맞추어 담아낸다.

활동 사진

10-3 차(茶)와 함께하는 힐링원예

3차시 매너 있는 손길 다건 만들기

학습 목표
1. 아리산 우롱과 자스민 녹차의 특징을 알고 우림법을 안다.
2. 나뭇잎을 활용하여 다건을 만든다.

차(茶)
1. 아리산 우롱
2. 자스민 녹차

원예 다건 만들기

단계	내용	시간
도입	■ 인사 나누기 – 별칭으로 인사 나누기 ■ 오늘의 차 소개 및 활동 영역 소개하기 ■ 차 소개 – 첫 번째 차: 아리산 우롱 – 두 번째 차: 자스민 녹차 ■ 차 우림 준비 및 찻잔 데우기	20′
전개	■ 첫 번째 차 – 아리산 우롱 – 차가 우려지는 동안 아리산 우롱의 특징을 알아본다. – 차를 나누고 8단계 실천으로 다 함께 음미한다. ■ 이야기 나누기 – 마음을 열고 미소 띤 얼굴로 차의 색·향·미를 이야기를 나눈다. (예: 차의 부드러운 단맛이 그윽하네요.) ■ 첫 번째 차 2포 우려 마시기 – 오늘의 활동을 소개한다.	20′
전개	■ 활동하기 – 나뭇잎 다건 만들기 ① 흰 손수건을 준비한다. ② OHP 필름 위에 나뭇잎을 올린다. ③ 나뭇잎 위에 OHP 필름을 올리고 동전으로 긁어준다. ④ 나뭇잎으로 그림을 그리며 수건을 꾸민다. ■ 두 번째 차 – 자스민 녹차 – 두 번째 차 준비와 찻잔을 헹군다. – 산수유차를 우리며 차의 특징을 설명한다. – 차를 나누고 8단계 실천으로 다 함께 음미한다. – 차의 색·향·미를 표현해본다.	30′

전개	■ 두 번째 차 2포 우려 마시기	30′
마무리	■ 활동 소감 나누기 ■ 마음 체조 ■ 마무리 인사 후 정리	20′
준비물	차와 차 도구, 손수건, OHP 필름, 동전, 색연필	

첫 번째 차: 아리산 우롱

　아리산은 대만의 대표적인 관광명소이자 차 산지 중 하나로 대만 중부지방에 위치하며, 고산차 생산지로 유명하다. 아리산의 외형은 찻잎이 원형으로 둥글게 말려 있고 맑은 금황색의 탕색을 띠고 있으며, 부드러운 단맛과 은은한 향이 특징이다. 체온상승 효과가 있고 신진대사가 활발해지는 효과가 있으며, 특히 지방분해, 지방연소, 변비개선에 뛰어난 효과가 있다. 폴리페놀 성분은 노화예방에 도움을 주고 카페인과 타닌 성분은 정신을 안정시켜 준다.

● **아리산 우롱 우림법(10명 기준)**

1. 2L의 우림 포트에 아리산 우롱 8g을 넣는다.
2. 차는 95℃의 물을 4~5회 교반한다.
3. 75℃의 물 1.2L에 50초간 우린다.
4. 250~300ml 나눔 포트 4개에 농도를 맞추어 담아낸다.

두 번째 차: 자스민 녹차

　녹차나 우롱차를 기본으로 하여 찻잎에 자스민꽃 향이 섞이도록 녹차의 잎 사이에 꽃을 켜켜이 넣어 자스민꽃 향기를 흡착시켜 만든 차이다. 성인병과 암 예방에 도움이 되는 것으로 알려져 있다. 강력한 항산화 성분인 카테킨과 폴리페놀 등이 풍부하다. 또한 혈중 콜레스테롤의 수치를 낮춰주고 콜레스테롤이 산화되는 것을 억제하여 뇌졸중이나 동맥경화 등 각종 성인병을 예방하는 효능이 있다.

● 자스민 녹차 우림법(10명 기준)

1. 2L의 우림 포트에 자스민 녹차 8g을 넣는다.
2. 차는 95℃의 물을 4~5회 교반한다.
3. 75℃의 물 1.2L에 50초간 우린다.
4. 250~300ml 나눔 포트 4개에 농도를 맞추어 담아낸다.

활동 사진

10-4 차(茶)와 함께하는 힐링원예

4차시	다른 만남이 만들어낸 조화 비누꽃 종이 화분

학습 목표	1. 카모마일의 특징을 알고 공예차의 활용법을 안다. 2. 비누꽃을 활용해 비누꽃 화분을 만든다.

차(茶)	1. 카모마일 2. 중심봉월	원예	비누꽃 종이 화분 만들기

단계	내용	시간
도입	■ 인사 나누기 　– 별칭으로 인사 나누기 ■ 오늘의 차 소개 및 활동 영역 소개하기 ■ 차 소개 　– 첫 번째 차: 카모마일 　– 두 번째 차: 중심봉월 ■ 차 우림 준비 및 찻잔 데우기	20′
전개	■ 첫 번째 차 – 카모마일 　– 차가 우려지는 동안 카모마일의 특징을 알아본다. 　– 차를 나누고 8단계 실천으로 다 함께 음미한다. ■ 이야기 나누기 　– 마음을 열고 미소 띤 얼굴로 차의 색·향·미를 이야기를 나눈다. 　　(예: 차의 달큰한 맛과 은은한 향이 울려 퍼지네요.) ■ 첫 번째 차 2포 우려 마시기 　– 오늘의 활동을 소개한다.	20′
전개	■ 활동하기 – 비누꽃 종이 화분 만들기 　① 비누꽃과 줄기를 연결한다. 　② 플로랄 폼을 준비하고 비누꽃을 꽂아준다. 　③ 크라프트지로 감싸준다. 　④ 준비된 노끈으로 리본을 묶는다. ■ 두 번째 차 – 중심봉월(목단 공예화차) 　– 두 번째 차 준비와 찻잔을 헹군다. 　– 중심봉월을 우리며 차의 특징을 설명한다. 　– 차를 나누고 8단계 실천으로 다 함께 음미한다. 　– 차의 색·향·미를 표현해본다.	30′

전개	■ 두 번째 차 2포 우려 마시기	30′
마무리	■ 활동 소감 나누기 ■ 마음 체조 ■ 마무리 인사 후 정리	20′
준비물	차와 차 도구, 비누꽃, 플로랄폼, 크라프트지 또는 포장지, 가위, 노끈	

 첫 번째 차: 카모마일

카모마일은 카모마일 식물의 꽃을 말려 만든 허브이다. 인류에게 알려진 가장 오래된 약초 중 하나이다. 항바이러스 효과가 감염성 장 질환이나 구강 궤양, 습진 같은 염증을 치료하는 데 도움을 준다. 생리통에도 좋은 차로 알려져 있고, 그 외에도 생리불순을 완화시켜 주고 그 밖의 여성질환을 개선해 주는 효과가 있으며, 류머티즘 치료에도 이용된다.

● 카모마일 우림법(10명 기준)

1. 2L의 우림 포트에 카모마일 8g을 넣는다.
2. 95℃의 물 1.2L에 3분간 우린다.
3. 250~300ml 나눔 포트 4개에 농도를 맞추어 담아낸다.

 두 번째 차: 중심봉월

차 안에 꽃을 넣어 만든 후에 차를 우렸을 때 잔 속에서 꽃이 피어나는 공예차이다. 목단은 페놀이라는 성분을 가지고 있는데, 이 성분은 열을 내리고 진통 작용을 하는 효과가 있다. 항염증 효과도 있으며 피를 멎게 하는 지혈 효과도 있는 것으로 알려지고 있다. 뿌리 추출물을 달여서 먹으면 열을 내리는 작용까지 한다.

● **중심봉월 우림법(10명 기준)**

1. 2L의 우림 포트에 끓인 물 200ml를 부어준다.
2. 공예차를 차 집게로 중심봉월 1개를 살포시 넣는다.
3. 꽃이 중간 정도 피었을 때 95℃의 물 1.2L를 우림 포트 벽면을 타고 흐르게 부어 3분간 우린다.
4. 250~300ml 나눔 포트 4개에 농도를 맞추어 담아낸다.
5. 찻잔에 따라서 차의 색·향·미를 음미하며 마신다.

활동 사진

10-5 차(茶)와 함께하는 힐링원예

5차시	함께 하는 행복! 나만의 반려 식물

학습 목표	1. 보이차의 특징을 알고 꽃차의 종류를 안다. 2. 허브 식물을 활용하여 분갈이를 한다.

차(茶)	1. 하관타차 숙차 2. 마리골드	원예	반려 식물 심기

단계	내용	시간

도입	■ 인사 나누기
	  – 별칭으로 인사 나누기
	■ 오늘의 차 소개 및 활동 영역 소개하기
	■ 차 소개
	  – 첫 번째 차: 하관타차 숙차
	  – 두 번째 차: 마리골드
	■ 차 우림 준비 및 찻잔 데우기
		20′

	■ 첫 번째 차 – 하관타차 숙차
	  – 차가 우려지는 동안 하관타차 숙차의 특징을 알아본다.
	  – 차를 나누고 8단계 실천으로 다 함께 음미한다.
	■ 이야기 나누기
	  – 마음을 열고 미소 띤 얼굴로 차의 색·향·미를 이야기를 나눈다.
	    (예: 차의 맛이 부드럽고 속이 편안하네요.)
	■ 첫 번째 차 2포 우려 마시기
	  – 오늘의 활동을 소개한다.
		20′

전개	■ 활동하기 – 허브 식물 심기
	① 허브 식물을 관찰하고 이야기한다.
	② 신문지를 깔고 허브 식물을 포트에서 분리한다.
	③ 화분에 깔망을 넣고 마사토로 덮는다.
	④ 배양토를 반 정도 넣고, 식물을 넣는다.
	⑤ 나머지 배양토로 채워주고, 마사토로 마무리한다.
	■ 두 번째 차 – 마리골드
	  – 두 번째 차 준비와 찻잔을 헹군다.
	  – 마리골드를 우리며 차의 특징을 설명한다.
	  – 차를 나누고 8단계 실천으로 다 함께 음미한다.
		30′

전개	– 차의 색·향·미를 표현해본다. ■ 두 번째 차 2포 우려 마시기	30′
마무리	■ 활동 소감 나누기 ■ 마음 체조 ■ 마무리 인사 후 정리	20′
준비물	차와 차 도구, 허브 식물, 신문지, 배양토, 마사토, 깔망	

첫 번째 차: 하관타차 숙차

하관차창은 원래 엎어 놓은 사발 모양의 보이차로 명성이 높으며, 생산 기간이 가장 오래되고 생산량 또한 가장 많은 대표적인 보이차이다. 타차 외형이 일반적인 숙차 진밤색, 흑색에 비해 좀 더 밝은색을 띠며 어린잎이 좀 더 눈에 띈다. 감홍색의 탕색이 진하게 우러나며 입의 감촉이 생차에 비해 부드럽고 감칠맛이 나는데 부드럽고, 포근한 느낌이다. 쓰고 떫은 맛이 어느 정도 사라지고 부드러워, 잡내가 없이 깔끔하며, 목 넘김이 좋다. 한마디로 진한 듯 순후하고 은은한 단맛과 감칠맛이 좋은 보이숙차이다. 체내 지방분해 성분이 많이 들어있어 기름진 음식에 곁들여 마시면 좋다.

● 하관타차 숙차 우림법(10명 기준)

1. 2L의 우림 포트에 하관타차 숙차 8g을 넣는다.
2. 95℃의 물 1.2L에 3분간 우린다.
3. 250~300ml 나눔 포트 4개에 농도를 맞추어 담아낸다.

 두 번째 차: 마리골드

　마리골드는 금잔화 또는 천수국이라고 불린다. 마리골드의 대표적인 효능은 눈 건강에 좋다는 루테인과 아스타잔틴이 풍부하게 함유되어 있다. 또한 리코펜, 플라보노이드 성분이 활성산소를 제거해 암세포 발생을 막아 전립선암, 대장암, 백혈병 등에 도움이 되고 심장질환의 위험 감소에 효과가 있다. 소화 기관에도 도움이 된다.

● 마리골드 우림법(10명 기준)
1. 2L의 우림 포트에 마리골드 8g을 넣는다.
2. 95℃의 물 1.2L에 3분간 우린다.
3. 250~300ml 나눔 포트 4개에 농도를 맞추어 담아낸다.

활동 사진

10-6 차(茶)와 함께하는 힐링원예

6차시 눈으로만 봐주세요 스칸디아모스 액자

학습목표
1. 청차의 특징을 알고, 청차와 솔잎차의 향을 비교한다.
2. 스칸디아모스를 활용하여 액자를 만든다.

차(茶)
1. 보스턴 티 파티
2. 솔잎차

원예 스칸디아모스 액자 만들기

단계	내용	시간
도입	■ 인사 나누기 – 별칭으로 인사 나누기 ■ 오늘의 차 소개 및 활동 영역 소개하기 ■ 차 소개 – 첫 번째 차: 보스턴 티 파티 – 두 번째 차: 솔잎차 ■ 차 우림 준비 및 찻잔 데우기	20′
전개	■ 첫 번째 차 – 보스턴 티 파티 – 차가 우려지는 동안 보스턴 티 파티의 특징을 알아본다. – 차를 나누고 8단계 실천으로 다 함께 음미한다. ■ 이야기 나누기 – 마음을 열고 미소 띤 얼굴로 차의 색·향·미를 이야기를 나눈다. (예: 차의 짙고 달콤한 향이 마음을 설레게 하네요.) ■ 첫 번째 차 2포 우려 마시기 – 오늘의 활동을 소개한다.	20′
전개	■ 활동하기 – 스칸디아모스 액자 만들기 ① 캔버스화를 준비한다. ② 밑그림을 그린다. ③ 목공용 풀을 준비한다. ④ 목공용 풀로 그림 위에 스칸디아모스를 붙인다. ■ 두 번째 차 – 솔잎차 – 두 번째 차 준비와 찻잔을 헹군다. – 솔잎차를 우리며 차의 특징을 설명한다. – 차를 나누고 8단계 실천으로 다 함께 음미한다. – 차의 색·향·미를 표현해본다.	30′

전개	■ 두 번째 차 2포 우려 마시기	30′
마무리	■ 활동 소감 나누기 ■ 마음 체조 ■ 마무리 인사 후 정리	20′
준비물	차와 차 도구, 캔버스화, 목공용 풀, 스칸디아모스, 면봉, 색연필	

 첫 번째 차: 보스턴 티 파티

　1773년 미국 식민지 개척자들은 세금에 항의하기 위해 The East India Company의 차 342상자를 보스턴 항구에 버렸다. 이 행위는 미국 독립에서 전쟁이 될 집결지가 되어 역사의 흐름을 바꾸었다. 오늘날 The East India Company에서 미국으로 보낸 오리지널 Singlo, Imperial 및 Bohemia 차를 기반으로 한 보스턴 티 파티 블렌드는 세금 문제 없이 고급 차를 즐길 수 있다. 이 차는 전체적으로 고급스럽고 우아한 난향에 달콤한 과일 향이 섞여 있는 듯하다. 산뜻하면서 깔끔한 맛을 즐기는 분에게 추천한다. 또한 높은 온도에 오랫동안 우려도 쓰고 떫지 않기에 차를 처음 접하는 초보자들에게도 많이 추천하는 차이다.

● 보스턴 티 파티 우림법(10명 기준)

1. 2L의 우림 포트에 백호은침 8g을 넣는다.
2. 80~90℃의 물 1.2L로 4~5분간 충분히 우린다.
3. 250~300ml 나눔 포트 4개에 농도를 맞추어 담아낸다.

두 번째 차: 솔잎차

비타민 A를 많이 함유하고 있어 혈액을 깨끗하게 하고 고혈압을 예방하는 효과가 있다. 간·위장·신경계·순환계질환과 피부보호에 좋으며, 중풍·동맥경화·고혈압·당뇨 같은 노인성 질환을 예방하기도 한다.

● 솔잎차 우림법(10명 기준)

1. 2L의 우림 포트에 솔잎 8g을 넣는다.
2. 95℃의 물 1.2L에 3분간 우린다.
3. 250~300ml 나눔 포트 4개에 농도를 맞추어 담아낸다.
4. 찻잔에 따라서 차의 색·향·미를 음미하며 마신다.
5. 문향배의 사용법을 설명한다.

활동 사진

10-7 차(茶)와 함께하는 힐링원예

7차시	향에 취해보자! 드라이플라워 방향제

학습 목표	1. 홍차의 특징을 알고, 허브차의 종류를 안다. 2. 드라이플라워 소재로 방향제를 만든다.

차(茶)	1. 잉글리시 브렉퍼스트 2. 금빛마중	원예	드라이플라워 방향제 만들기

단계	내용	시간
도입	■ 인사 나누기 – 별칭으로 인사 나누기 ■ 오늘의 차 소개 및 활동 영역 소개하기 ■ 차 소개 – 첫 번째 차: 잉글리쉬 브렉퍼스트(English breakfast) – 두 번째 차: 금빛마중 ■ 차 우림 준비 및 찻잔 데우기	20′
전개	■ 첫 번째 차 – 잉글리쉬 브렉퍼스트(English breakfast) – 차가 우려지는 동안 잉글리쉬 브렉퍼스트의 특징을 알아본다. – 차를 나누고 8단계 실천으로 다 함께 음미한다. ■ 이야기 나누기 – 마음을 열고 미소 띤 얼굴로 차의 색·향·미를 이야기를 나눈다. (예: 차의 진한 향과 맛이 기분 좋은 아침을 생각나게 하네요.) ■ 첫 번째 차 2포 우려 마시기 – 오늘의 활동을 소개한다.	20′
전개	■ 활동하기 – 드라이플라워 방향제 만들기 ① 부직포로 적당한 크기의 주머니 모양을 만든다. ② 주머니 안에 드라이플라워를 잘라서 넣어준다. ③ 주머니의 입구를 막고 고정한다. ④ 리본을 예쁘게 만들어서 마무리한다. ■ 두 번째 차 – 금빛마중 – 두 번째 차 준비와 찻잔을 헹군다. – 금빛마중을 우리며 차의 특징을 설명한다. – 차를 나누고 8단계 실천으로 다 함께 음미한다. – 차의 색·향·미를 표현해본다.	30′

전개	■ 두 번째 차 2포 우려 마시기	30′
마무리	■ 활동 소감 나누기 ■ 마음 체조 ■ 마무리 인사 후 정리	20′
준비물	차와 차 도구, 부직포, 가위, 리본, 드라이플라워	

 첫 번째 차: 잉글리시 브렉퍼스트

 보통 진한 향과 맛을 가지며 우유와 설탕을 첨가해 마시기 좋은 홍차 블렌드의 한 종류이다. 혈관과 노화를 방지해주는 역할을 한다. 혈관의 탄력을 높여줘 각종 혈관질환을 예방해주는 역할을 하고, 카테킨이라는 항산화 작용을 하는 성분이 들어 있어 노화 방지에도 도움을 준다.

● 잉글리시 브렉퍼스트 우림법(10명 기준)

1. 2L의 우림 포트에 잉글리시 브렉퍼스트 8g을 넣는다.
2. 95℃의 물 1.2L에 3분간 우린다.
3. 250~300ml 나눔 포트 4개에 농도를 맞추어 담아낸다.

 두 번째 차: 금빛마중

　녹차, 망고, 홍차, 화이트캔디, 파파야, 그린망고향, 로즈힙쉘 향이 이국적이고 색다르게 블렌딩 된 침출차이다. 코코넛 향이 나면서 레드파파야나 블랙티처럼 달콤한 맛을 좋아하는 여성에게 호감을 받는 열대 바닷가에서 노을을 바라보며 마시는 칵테일 한 잔의 여유가 생각나는 차이다.

● 금빛마중 우림법(10명 기준)

1. 2L의 우림 포트에 티백을 넣는다.
2. 녹차는 95℃의 물을 4~5회 교반한다.
3. 75℃의 물 1.2L에 1분 30초간 우린다.
4. 250~300ml 나눔 포트 4개에 농도를 맞추어 담아낸다.

* 오설록의 금빛마중을 우림 하였다.

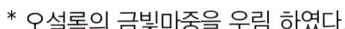 활동 사진

10-8 차(茶)와 함께하는 힐링원예

8차시 자연을 몸에 담다 메타세콰이어 팔찌

학습 목표
1. 홍차와 블렌딩 차의 특성을 이해하고 비교한다.
2. 메타세콰이어를 활용하여 팔찌를 만든다.

차(茶)
1. 레이디 그레이
2. 바질루트 화이트매직

원예 메타세콰이어 팔찌 만들기

단계	내용	시간
도입	■ 인사 나누기 　– 별칭으로 인사 나누기 ■ 오늘의 차 소개 및 활동 영역 소개하기 ■ 차 소개 　– 첫 번째 차: 레이디 그레이 　– 두 번째 차: 바질루트 화이트매직 ■ 차 우림 준비 및 찻잔 데우기	20′
전개	■ 첫 번째 차 – 레이디 그레이 　– 차가 우려지는 동안 레이디 그레이의 특징을 알아본다. 　– 차를 나누고 8단계 실천으로 다 함께 음미한다. ■ 이야기 나누기 　– 마음을 열고 미소 띤 얼굴로 차의 색·향·미를 이야기를 나눈다. 　　(예: 감귤 향의 상큼함과 부드러움이 조화롭네요.) ■ 첫 번째 차 2포 우려 마시기 　– 오늘의 활동을 소개한다.	20′
전개	■ 활동하기 – 메타세콰이어 팔찌 만들기 ① 메타세콰이어 열매 줄기를 가위로 둥글게 잘라준다. ② 팔 둘레를 4번 감을 정도 되는 길이의 지끈을 준비해 반을 접어준다. ③ 한쪽을 매듭지어 준다. ④ 매듭진 지끈의 열린 쪽으로 메타세콰이어 열매를 끼우고 반대도 매듭을 지어준다. 구슬 양쪽 끝을 매듭지어 준다. 　연령대에 개수를 조정한다. ■ 두 번째 차 – 화이트매직 　– 두 번째 차 준비와 찻잔을 헹군다. 　– 화이트매직을 우리며 차의 특징을 설명한다.	30′

전개	– 차를 나누고 8단계 실천으로 다 함께 음미한다. – 차의 색·향·미를 표현해본다. ■ 두 번째 차 2포 우려 마시기	30′
마무리	■ 활동 소감 나누기 ■ 마음 체조 ■ 마무리 인사 후 정리	20′
준비물	차와 차 도구, 가위, 메타세콰이어 열매, 지끈	

첫 번째 차: 레이디 그레이

중국 기문차와 인도차에 오렌지 향이 가미돼 처음 홍차를 접하는 사람들이 부담 없이 즐길 수 있는 홍차. 코르티솔 수치를 낮춰주기 때문에 피로와 스트레스 해소에 도움을 주고, 항산화 작용을 하는 카테킨 성분으로 감기 완화 및 체내 지방을 분해해 다이어트에도 도움을 준다.

● **레이디 그레이 우림법(10명 기준)**

1. 2L의 우림 포트에 레이디 그레이 8g을 넣는다.
2. 95℃의 물 1.2L에 3분간 우린다.
3. 250~300ml 나눔 포트 4개에 농도를 맞추어 담아낸다.

두 번째 차: 바질루트 화이트매직

은은한 우유 향이 달콤하게 퍼지는 '밀키 우롱' 느낌의 녹차이다. 부드러운 실론 녹차에 우유가 함유된 차로 한 모금 마시면 입안에 크림을 먹는 듯 향이 고소하고 은은하게 퍼진다. 실제 우유가 들어 있지만, 우유 향이 지나치지 않고 차 맛도 부드러워서 가향 녹차로 분류한다.

● 바질루트 화이트매직 우림법(10명 기준)

1. 2L의 우림 포트에 차를 8g 넣는다.
2. 95℃의 물 1.2L에 3분간 우린다.
3. 250~300ml 나눔 포트 4개에 농도를 맞추어 담아낸다.

* 참고: 바질루트의 화이트매직을 우림 하였다.

활동 사진

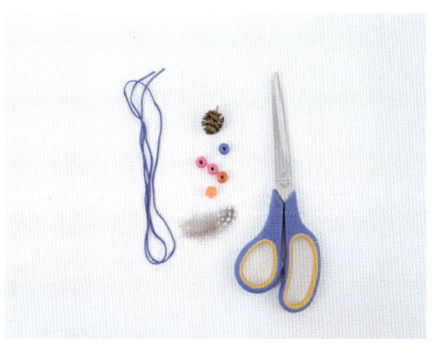

10-9 차(茶)와 함께하는 힐링원예

9차시   변하지 않는 아름다움 미니센터피스

학습 목표
1. 차의 스토리텔링을 이해하고, 허브차의 특징을 안다.
2. 블랙 에코에 꽃꽂이를 한다.

차(茶)
1. 김해장군차
2. 로즈마리

원예   미니 센터피스 만들기

단계	내용	시간
도입	■ 인사 나누기 　– 별칭으로 인사 나누기 ■ 오늘의 차 소개 및 활동 영역 소개하기 ■ 차 소개 　– 첫 번째 차: 김해장군차 　– 두 번째 차: 로즈마리 ■ 차 우림 준비 및 찻잔 데우기	20′
전개	■ 첫 번째 차 – 김해장군차 　– 차가 우려지는 동안 김해장군차의 특징을 알아본다. 　– 차를 나누고 8단계 실천으로 다 함께 음미한다. ■ 이야기 나누기 　– 마음을 열고 미소 띤 얼굴로 차의 색·향·미를 이야기를 나눈다. 　　(예: 차의 은은하고 순한 맛이 봄을 연상케 하네요.) ■ 첫 번째 차 2포 우려 마시기 　– 오늘의 활동을 소개한다.	20′
전개	■ 활동하기 – 미니 센터피스 만들기(계절에 따라 생화 사용) 　① 미니 데코 블랙 에코(플로랄 폼)를 준비한다. 　② 물을 플로랄 폼에 적신다. 　③ 꽃을 크기에 맞게 손질한다. 　④ 꽃꽂이를 진행한다. ■ 두 번째 차 – 로즈마리 　– 두 번째 차 준비와 찻잔을 헹군다. 　– 로즈마리를 우리며 차의 특징을 설명한다. 　– 차를 나누고 8단계 실천으로 다 함께 음미한다. 　– 차의 색·향·미를 표현해본다.	30′

전개	■ 두 번째 차 2포 우려 마시기	30′
마무리	■ 활동 소감 나누기 ■ 마음 체조 ■ 마무리 인사 후 정리	20′
준비물	차와 차 도구, 미니 데코 블랙 에코, 꽃, 가위	

첫 번째 차: 김해장군차

차 재배에 유리한 기후조건과 토질을 갖고 있으며, 가야의 역사와 문화를 상징하는 김해장군차의 정통성을 잇기 위해 자생군락지의 우량 모주를 이용하며, 해마다 재배면적을 확대해 가고 있다. 찻잎이 대엽류로서 다른 차나무와 비교하여 잎이 크고 두꺼워 차의 주요성분인 카테킨을 비롯해 아미노산, 비타민류, 미네랄 등 무기성분 함량이 높은 편이다.

● 백호은침 우림법(10명 기준)

1. 2L의 우림 포트에 차를 8g 넣는다.
2. 95℃의 물 1.2L에 3분간 우린다.
3. 250~300ml 나눔 포트 4개에 농도를 맞추어 담아낸다.

두 번째 차: 로즈마리

 소화 기능 개선 과식을 하거나 소화가 안 될 때 로즈마리 차를 한 잔 마시면 속이 편안해지는 것을 느낄 수 있을 것이다. 그 외에도 기억력 및 집중력 향상, 면역력 강화, 눈 건강 보호, 기분 개선에 도움을 준다.

● 로즈마리 우림법(10명 기준)

1. 2L의 우림 포트에 차를 8g 넣는다.
2. 95℃의 물 1.2L에 3분간 우린다.
3. 250~300ml 나눔 포트 4개에 농도를 맞추어 담아낸다.

활동 사진

10-10 차(茶)와 함께하는 힐링원예

10차시 가장 아름다운 순간 유칼립투스 화관

학습 목표
1. 팔보차와 코디얼의 이해 및 특징을 안다.
2. 유칼립투스를 활용한 화관을 만든다.

차(茶)
1. 팔보차
2. 구기자 코디얼

원예 유칼립투스 화관 만들기

단계	내용	시간
도입	■ 인사 나누기 – 별칭으로 인사 나누기 ■ 오늘의 차 소개 및 활동 영역 소개하기 ■ 차 소개 – 첫 번째 차: 팔보차 – 두 번째 차: 구기자 코디얼 ■ 차 우림 준비 및 찻잔 데우기	20′
전개	■ 첫 번째 차 – 팔보차 – 차가 우려지는 동안 팔보차의 특징을 알아본다. – 차를 나누고 8단계 실천으로 다 함께 음미한다. ■ 이야기 나누기 – 마음을 열고 미소 띤 얼굴로 차의 색 · 향 · 미를 이야기를 나눈다. (예: 차의 난꽃향이 마음을 설레게 하네요.) ■ 첫 번째 차 2포 우려 마시기 – 오늘의 활동을 소개한다.	20′
전개	■ 활동하기 – 유칼립투스 화관 만들기 ① 게리 가지를 꼬아서 둥글게 머리 크기만큼 엮어준다. ② 지철사 위에 유칼립투스를 감아준다. ③ 중간중간 작은 꽃을 넣어준다. ④ 끝과 끝을 리본으로 연결하여 마무리한다. ⑤ 인증 사진을 찍는다. ■ 두 번째 차 – 로즈마리 – 두 번째 차 준비와 찻잔을 헹군다. – 구기자 코디얼을 우리며 차의 특징을 설명한다. – 차를 나누고 8단계 실천으로 다 함께 음미한다.	30′

전개	– 차의 색·향·미를 표현해본다. ■ 두 번째 차 2포 우려 마시기	30′
마무리	■ 활동 소감 나누기 ■ 마음 체조 ■ 마무리 인사 후 정리	20′
준비물	차와 차 도구, 게리 가지, 유칼립투스, 작은 꽃, 리본, 가위	

 첫 번째 차: 팔보차

주로 여덟 가지 보배로운 재료를 넣어 블렌딩한 차이다. 차 재료 각각의 좋은 성분들이 만나 효능이 극대화된 차이다. 초기 감기에 한 잔 마시면 감기에 도움이 되고, 여름에 마시면 더위를 식혀준다. 비장과 위장 기능을 도와주고, 수면장애가 있을 때 숙면을 도와주고 요통이나 어지럼증에도 도움을 주며, 복통 등에서 효과가 있다.

● **팔보차 우림법**(1명 기준)

1. 1인 개완을 예열한 후 물을 버린다.
2. 1인 개완에 팔보차 재료를 넣고 흔들어 향을 맡는다.
3. 95℃의 물 200ml를 붓고 3분 정도 우린다.
4. 팔보차는 3번 정도 우려 마실 수 있다.

두 번째 차: 구기자청

《동의보감》에 의하면 '구기자를 오래 먹으면 늙지 않고 추위와 더위를 이겨내며 장수한다'라고 전한다. 인삼, 하수오와 함께 3대 명약으로 여겨질 만큼 면역 기능을 좋게 하고 암세포와 싸운다. 뇌세포 손상을 막아주고, 피부를 건강하게 해주며, 눈을 건강하게 한다. 혈당 수치를 안정시키고, 콜레스테롤 수치를 안정시킨다. 간을 건강하게 한다. 힘이 나게 하고 기분을 좋게 한다.

● 구기자청 우림법(10명 기준)
1. 2L의 우림 포트에 구기자청 약 400ml 정도 넣는다.
2. 95℃의 물 1.2L에 3분간 우린다.
3. 250~300ml 나눔 포트 4개에 농도를 맞추어 담아낸다.

활동 사진

차(茶) 치유 활동 길라잡이

부록

한국지속가능문화교육개발원 | Korea Sustainable Culture Education Center

 *Tea Therapy*

1장 3차시 활동지

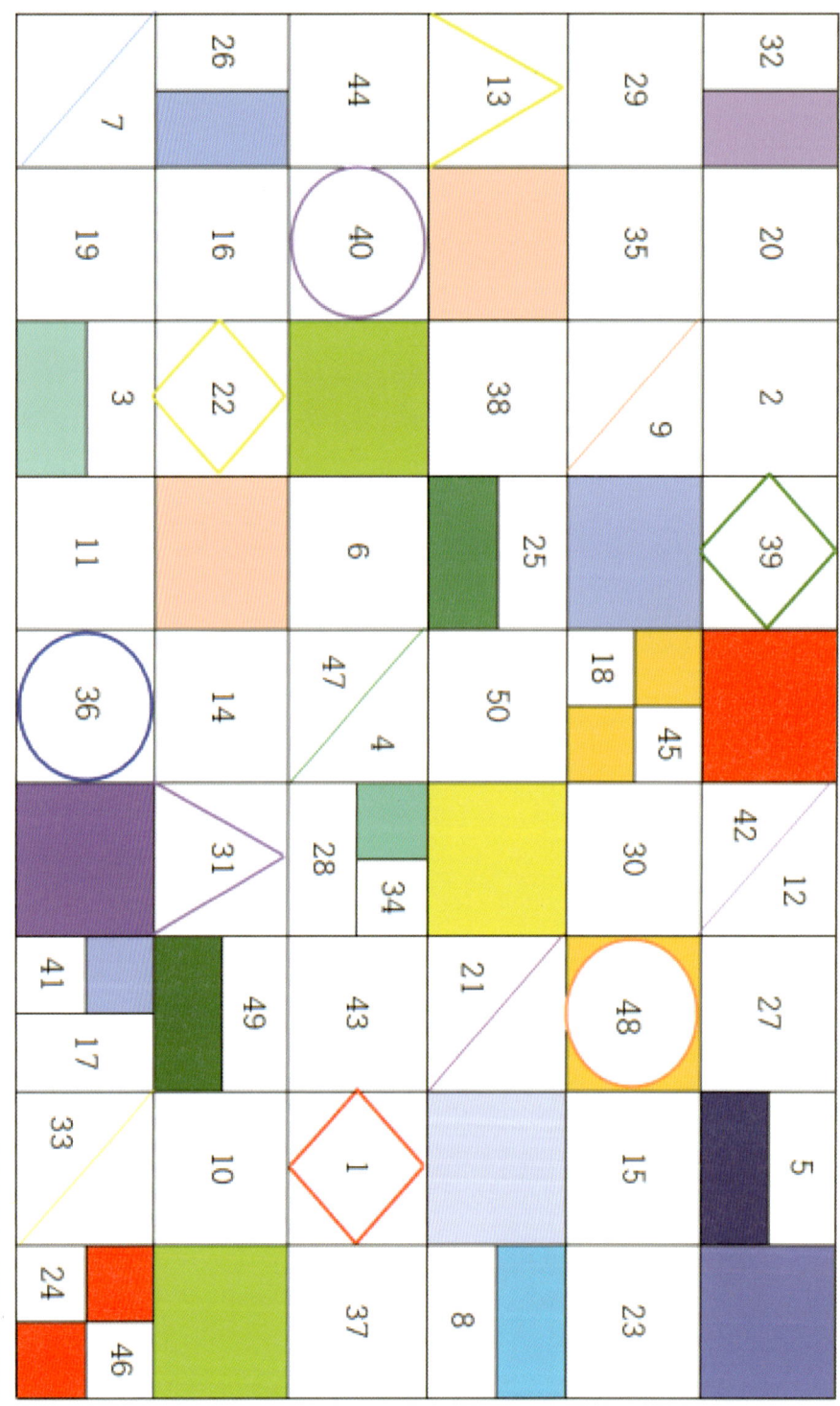

358 • 차(茶) 치유 활동 길라잡이

3장 1차시 활동지

자화상 그리기

이름: _____

나의 느낌 한 줄 쓰기

1장 ~ 5장 5차시 활동지

빙고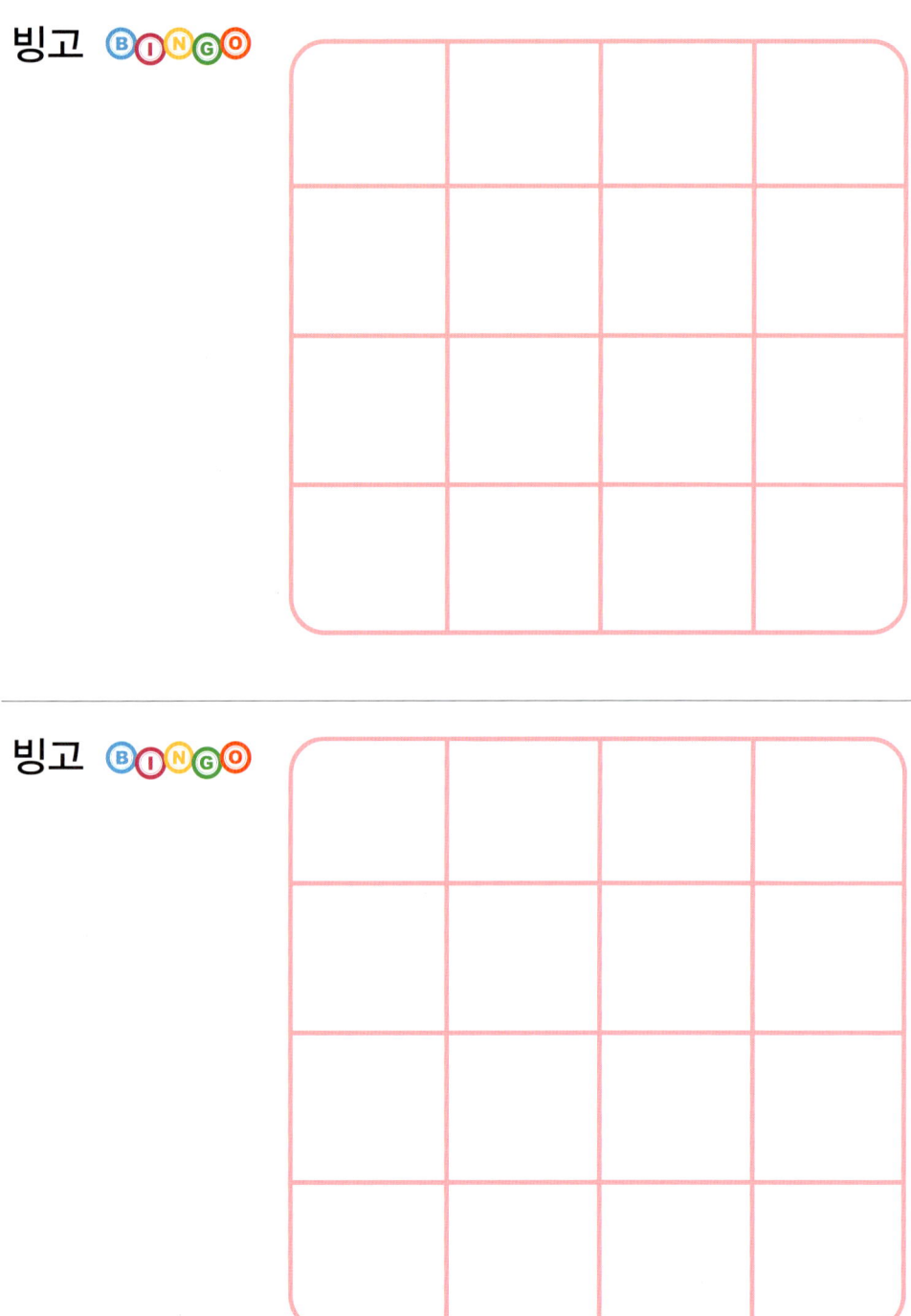

빙고

3장 6차시 활동지

내 짝 (   )의 고민 인터뷰

Yes 인정하기	당신의 고민은 무엇입니까? 나의 고민은 _____ 입니다.	
Empathy 공감하기	왜 그것이 고민인가요? _____ 입니다. 아! 그렇군요.	
So what 대안제시 격려	고민하는 당신께 드리는 격려의 말은 _____ 입니다. 우리 함께 차를 마시며 고민을 해소합시다.	

Yes 인정하기	당신의 고민은 무엇입니까? 나의 고민은 _____ 입니다.	
Empathy 공감하기	왜 그것이 고민인가요? _____ 입니다. 아! 그렇군요.	
So what 대안제시 격려	고민하는 당신께 드리는 격려의 말은 _____ 입니다. 우리 함께 차를 마시며 고민을 해소합시다.	

3장 10차시 활동지

나는 어디에 있는가

1 ──────────────
2 ──────────────
3 ──────────────
4 ──────────────
5 ──────────────
6 ──────────────
7 ──────────────
8 ──────────────
9 ──────────────
10 ─────────────
11 ─────────────
12 ─────────────
13 ─────────────
14 ─────────────
15 ─────────────

나는 어디에 있는가

1 ──────────────
2 ──────────────
3 ──────────────
4 ──────────────
5 ──────────────
6 ──────────────
7 ──────────────
8 ──────────────
9 ──────────────
10 ─────────────
11 ─────────────
12 ─────────────
13 ─────────────
14 ─────────────
15 ─────────────

나는 어디에 있는가

1 ──────────────
2 ──────────────
3 ──────────────
4 ──────────────
5 ──────────────
6 ──────────────
7 ──────────────
8 ──────────────
9 ──────────────
10 ─────────────
11 ─────────────
12 ─────────────
13 ─────────────
14 ─────────────
15 ─────────────

나는 어디에 있는가

1 ──────────────
2 ──────────────
3 ──────────────
4 ──────────────
5 ──────────────
6 ──────────────
7 ──────────────
8 ──────────────
9 ──────────────
10 ─────────────
11 ─────────────
12 ─────────────
13 ─────────────
14 ─────────────
15 ─────────────

4장 5차시 활동지

인사　　소통　　행복　　칭찬

미소　　실천

이순신

리더　　책임감

함께　　　　　　　　　사랑

믿음

땡큐

건강　　배려

대화　　　경청

4장 9차시 활동지

ㄱㅂ	김밥
ㅂㅂㅂ	비빔밥
ㄱㅊㅉㄱ	김치찌개
ㅇㅈㅇㅂㅇ	오징어볶음

4장 10차시 활동지

암호문제 ①

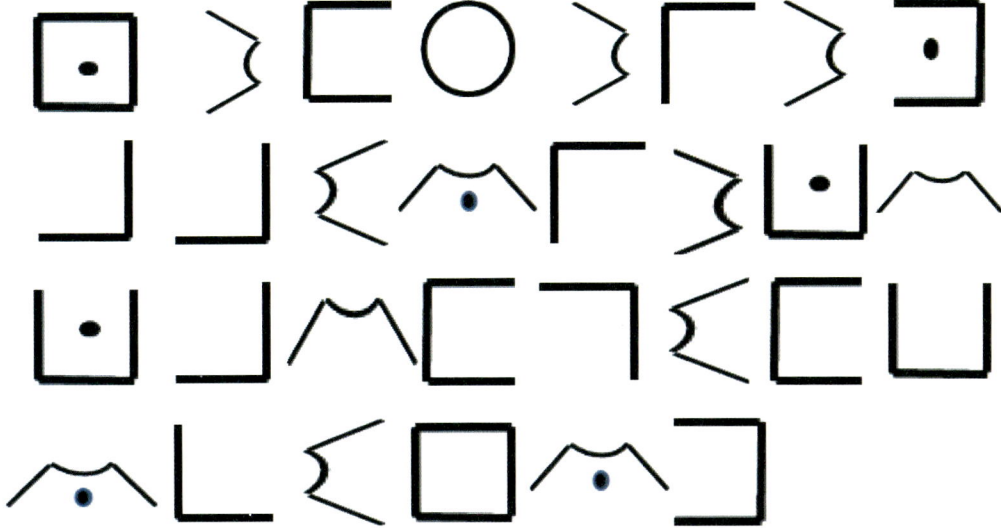

암호문제 ②

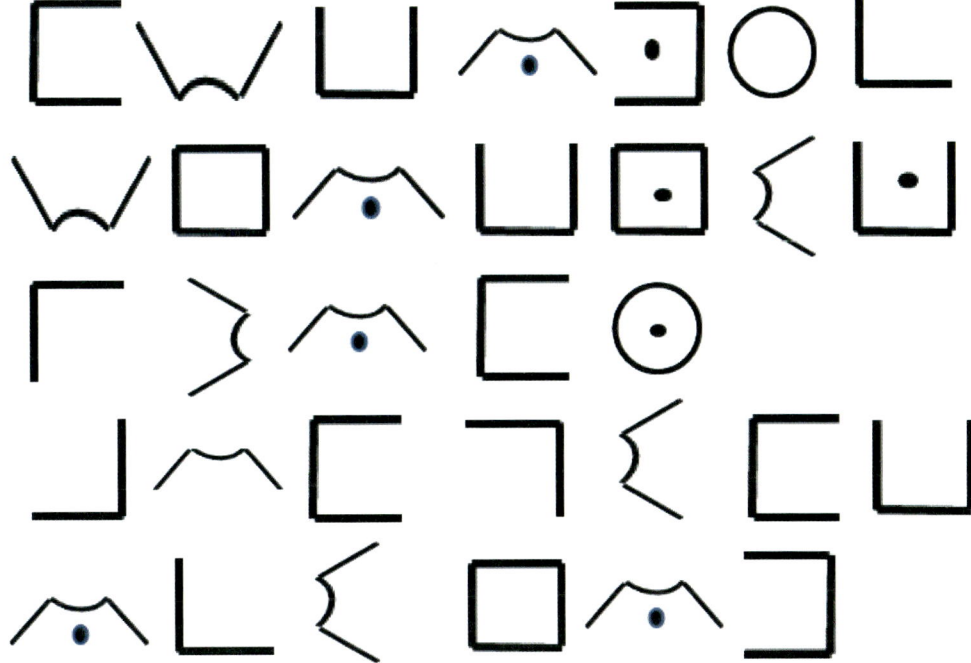

암호해답)
① 차와 함께하는 긍정 리더십
② 우리 모두 실천해요 긍정 리더십

암호형식

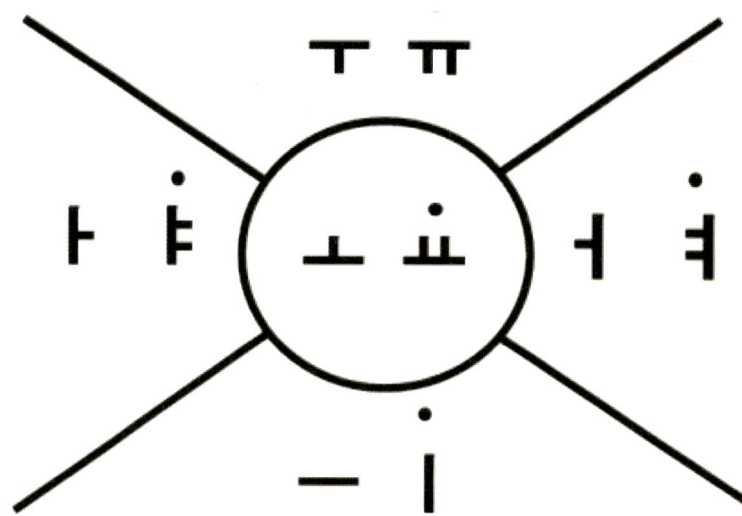

ㄱ	ㄴ	ㄹ	ㄷ
ㅁ	ㅂ	ㅊ ㅅ	ㅋ ㅇ
ㅈ	ㅍ	ㅌ	ㅎ

차 치유 활동 길라잡이

초판 1쇄 2024년 3월 5일

지은이 전미경, 이은권, 송문주, 박봉선, 김종분, 김수연,
        우승자, 이국희, 연정삼, 이계자, 강화숙, 조성훈
발행인 김재홍
교정 교열 김혜린
디자인 박효은
마케팅 이연실

발행처 도서출판지식공감
등록번호 제2019-000164호
주소 서울특별시 영등포구 경인로82길 3-4 센터플러스 1117호(문래동1가)
전화 02-3141-2700
팩스 02-322-3089
홈페이지 www.bookdaum.com
이메일 jisikwon@naver.com

가격 25,000원
ISBN 979-11-5622-856-1 13590

ⓒ 전미경, 이은권, 송문주, 박봉선, 김종분, 김수연, 우승자, 이국희, 연정삼, 이계자,
  강화숙, 조성훈 2024, Printed in South Korea.
- 이 책은 저작권법에 따라 보호받는 저작물이므로 무단전재와 무단복제를 금지하며,
  이 책 내용의 전부 또는 일부를 이용하려면 반드시 저작권자와 도서출판지식공감의
  서면 동의를 받아야 합니다.
- 파본이나 잘못된 책은 구입처에서 교환해 드립니다.